国家社科基金项目"反垄断中相关市场界定的理论与国际实践比较研究"(项目编号 07BJL021)

相关市场理论与实践

——反垄断中相关市场界定的经济学分析

李 虹 著

商务印书馆
2011年·北京

图书在版编目(CIP)数据

相关市场理论与实践:反垄断中相关市场界定的经济学分析/李虹著.—北京:商务印书馆,2011
 ISBN 978-7-100-08268-6

Ⅰ.①相… Ⅱ.①李… Ⅲ.①市场学—研究
Ⅳ.①F713.50

中国版本图书馆 CIP 数据核字(2011)第 056909 号

所有权利保留。
未经许可,不得以任何方式使用。

相关市场理论与实践
——反垄断中相关市场界定的经济学分析
李 虹 著

商 务 印 书 馆 出 版
(北京王府井大街36号 邮政编码100710)
商 务 印 书 馆 发 行
三河市尚艺印装有限公司印刷
ISBN 978-7-100-08268-6

2011年3月第1版 开本 880×1230 1/32
2011年3月北京第1次印刷 印张 13 7/8
定价:32.00元

序

  自《中华人民共和国反垄断法》和《国务院反垄断委员会关于相关市场界定的指南》颁布以来,中国反垄断执法规范化问题越来越引人关注。在反垄断的执法过程中,相关市场的界定是反垄断案件经济分析的基础和关键,它对于判定企业经营活动的法律后果具有潜在的决定性作用。由于各国反垄断法条文简洁、实体条款较少,因而目前国际上并未形成统一的相关市场界定的标准和方法,同时再加上反垄断案件的复杂性,使得相关市场界定成为了各国司法实践中最具有争议的问题。随着经济学理论和反垄断司法实践的发展,相关市场界定的标准和尺度在不断地发展变化,各种经济学分析工具在相关市场的界定中得到了越来越广泛地运用,从这个意义上说,相关市场界定也是一个技术性很强的问题。界定标准的不统一以及技术难度较大等问题对相关市场界定的理论及方法提出了巨大的挑战。

  相关市场的界定与经济学理论的发展是密不可分的,伴随着产业组织理论的产生与发展,越来越多的经济学家将经济学的理论与方法应用于相关市场界定的研究中,尤其是在20世纪60年代和80年代曾掀起的两次经济学与法学结合的浪潮,不仅推动了相关市场界定理论的发展,而且在长期反垄断司法实践中也起到了重要的作用。因此,完善相关市场界定理论的使命不仅属于法学家更是经济学家义不容辞的责任。

中国的反垄断法立法起步较晚,直到2008年8月才正式开始实施《中华人民共和国反垄断法》,2009年5月发布的《国务院反垄断委员会关于相关市场界定的指南》给相关市场的界定提供了更多的指导,同时也提高了国务院反垄断执法机构执法工作的透明度。长期以来,中国反垄断立法及司法实践都比较欠缺,使得中国反垄断执法中相关市场的界定问题一直没有得到应有的重视。由于中国是大陆法系的成文法国家,因此明确相关市场的含义与界定标准,对于其完善反垄断立法并促进其实施具有重大的意义且任务紧迫。本书作为国内首部利用经济学理论对相关市场界定进行深入系统的理论研究及现实可行性分析的专著,不仅对中国反垄断立法的不断完善及具体实施措施的优化具有重要指导意义,也会促使反垄断法真正发挥打破市场垄断和维护市场竞争秩序的作用,因而本书填补了中国反垄断中相关市场界定问题的理论与实证研究的空白。本书是作者在大量翻译、整理、分析、研究国际相关理论文献、著作及司法实践的基础之上,历时近四年半完成的,其主要目的是:第一,引起国内经济学界同行对反垄断经济学作为一门重要经济学分支学科的重视,并力图为有志于深入研究当代国际反垄断经济学发展的读者们提供较全面系统的国际研究成果,使国内研究能够及时跟上国际反垄断领域研究的新进展;第二,为法学界、执法机构、社会监督力量等在反垄断司法实践中界定相关市场提供科学有效的理论依据,促进中国的反垄断法顺利有效地实施。

在本书中,作者首先以经济学理论发展为脉络,系统梳理了美国、欧盟等国家相关法律条款及其兼并指南中对相关市场含义和界定标准的阐述并总结了其发展演变的过程,深入分析了经济学理论的发展对相关市场界定的影响,并在此基础上,按照相关市场界定的早期经济学方法、SSNIP检验方法以及基于价格的检验方法等分析框架,对相关市场界定方法进行了分类,阐述了每种方法的产生背景、涵义、运用及各方法之间的内在联系与区别等,从理论和司法实践两个角度对这些方法进行了评价,进而总结出界定相关市场所必须遵循的一般规律,作者的这些研究为中国的反垄断立法及反垄断司法实践的科学化与合理化发展提供了可借鉴的宝贵经验。

作为国内首次利用经济学理论系统梳理、分析反垄断中相关市场界定理论及方法的研究著作,本书具有如下特征:

第一,完整、深刻地剖析了经济学中各种弹性理论的深层次内涵及其在相关市场界定中的应用,以及各弹性指标间的相互关联。这对于中国在未来司法实践中准确地使用弹性工具,有效实施《国务院反垄断委员会关于相关市场界定的指南》中提出的SSNIP检验方法具有重要的指导意义。

第二,全面系统地总结了对提供多元化产品或服务的企业相关市场的界定的问题。除了可以将企业生产的具有交易补偿性的一组产品视为一个整体利用集群市场方法来判断其市场支配地位外,还可利用子市场方法去判断企业在某个更小范围市场中的垄断状况,当然还包括界于集群市场与子市场之间、按产品和服务的性质划分的次级市场法。这些方法为解决目前反垄断司法实践中出现越来越多的以提供多元化产品或服务为主的企业的兼并案件的调查与审理,提供了一个新的分析思路,也是一个有力且有效地保护竞争的工具。

第三，随着知识技术的不断进步，以知识产权许可为代表的创新市场及技术市场的界定问题显得越来越重要。本书首次系统清晰地阐述了创新市场和技术市场产生的背景、涵义、界定方法、适用条件，并对相应的司法实践过程进行了深入剖析与评价，比较了 SSNIP 检验在创新市场、技术市场中的运用与在传统市场界定中的不同，分析了创新市场、技术市场与传统产品市场之间的关系等。创新市场和技术市场的合理界定对保护厂商的创新力及研发能力具有举足轻重的作用，同时也增强了创新对中国经济增长的助推作用，从而将推动中国知识经济更好更快地发展。

第四，随着全球化步伐的不断加快，非横向的企业竞争与兼并行为越来越多，对竞争造成的影响也越来越大，非横向兼并中相关市场的界定问题已成为各国反垄断管制中一个新的焦点。本书对国际上普遍关注的纵向兼并及产品间具有互补性的混合兼并中相关市场的界定问题进行了深入的讨论，不仅分析了其理论基础，还对相关案例进行介绍，为中国非横向兼并案中相关市场的界定提供了有价值的参考。

第五，首次系统地梳理了国际上各种相关市场界定方法的司法实践，主要包括方法应用的首次案例、经典案例及具有代表性的案例，分析了各种方法的具体操作过程。这项研究对中国这样一个缺乏相关市场界定案例与实践的国家来说，指导意义与借鉴作用尤为突出。

本书作者谦虚好学，严谨求实，勤于思考，具有较深的经济学理论功底和素养，同时具有敏锐的洞察力和前瞻性的国际研究视野，这对于一个中青年经济学者而言，难能可贵。本书是在作者继其执笔完成的 2006 年商务部课题"我国反垄断执法中相关市场划定标准问题研究"、2007年主持的国家社会科学基金项目"反垄断中相关市场界定的理论与国际实践比较研究"的基础上进一步修改完善的成果,该项研究历时数载,终于付梓成书,作为她在北京大学攻读博士学位期间的导师,看到她近年来取得的一系列科研成果,由衷地为她感到高兴。同时,也希望她能再接再厉,继续保持严谨的治学态度,坚持不懈地努力,不断创造更好更多的研究成果。

刘 伟

北京大学副校长

2010年10月于北大

目　　录

上编　理论篇

第一章　相关市场的理论基础 …………………………………… 3
第一节　相关市场的概念 ………………………………………… 3
一、相关产品市场 ………………………………………………… 3
二、相关区域市场 ………………………………………………… 5
三、相关时间市场 ………………………………………………… 7
四、相关产品市场、相关区域市场及相关时间市场三者的关系 …… 8
第二节　相关市场界定中所涉及的经济学理论 ………………… 9
一、剩余需求曲线 ………………………………………………… 9
二、弹性理论 ……………………………………………………… 12

第二章　美国反垄断法中相关市场的界定 ……………………… 17
第一节　平民主义经济学时期 …………………………………… 17
一、相关市场产生的理论背景 …………………………………… 18
二、相关市场界定的早期司法实践 ……………………………… 20
三、相关市场界定方法的产生 …………………………………… 21
第二节　追求公平的哈佛时代 …………………………………… 24
一、1968年《兼并指南》 ………………………………………… 24
二、经济学理论发展对相关市场界定的影响 …………………… 25
三、司法界对相关市场界定观点的转变 ………………………… 26

第三节　效率至上的芝加哥时代 ·················· 30
　　一、1982 年《兼并指南》 ····················· 30
　　二、1984 年《兼并指南》 ····················· 34
第四节　后芝加哥时代 ························ 37
　　一、1992 年《横向兼并指南》 ··················· 37
　　二、1995 年《知识产权反垄断指南》 ················ 39
　　三、1997 年《兼并指南》 ····················· 42
　　四、2006 年《横向兼并指南评论》 ················· 43
　　五、2010 年《〈横向兼并指南〉修订建议稿》 ············ 45
小结 ································· 47

第三章　欧盟反垄断法中的相关市场界定 ············· 48
第一节　弗莱堡学派 ························· 48
第二节　布鲁塞尔学派 ······················· 50
第三节　美国经济学的新时期 ···················· 54
第四节　经济分析的成熟时期 ···················· 57
小结 ································· 59

第四章　其他国家反垄断法中相关市场界定 ············ 60
第一节　日本反垄断法 ······················· 60
第二节　中国反垄断法 ······················· 64
　　一、中国反垄断立法的历程 ···················· 64
　　二、相关市场的界定 ······················· 65
小结 ································· 67

中编　方法篇

第五章　相关市场界定的早期经济学方法 ············· 71

第一节　合理可替代性方法 ·· 71
一、合理可替代性方法产生的背景及含义 ································ 71
二、合理可替代性方法的运用 ·· 73
三、合理可替代性方法的司法实践 ··· 74
四、合理可替代性方法的评价 ·· 75
第二节　供给替代性方法 ·· 75
一、供给替代性方法产生的背景及含义 ································· 75
二、供给替代性方法的运用 ··· 78
三、供给替代性方法的司法实践 ·· 78
四、供给替代性方法的评价 ··· 79
第三节　交叉价格弹性方法 ·· 80
一、交叉价格弹性方法产生的背景及含义 ······························ 80
二、交叉价格弹性方法的运用 ·· 81
三、交叉价格弹性方法的司法实践 ··· 81
四、交叉价格弹性方法的评价 ·· 82
小结 ··· 84

第六章　SSNIP 检验方法 ·· 85
第一节　SSNIP 检验方法概述 ·· 85
一、SSNIP 检验方法产生的背景及含义 ·································· 85
二、SSNIP 检验中经济学术语的解释 ····································· 88
三、SSNIP 检验方法的执行 ··· 90
第二节　剩余需求弹性方法 ·· 92
一、剩余需求弹性方法产生的背景及含义 ······························ 92
二、剩余需求弹性方法的运用 ·· 94
三、剩余需求弹性方法的评价 ·· 102

第三节　临界弹性方法 …………………………………… 104
　一、临界弹性方法产生的背景及含义 …………………… 104
　二、临界弹性方法的运用 ………………………………… 105
　三、临界弹性方法的司法实践 …………………………… 114
　四、临界弹性方法的评价 ………………………………… 115
第四节　临界损失方法 …………………………………… 117
　一、临界损失方法产生的背景及含义 …………………… 117
　二、临界损失方法的运用 ………………………………… 118
　三、临界损失方法的司法实践 …………………………… 123
　四、临界损失方法的评价 ………………………………… 124
　五、临界损失方法的修正 ………………………………… 126
小结 ………………………………………………………… 127

第七章　基于价格的检验方法 …………………………… 130
第一节　价格相关度检验方法 …………………………… 131
　一、价格相关度检验方法产生的背景及含义 …………… 131
　二、价格相关度检验方法的运用 ………………………… 132
　三、价格相关度检验方法的评价 ………………………… 134
第二节　价格趋同及调整速度检验方法 ………………… 135
　一、价格趋同及调整速度检验方法产生的背景及含义 … 135
　二、价格趋同及调整速度检验方法的运用 ……………… 135
　三、价格趋同及调整速度检验方法的评价 ……………… 139
第三节　格兰杰因果关系检验方法 ……………………… 139
　一、格兰杰因果关系检验方法产生的背景及含义 ……… 139
　二、格兰杰因果关系检验方法的运用 …………………… 141
　三、格兰杰因果关系检验方法的评价 …………………… 143

第四节　协整检验方法 … 144
一、协整检验方法产生的背景及含义 … 144
二、协整检验方法的运用 … 145
三、协整检验方法的评价 … 148
第五节　平稳性检验方法 … 149
一、平稳性检验方法产生的背景及含义 … 149
二、平稳性检验方法的运用 … 150
三、平稳性检验方法的评价 … 154
小结 … 155

第八章　相关区域市场的界定 … 157
第一节　界定相关区域市场方法的发展 … 157
一、相关区域市场界定方法的发展过程 … 157
二、相关区域市场界定的司法实践 … 161
第二节　产品流检验方法 … 169
一、产品流检验方法产生的背景及含义 … 169
二、产品流检验方法的运用 … 171
三、产品流检验方法的司法实践 … 173
四、产品流检验方法的评价 … 175
小结 … 177

第九章　以多元产品或服务为基础的相关市场界定 … 178
第一节　集群市场方法 … 178
一、集群市场方法产生的背景及含义 … 178
二、集群市场方法的运用 … 179
三、集群市场方法的司法实践 … 181
四、集群市场方法的评价 … 183

第二节　子市场方法 …………………………………… 184
一、子市场方法产生的背景及含义 ……………………… 185
二、子市场方法的运用 …………………………………… 186
三、子市场方法的司法实践 ……………………………… 188
四、子市场方法的评价 …………………………………… 189
第三节　次级市场方法 …………………………………… 191
一、次级市场方法产生的背景及含义 …………………… 191
二、次级市场方法的运用 ………………………………… 193
三、次级市场方法的司法实践 …………………………… 194
四、次级市场方法的评价 ………………………………… 196
小结 ……………………………………………………………… 196

第十章　知识产权兴起背景下的相关市场界定 ………… 198
第一节　技术市场 ………………………………………… 198
一、技术市场产生的背景及含义 ………………………… 198
二、界定技术市场的方法 ………………………………… 200
三、界定技术市场的司法实践 …………………………… 202
四、界定技术市场的方法评价 …………………………… 205
第二节　创新市场 ………………………………………… 206
一、创新市场产生的背景及含义 ………………………… 206
二、界定创新市场的方法 ………………………………… 211
三、界定创新市场的司法实践 …………………………… 217
四、界定创新市场的方法评价 …………………………… 220
小结 ……………………………………………………………… 221

第十一章　非横向兼并中的相关市场界定 ……………… 224
第一节　非横向兼并产生的背景及含义 ………………… 225

一、非横向兼并的含义 ··· 225
　　二、非横向兼并的提出 ··· 226
　第二节　纵向兼并中相关市场的界定 ································· 228
　　一、《纵向兼并指南》中关于相关市场界定的阐述 ············· 228
　　二、纵向兼并中相关市场界定的方法 ····························· 230
　　三、纵向兼并中相关市场界定的司法实践 ························ 234
　第三节　混合兼并中相关市场的界定 ································· 235
　　一、混合兼并的理论探讨 ·· 236
　　二、混合兼并的司法实践 ·· 239
　小结 ·· 239

下编　应用篇

第十二章　合理可替代性方法 ·· 243
　第一节　首次案例【玉米产品深加工案】 ······························ 243
　　一、案情简介 ··· 243
　　二、相关市场的界定及其争议焦点 ································· 244
　　三、审判过程中相关市场界定的各方争辩 ························ 244
　　四、判决结果 ··· 246
　第二节　经典案例【布朗兹联合公司案】 ······························ 246
　　一、案情简介 ··· 246
　　二、相关市场的界定及其争议焦点 ································· 247
　　三、审判过程中相关市场界定的各方争辩 ························ 247
　　四、判决结果 ··· 250

第十三章　供给替代性方法 ·· 251
　第一节　首次案例【哥伦比亚钢铁公司案】 ··························· 251

一、案情简介 ··· 251
　　二、相关市场的界定及其争议焦点 ························ 252
　　三、审判过程中相关市场界定的各方争辩 ··············· 252
　　四、判决结果 ··· 255
　第二节　经典案例【Telex 公司诉 IBM 案】················ 256
　　一、案情简介 ··· 256
　　二、相关市场的界定及其争议焦点 ························ 257
　　三、审判过程中相关市场界定的各方争辩 ··············· 257
　　四、判决结果 ··· 261

第十四章　需求的交叉价格弹性方法 ··························· 263
　第一节　首次案例【时代公司案】····························· 263
　　一、案情简介 ··· 263
　　二、相关市场的界定及其争议焦点 ························ 264
　　三、审判过程中相关市场界定的各方争辩 ··············· 264
　　四、判决结果 ··· 266
　第二节　经典案例【杜邦玻璃纸案】·························· 266
　　一、案情简介 ··· 267
　　二、相关市场的界定及其争议焦点 ························ 267
　　三、审判过程中相关市场界定的各方争辩 ··············· 267
　　四、判决结果 ··· 270

第十五章　剩余需求弹性方法 ···································· 271
　第一节　【速食早餐麦片市场的案例分析】················ 271
　第二节　【西北航空公司与共和航空公司的合并案】········ 282

第十六章 临界损失方法 292

第一节 首次案例【哥伦比亚州地区法院联邦贸易委员会诉西方石油公司等案】 292

一、案情简介 292
二、相关市场的界定及其争议焦点 293
三、审判过程中相关市场界定的各方争辩 293
四、判决结果 296

第二节 经典案例【美国诉梅西健康服务机构和芬利三州健康集团案】 296

一、案情简介 297
二、相关市场的界定及其争议焦点 297
三、审判过程中相关市场界定的各方争辩 298
四、判决结果 301

第三节 经典案例【内东部海湾医院合并案】 302

一、案情简介 302
二、相关市场的界定及其争议焦点 303
三、审判过程中相关市场界定的各方争辩 303
四、判决结果 304

第十七章 临界弹性方法 306

第一节 首次案例【联邦贸易委员会诉瑞典火柴公司等案】 306

一、案情简介 306
二、相关市场的界定及其争议焦点 307
三、审判过程中相关市场界定的各方争辩 307
四、判决结果 309

第二节　经典案例【无线电台合并案】 ········· 310
　一、案情简介 ································· 310
　二、相关市场的界定及其争议焦点 ············· 311
　三、审判过程中相关市场界定的各方争辩 ······· 312
　四、判决结果 ································· 313

第十八章　产品流检验方法 ····················· 314

第一节　早期案例【帕斯特啤酒案】············· 314
　一、案情简介 ································· 314
　二、相关市场的界定及其争议焦点 ············· 315
　三、审判过程中相关市场界定的各方争辩 ······· 315
　四、判决结果 ································· 318

第二节　经典案例【美国诉洛克富特荣誉公司案】··· 318
　一、案情简介 ································· 318
　二、相关市场的界定及其争议焦点 ············· 319
　三、审判过程中相关市场界定的各方争辩 ······· 319
　四、判决结果 ································· 322

第三节　经典案例【特拉华公司案】············· 322
　一、案情简介 ································· 322
　二、相关市场的界定及其争议焦点 ············· 323
　三、审判过程中相关市场界定的各方争辩 ······· 324
　四、判决结果 ································· 329

第十九章　集群市场方法 ······················· 330

第一节　首次案例【费城国家银行合并案】······· 330
　一、案情简介 ································· 330

二、相关市场的界定及其争议焦点 ······················· 331
　　三、审判过程中相关市场界定的各方争辩 ··············· 331
　　四、判决结果 ··· 333
  第二节　经典案例【杰马克公司案】························· 334
　　一、案情简介 ··· 335
　　二、相关市场的界定及其争议焦点 ······················· 336
　　三、审判过程中相关市场界定的各方争辩 ··············· 337
　　四、判决结果 ··· 339

第二十章　子市场方法 ·· 340
  第一节　首次案例【布朗鞋业案】···························· 340
　　一、案情简介 ··· 340
　　二、相关市场的界定及其争议焦点 ······················· 341
　　三、审判过程中相关市场界定的各方争辩 ··············· 341
　　四、判决结果 ··· 347
  第二节　经典案例【美国政府诉美国铝公司等案】········· 347
　　一、案情简介 ··· 348
　　二、相关市场的界定及其争议焦点 ······················· 348
　　三、审判过程中相关市场界定的各方争辩 ··············· 349
　　四、判决结果 ··· 350

第二十一章　次级市场方法 ······································ 351
  第一节　首次案例【美国诉伯利恒钢铁公司和杨斯顿铁和管
　　　　　道公司案】··· 351
　　一、案情简介 ··· 351
　　二、相关市场的界定及其争议焦点 ······················· 352
　　三、审判过程中相关市场界定的各方争辩 ··············· 352

四、判决结果 ································· 355
　第二节　经典案例【柯达公司案】··················· 355
　　一、案情简介 ··································· 356
　　二、相关市场的界定及其争议焦点 ················· 357
　　三、审判过程中相关市场界定的各方争辩 ··········· 357
　　四、判决结果 ··································· 359

第二十二章　技术市场 ································· 361
　第一节　早期案例【联合碳化物公司与意大利埃尼公司合
　　　　　并案】 ································· 361
　　一、案情简介 ··································· 361
　　二、相关市场的界定及其争议焦点 ················· 362
　　三、审判过程中相关市场界定的欧盟委员会的观点 ··· 362
　　四、判决结果 ··································· 363
　第二节　经典案例【Globespanvirata诉德州仪器公司案】
　　　　　 ·· 364
　　一、案情简介 ··································· 364
　　二、相关市场的界定及其争议焦点 ················· 365
　　三、审判过程中相关市场界定的各方争辩 ··········· 365
　　四、判决结果 ··································· 366
　第三节　经典案例【微软公司案】··················· 366
　　一、案情简介 ··································· 367
　　二、相关市场的界定及其争议焦点 ················· 368
　　三、审判过程中相关市场界定的各方争辩 ··········· 368
　　四、判决结果 ··································· 369

第二十三章 创新市场 ……………………………………… 371

第一节 首次案例【通用汽车出售阿里森运输车案】……… 371
一、案情简介 ……………………………………… 371
二、相关市场的界定及其争议焦点 ………………… 372
三、审判过程中相关市场界定的各方争辩 ………… 372
四、判决结果 ……………………………………… 373

第二节 经典案例【美国诉哈里伯顿公司和德莱塞工业公司案】
…………………………………………………… 373
一、案情简介 ……………………………………… 374
二、相关市场的界定及其争议焦点 ………………… 374
三、审判过程中相关市场界定的各方争辩 ………… 374
四、判决结果 ……………………………………… 376

第二十四章 非横向兼并中相关市场界定的案例 ………… 377

第一节 首次案例【伊利诺伊州上诉法院美国诉英国杜邦公司等案】 ………………………………………… 377
一、案情简介 ……………………………………… 377
二、相关市场的界定及其争议焦点 ………………… 379
三、审判过程中相关市场界定的各方争辩 ………… 379
四、判决结果 ……………………………………… 380

第二节 经典案例【坦帕电力公司诉纳什维尔煤炭有限公司案】 ………………………………………… 381
一、案情简介 ……………………………………… 381
二、相关市场的界定及其争议焦点 ………………… 382
三、审判过程中相关市场界定的各方争辩 ………… 382
四、判决结果 ……………………………………… 383

第二十五章　方法的综合运用……………………………384
【欧盟委员会诉沃尔沃公司与斯堪尼亚公司合并案】………384
　　一、案情简介……………………………………………384
　　二、相关市场的界定及其争议焦点……………………385
　　三、审判过程中相关市场界定的各方争辩……………386
　　四、判决结果……………………………………………394
主要参考文献………………………………………………395
案例表………………………………………………………411
法规一览……………………………………………………417
后　　记……………………………………………………420

上编　理论篇

第一章 相关市场的理论基础

反垄断中的相关市场(Relevant Market)是一个内涵丰富而复杂的概念,目前世界各国对它的阐述也不尽相同。一般来说,相关市场是指互相施加竞争约束(Competitive Constraint)的同类产品或者密切替代产品存在的一定的时间范围和空间范围,其中,最核心的思想是强调竞争约束。所谓竞争约束是指企业之间存在着的制约彼此行为有效性的市场势力,即如果一个企业涨价,导致该企业此前的消费者大量转向其他生产同种或同类产品的企业,使得其涨价行为无效,那么这两个企业之间就存在竞争约束。相关市场包括三重维度:产品维度,即竞争约束发生的产品范围,称其为相关产品市场(Relevant Product Market);空间维度,即存在竞争约束的产品所在的空间范围,称其为相关区域市场(Relevant Geographic Market);时间维度,即产品间施加竞争约束的时间范围,称其为相关时间市场(Relevant Time Market)。

第一节 相关市场的概念

一、相关产品市场

通常,相关产品市场是指能够与被考察产品发生竞争关系的同类产品或其密切替代产品构成的集合。密切替代产品是指处于同一竞争关系中的具有较强替代性的产品,而对于较强替代性标准的刻划各国口径不同,美国较宽泛,德国则较严格,这样就导致了相关产品市场界定范围的或宽或窄。在考察产品替代性时,一般都是从消费者的(需求)角度考虑,有时也会从生产者的(供给)角度考虑。

  从消费者角度考察产品之间的替代性,较为常用的指标包括:产品的品质、价格和用途等。若这些指标之间均具有合理的可替代性,则这两种产品之间存在着近似替代性,当这种近似替代性达到一定程度时,这两种产品就成为密切替代品,从而可以将其视为同一相关产品市场。而从生产者角度考察产品之间的替代性即供给替代性时,一般要考察企业的制造技术、设备和投入成本的差异等因素,并以此判断企业的转产成本的高低,转产成本低的产品之间的可替代性就高,反之则低。在司法实践中,除了用这些定性指标判断替代性外,需求交叉价格弹性(Cross-price Elasticity of Demand)或供给交叉价格弹性(Cross-price Elasticity of Supply)等定量方法也是最常用和最基本的方法。若假设涉案企业将价格提高一定比例时,市场上竞争产品的供给量有很大程度的增加,则说明供给弹性较大,此时潜在进入者可以有效地向在位企业施加竞争约束,因此相关产品市场范围应扩大,反之,则应界定较窄相关市场。由于早期的经济学理论对于产品同质的假定及对产品间的替代关系关注不足,使得早期的反垄断司法实践在需求替代性方面的考察仅局限于同一产品市场上的竞争关系,如美国法院在1945年的美国铝公司案(United States v. Aluminum Co.)[1]中

---

[1] United States v. Aluminum Co. of America, 377 U. S. 271(1964).

以"同一产品——纯铝"作为确定产品市场的依据,直到产业组织理论的产生及发展,替代产品的竞争关系才逐渐被反垄断当局所关注,在1956年美国联邦最高法院审理的美国杜邦公司玻璃案(United States v. E. I. du Pont de Nemours & Co.)[①]中,替代产品的范围从"同一产品"放宽到了"同类产品",其后逐渐放宽到密切替代品。在供给替代性方面,美国法院在1962年的布朗鞋业案(Brown Shoe Co. v. United States)、[②]1972年的卡尼特斯公司诉美国大众公司案(Calnetice Co. v. Volkswagen of America)[③]和1975年的美国电报公司诉IBM公司案(Telex Corp. v. IBM Corp.)[④]中,都运用了供给替代方法来界定产品市场,但事实上,截至20世纪70年代,美国法院在界定相关产品市场时几乎都采用需求替代的概念,忽视对供给替代的使用,从而导致产品市场界定较主观且狭窄,而欧共体法院和德国法院一般也只局限于需求替代方面的考虑。

二、相关区域市场

相关区域市场是指与被考察产品发生竞争关系的同类产品或其密切替代产品进行竞争的地理区域,[⑤]它是对涉案产品的纵向

[①] United States v. E. I. du Pont de Nemours & Co., 351 U. S. 377(1956).
[②] Brown Shoe Co. v. United States., 370 U. S. 294(1962).
[③] Calnetics Co. v. Volkswagen of America, 532 F. 2d 674(9th Cir. 1972).
[④] Telex Corp. v. IBM Corp., 367 F. Supp. 258 (N. D. Okla. 1973), rev'd, 510 F. 2d 894 (10th Cir. 1975), cert. dismissed, 423 U. S. 809.
[⑤] 在分析相关区域市场时,前提假设是不同产品已属于同一相关产品市场和相关时间市场,即相关区域市场也可以说成是除企业不同外其他竞争条件都相同的不同企业的产品与同类或替代产品竞争的场所。

地理分割,分割的依据是产品之间的空间替代性,空间替代性强的区域应归属于同一区域市场,反之,则应归属于不同的区域市场。相关区域市场界定的实质标准是市场竞争条件的一致性。所谓市场竞争条件是指与买方或卖方相联系的一切因素,以及与产品的运输相联系的各种限制性因素等。① 当不同地理区域的市场竞争条件一致的时候,这些区域往往能形成一个统一的区域市场。根据这一基本思想,在确定相关区域市场时往往要考虑以下几个因素:第一,运输成本及服务成本。运输成本或服务成本占产品价格的比例越大,则区域市场的范围就越小。第二,消费者选择。在零售市场上,消费者便利程度很重要,考虑这一因素时界定的区域市场往往会比较狭小。同时,消费者偏好也是界定区域市场的重要因素。第三,法律、关税等其他贸易障碍。法律、关税及其他贸易障碍会增加生产者进入他国市场后的经营成本,如果提高产品价格,就会促使他国消费者发生消费转移,减少对该产品的需求,从而该区域市场的范围就不会扩大到国外市场。第四,产品特性。保存期短的产品的区域市场的范围狭窄,可长期保存的产品的区域市场范围就宽泛。

一般来说,相关区域市场界定通常为法域的全部或一部分。如英国《公平交易法》(Fair Bargains Law)第7、8、9条规定将相关区域市场界定为英国或英国的一部分;日本《禁止私人垄断法》(The Law of Prohibited Private Monopoly)第2条在定义市场占有率时,明确使用"国内供应数量"等术语将区域市场界定为日本

---

① 广义上的竞争条件包括产品条件、时间条件、地域条件、技术条件等这些经济外部性条件,也包括供给及背后的生产成本、需求及收入状况和偏好等经济内在条件。在分析相关市场时所讲的竞争条件一致性仅指内在条件一致性。

国内市场;而欧共体《罗马条约》(Treaty of Rome)第86条在规定滥用市场支配地位时将区域市场界定为欧共体及其成员国;在反垄断法发达的美国,立法本身对区域市场的范围未有限制,在具体案件中通常将区域市场界定为美国、数个州、一个州或一个州的某部分。

一般来说,相关区域市场界定的范围与产业的性质相关,如日用消费品相关区域市场的界定通常以区域为标准,这是因为消费者对日用生活用品的购买基本上是局限于地区性的;而"资本—技术密集型产品"的相关区域市场通常被界定为全球市场。但随着经济全球化,各国间经济贸易往来越发频繁,各国反垄断机构已经意识到原先对区域市场界定的范围过于狭小,因而各执法部门在界定相关区域市场时会扩大原有范围,如美国1992年《横向兼并指南》规定相关区域市场范围可包括:美国部分地区、美国全部国土、一部分外国领域、整个国际市场等几种情形。

有时,由于兼并企业与被兼并的企业处于不同的区域市场,因此兼并可能会涉及两个或两个以上的区域市场。

三、相关时间市场

时间也会对产品间的竞争约束产生影响,因此在界定相关市场时也必须考虑时间因素,相关时间市场指的是相同产品或其密切替代品在同一区域内相互竞争的时间范围。

在确定相关时间市场时也要求竞争条件的一致性,在相关产品市场和相关区域市场给定的情况下,只要时间因素使得产品竞争条件一致,那么我们就认为这些产品属于同一相关时间市场;反之,则不属同一相关时间市场。一般需要考虑的时间因素:第一,产品使用的期限。产品使用期限越短,替代品就越多,产品的供给弹性也越大,相关市场的范围就越大;第二,产品的季节性。季节性较强的产品如水果、蔬菜,只有在一定的季节内才可能存在竞争;第三,法律因素。与时间有关的法律因素有知识产权保护等,待保护期满之后,原本拥有该知识产权的垄断企业其垄断地位将会消失,相关的产品市场和区域市场也会发生变化;第四,产品的生产周期。生产周期的长短影响一定时期内产量的大小,从而影响供需关系及相关市场的界定。

四、相关产品市场、相关区域市场及相关时间市场三者的关系

相关产品市场、相关区域市场和相关时间市场之间存在着复杂的内在联系,由于产品销售网络和地理区域内不可能只有一个产品生产者,因而区域市场和产品市场必定是相互包容的,时间对于正确界定相关市场也具有重要意义,这是因为:一方面,对产品市场和区域市场的形成具有关键作用的某些因素会随着时间的推移而消失或者重新出现。例如,随着产品技术的发展,产品之间的替代性会发生变化;随着经济全球化的发展、关税的降低,各国之间的贸易壁垒会逐渐消除,因而相关产品市场和区域市场也会发生变化。另一方面,时间维度可以看作是产品维度的一个延伸,因为某些产品被提供的时间也可以被视为是产品本身的特性,例如处于不同时点的运输服务就可以被视为不同的产品。因此,相关产品、区域和相关时间市场是密不可分的,结合这三者对相关市场进行界定时,最终的问题都落在

考察产品之间是否具有明显的替代性从而是否会影响相互之间的市场势力与竞争优势地位。

第二节 相关市场界定中所涉及的经济学理论

反垄断中相关市场界定的经济学分析，依赖于经济学对市场的认识和定义，因此经济学中研究市场属性的各种理论，基本上也都适用于反垄断市场，这些基本理论是界定相关市场方法形成的理论基础，也是用以判定相关市场范围和市场支配地位的重要工具。在具体的司法案例中，往往需要用到多种经济学理论才能恰当地界定出一个相关市场。本节只重点介绍相关市场界定中常用的几个经济学理论。

一、剩余需求曲线

在市场界定中，最重要的需求曲线是剩余需求曲线（Residual Demand Curve），它是"假定垄断者测试"（Small but Significant and Non-transitory Increase in Price，即 SSNIP 检验）分析中剩余需求弹性方法的理论基础。

剩余需求（Residual Demand）是一个市场上单个企业所面临的需求，它等于市场总需求减去其外围竞争对手（Competitive Fringe）——即同行业的其他企业的供给。剩余需求曲线则是单个企业面临的剩余需求和它的价格之间的关系，其具体形状是由消费者的需求行为和替代品生产者的供给行为决定的（Kamerschen, D. R. and J. Kohler, 1993）。

剩余需求分析在不完全竞争市场的场合，如古诺双寡头模型(Cournot,1838)、斯塔克伯格模型(Stackelberg,1934)、贝特朗模型(Bertrand,1883)等市场形态中应用十分广泛，并且常常用来估计产品差异化行业(Product-differentiated Industry)中企业的市场支配地位、两个企业合并或共谋(Merger or Collusion)的收益以及进行市场界定等等。

下面以古诺双寡头模型为例，来阐释剩余需求的含义。

假设：1.市场中一共只有两个生产同一种同质产品的企业1和企业2。2.企业之间进行数量竞争，它们同时选择自己的产量q_1、q_2，假设每个企业都预期自己的产出决策不会影响对手的决策，并在此基础上追求利润最大化。3.各企业都知道市场上企业数目$n=2$，价格p是总产出$q=q_1+q_2$的减函数，并且把除自己外的其他企业的产出看作是既定的。4.两个企业的边际成本都是常数c，成本函数也是公开信息。5.市场价格就是使需求正好等于两个企业总产量的均衡价格。

在这些假设条件下，每个企业把其竞争对手的产量视为既定，计算出自己的剩余需求，然后像垄断企业一样行动。

如图1—1所示，曲线DD为市场总需求曲线。假设企业1相信企业2会生产q_2产量，考察企业1的最优产量。从图1—1得知，如果企业1什么也不生产，则价格是$p(0+q_2)=p(q_2)$；如果企业1生产q_1'产量，则价格是$p(q_1'+q_2)$。更一般的，对于企业1决定生产的每一个产量的价格，都是由曲线$D'D'$确定。$D'D'$就是企业1的剩余需求曲线，它是在企业2的产量q_2给定的情况下企业1所有可能的产量和价格的组合，或者说企业1的剩余需求就是市场总需求减去企业 2 的供给 q_2 剩下的部分。

企业 1 的剩余需求曲线 $D'D'$ 既然已知,则可以求出它的剩余边际收益曲线,即图 1—1 中的 MR。它的斜率是 $D'D'$ 的 2 倍,二者截距则相同。显然,边际成本曲线 C 和边际收益曲线 MR 的交点所对应的产量 $q_1'(q_2)$ 就是企业 1 的最优产量。

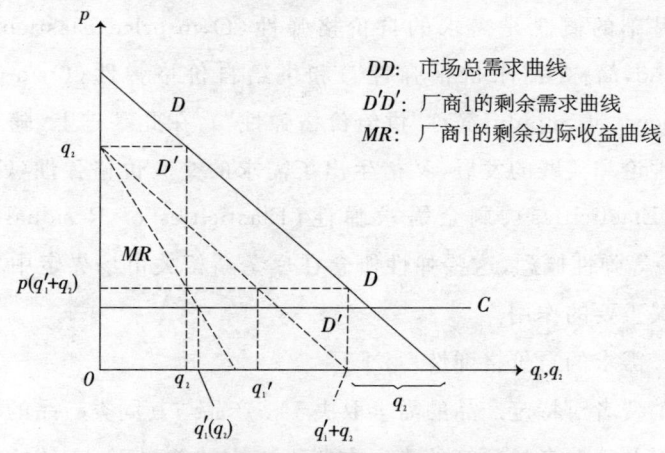

图 1—1:古诺双寡头模型里的市场总需求曲线、剩余需求曲线和剩余边际收益曲线

对于斯塔克伯格模型,也可以给出与图 1—1 类似的图形。与古诺双寡头模型里两个企业同时决定产量不同,在斯塔克伯格模型里,主导企业(Leader)首先决定自己的产量,然后追随企业(Follower)用市场总需求减去主导企业的产量,得到自己面临的剩余需求,进而得到自己的剩余边际收益曲线 MR,然后根据边际收益等于边际成本的原则决定自己的最优产量。上述两个模型都是数量竞争模型,贝特朗模型则强调了价格竞争。即在一个存在 n 个企业的市场上,当一个企业 i 提高价格后,其他 $n-1$ 个企业随之做出反应,用总需求减去这 $n-1$ 个企业的供给,所剩余的需

求即企业 i 的剩余需求。

二、弹性理论

所谓弹性,指的是一个变量相对于另一个变量变化的敏感度,一般用两个变量变动百分比来计算。在经济学领域,与弹性有关的最基础的概念是需求的自价格弹性(Own-price Elasticity of Demand,简称"需求价格弹性")和供给自价格弹性(Own-price Elasticity of Supply,简称"供给价格弹性"),在此基础上,随着经济学理论和实践的发展,又衍生出了需求的交叉价格弹性(Cross Price Elasticities)、剩余需求弹性(Elasticities of Residual Demand)等弹性概念,这些弹性概念在反垄断相关市场界定中发挥了至关重要的作用。

1. 需求的自价格弹性

消费者对特定产品的需求取决于该产品与其同类产品的相对价格以及消费者的预算约束。在收入一定的前提下,产品的价格越高,需求量则越少。需求的自价格弹性(需求的价格弹性)正是反映了产品的需求量对其价格变动的敏感程度,可以表示为需求量变动的百分比除以价格变动的百分比,其表达式为:

$$\varepsilon = \frac{dQ/Q}{dP/P} = \frac{dQ}{dP} \times \frac{P}{Q} \tag{1.1}$$

其中,ε 代表需求的价格弹性,Q 代表需求量,P 代表价格。

当该值大于 1 时,称该产品的需求富有弹性,此时该产品的需求量对其价格变动较为敏感;相反,当该值小于 1 时,称该产品的需求缺乏价格弹性,此时,该产品的价格变动对其需求量的影响较小。

2. 供给的自价格弹性

在分析供给时,与需求的自价格弹性相对应的概念是供给自价格弹性,即某产品的供给对其价格变动的敏感程度,其计算可以表示成"供给变动百分比/价格变动百分比",当结果小于 1 时,则称该产品的供给缺乏弹性;当结果大于 1 时,则称该产品的供给具有弹性。决定供给弹性的因素有很多,包括:第一,生产该产品的原材料的可得性。如黄金的开采量决定了金制品的产量。[1] 第二,反应时间。生产企业对价格变化做出反应的时间越久,说明该产品的供给弹性越大,因此长期供给弹性比短期供给弹性大,该结论的得出基于以下假设,即长期内所有的供给要素都可变,因此可以满足产品产量无限增长,而短期内,只有劳动供给可变,且需要耗费巨大的成本。[2] 第三,超额供给。比如当企业有多余的生产能力时,当产品涨价,该生产者可以迅速提高产量,满足市场的过剩需求。[3] 第四,储存能力。若企业有足够的储存能力,当产品价格上涨时,他就可以扩大生产规模,而不用担心是否能够储存。

3. 需求的交叉价格弹性

需求的交叉价格弹性是指在某产品价格不变的条件下,当另一种产品价格发生变化时,该产品需求量发生变化的程度。或者可以定义为当产品 i 的价格变动 1% 时,产品 j 的需求量变化的百分比。用公式表示为:

$$\varepsilon_{ji} = \frac{\triangle Q_j P_i}{\triangle P_i Q_j} \quad (1.2)$$

---

[1] Parkin; Powell; Matthews (2002), pp. 83—84.
[2] Samuelson; Nordhaus (2001).
[3] Png, Ivan (1999), pp. 129—132.

为了考察某一区间的需求交叉价格弹性,把下式叫做交叉弧弹性公式:

$$Exy = \frac{\dfrac{Q_{x2}-Q_{x1}}{(Q_{x2}+Q_{x1})/2}}{\dfrac{P_{y2}-P_{y1}}{(P_{y2}+P_{y1})/2}} = \frac{\Delta Q_x}{\Delta P_y}\frac{P_{y2}+P_{y1}}{Q_{x2}+Q_{x1}} \tag{1.3}$$

需求的交叉价格弹性反映了某产品的需求对于其他产品价格变化的反应程度,交叉弹性越大,说明两种产品的相互可替代性越强,从而一种产品价格的提高对另一种产品需求量的影响较大,两种产品可以被认定属于同一相关市场。

当假定的垄断企业不能有利可图地提高某产品的价格时,需求的交叉价格弹性可以说明是哪一种其他产品对该企业施加了竞争性约束,而且还可以对其他竞争产品的替代性从高到低进行排序。因此,从某种意义上来说,需求的交叉价格弹性比需求的自价格弹性使用更加灵活,且适用面更广。

需求的自价格弹性取决于交叉价格弹性和居民的收入约束,这三者之间的关系可以表示为:

$$\varepsilon = \varepsilon_{ii} = 1 + \sum_{i \neq j} \frac{S_j}{S_i}\varepsilon_{ji} \tag{1.4}$$

其中,$S_i = (P_i Q_i)/M$ 表示是对 i 的支出份额,而 M 是总的支出或者收入,S_j 类似。在其他条件相同的情况下,需求的交叉价格弹性越大,并且以相对支付比重 S_j/S_i 衡量的替代品的相对重要性越大,需求的自价格弹性就越大。代入勒纳指数 $L=1/\varepsilon_{ii}$ 得到:

$$L = \frac{1}{1+\sum_{i \neq j}\dfrac{S_j}{S_i}\varepsilon_{ji}} \tag{1.5}$$

由上式可知,需求的交叉价格弹性越大,i产品企业的市场势力越小。必须注意的是替代产品在消费者全部支出中所占的比例,如果只有一种具有较大替代性的产品j,由于其所占支出份额有限,j产品对i产品企业的市场势力的约束可能小于众多替代性较弱的产品的联合约束,因此虽然需求的交叉价格弹性能够反映产品间的替代关系,但是在消费预算的约束下,单纯依靠交叉弹性,并不能得到精确的市场界定结果。

4. 剩余需求弹性

最早提出剩余需求弹性概念的是贝克尔(Baker,1985)和布雷斯纳汉(Bresnahan,1988),他们认为当市场中的某一企业提价时,其他企业并不会保持原来的价格与产出组合不变,因此,要正确地评估一个企业的市场势力,就需要估计这个企业提价时其他企业跟进提价的程度,这个需要估计的系数就是剩余需求弹性。

在高度同质化的产品市场中,企业所面临的剩余需求弹性取决于该产品的市场需求弹性、该企业的市场份额及竞争企业的供给弹性,即:

$$\varepsilon_i = \varepsilon - [(1-S)\delta]/S \tag{1.6}$$

其中,ε_i表示企业i的剩余需求弹性,ε表示产品的市场需求弹性,S表示该企业的市场份额,δ表示其他企业的供给弹性,从该式可以推出,该企业的需求弹性与其他企业的供给弹性正相关,而与其市场份额负相关。

一个较低的剩余需求弹性表示提价后,相当比例的消费者会继续购买该企业的产品而不是转向其他企业的产品,因此该企业拥有较高的市场势力;反之,一个较高的剩余需求弹性表明企业市场势力较弱。当S为1即该企业为完全垄断企业时,其剩余需求弹性与该产品的市场需求弹性相等。

1982年美国《兼并指南》(Mergers Guide)中提出的假定垄断者测试即SSNIP检验中,假定垄断者面临的需求曲线正是剩余需求曲线。此后,随着SSNIP检验的迅速发展,剩余需求弹性也开始在相关市场界定中得到应用(Simons,J. and Williams,1993)。

由于传统的马歇尔需求曲线表示的是当其他产品价格不变时,消费者在不同价格下愿意购买的数量。而剩余需求曲线则表示当其他产品价格随主流经济力量调整以适应需求曲线表示的产品的不同价格时,消费者在不同价格水平下愿意购买的产品数量。因此,用剩余需求弹性来估计企业的市场势力更为准确,且该弹性也更加容易估计(Froeb and Werden,G.,1992)。

第二章 美国反垄断法中相关市场的界定

第一节 平民主义经济学时期

美国是世界上制定反垄断法最早的国家,其第一部反垄断立法是 1890 年的《谢尔曼法》(The Sherman Act),随后又制定了 1914 年的《克莱顿法》(The Clayton Act)和《联邦贸易委员会法》(The Federal Trade Commission Act,简称 the FTC Act)、1934 年的《鲁滨逊—巴特曼法案》(The Robinson-Batman Act)、1937 年的《米勒—泰丁法案》(The Miller-Taiding Act)、1938 年的《惠勒—李法案》(The Wheeler-Lee Act)及 1950 年的《塞勒—凯孚尔法案》(The Seiler-Kiefel Act,即《克莱顿法》第 7 条的修正案)等一系列法案,从而使美国成为了世界上反垄断法律体系最为完善的国家。

第二次世界大战以后的 20 年间,美国的反垄断法在政治和经济上带有强烈的平民主义色彩,即保护中小企业拥有平等竞争机会,抵制大企业经济力量过于集中(郭跃,2005)。因此这一时期反垄断法的价值追求就表现在抑制大企业兼并、保障中小企业利益、避免社会过度贫富分化和抵制寡头垄断侵害个人自由这四个方面,而实现这些目标的前提是需要准确地界定相关市场,但当时相关市场的涵义及其界定方法在反垄断法中并未明确地规定,只是取决于以往司法实践的判案结果,因此引发了许多争议。伴随着经济学理论的不断发展与司法实践的不断推进,反垄断中相关市场的界定问题越来越受到经济学家和司法界人士的普遍关注。

一、相关市场产生的理论背景

经济学中市场的概念早于反垄断法的产生。早在 1942 年斯蒂格勒(Stigler)在古诺(Cournot)和马歇尔(Marshall)前期论述的基础上,对市场的含义给出了明确的阐释:在一个市场中相同产品的价格去掉运输成本后应该相等。但正如沃登(Werden, G.,1983)所说,这个传统抽象的经济学市场定义的产生对反垄断实践并没有起到实际的指导作用。这是因为一方面多数经济学家长期以来一直反对用市场份额的大小来判断企业市场势力的强弱,认为由于其他影响市场势力因素的制约,很可能当前拥有很大市场份额的企业实际上并不具备很强的市场势力。另一方面,20 世纪 50 年代中期兴起的垄断竞争理论使得经济学家对市场界定的抵触情绪达到了顶峰。垄断竞争理论认为即便是密切替代品,它们也会存在很多差异,从这个意义上来说每个销售者都能成为垄断者,从而使得市场界定毫无意义,退一步讲,即便真的需要界定市场,也很难准确地界定出其边界(Chamberlin, E.,1962)。尽管当时也有一些经济学家认为相关市场的界定是必要的,同时其界定标准的制定需要经济学家来完成(Fritz Machlup, 1952),但是由于对此他们并没有做出进一步的实质性研究,因此他们这种观点的影响力在20世纪50年代是十分有限的。

真正对相关市场界定作出贡献的是产业组织理论。20世纪30年代该理论中产生的哈佛学派(Harvard School)对反垄断制度的发展产生了深远的影响。首先,作为产业组织理论的创始人之一,哈佛学派的代表人物梅森(Mason, E., 1939)从有别于经济学中市场定义的另外一个角度对反垄断中相关市场的含义给出了明确的阐释:市场和市场结构必须参考单独的卖方或买方的立场来定义。这样的话,一个卖方的市场结构就应该包括买方和卖方在决定商业策略和行动时考虑的所有因素,也就是说不论对何种产品,一个卖方的市场应该包括所有能影响其销售量的买方和卖方。梅森认为反垄断中相关市场中所包含的产品彼此之间应该具有竞争约束,这与经济学中的市场概念完全不同。

其次,哈佛学派的经济学家梅森、贝恩(Bain, J.)先后提出并完善了"结构—行为—绩效"(Structure-Conduce-Performance Paradigm, SCP)理论模式,奠定了市场界定问题在反垄断制度中的关键地位。该理论的观点是市场结构决定市场行为,市场行为决定市场绩效,所以若市场结构高度集中则必然产生反竞争的市场行为,从而将导致非竞争性的市场绩效,因此维持有效竞争的关键是控制市场结构。在此基础上,哈佛学派的经济学家进一步地把结构主义的理念融入反垄断的体系中,推动了经济学理论在司法实践中的运用,使得反垄断中相关市场界定成为经济学与法学结合最为紧密的一个问题。

20世纪50年代末,哈佛大学经济学家特纳(Turner, D. F., 1959)与哈佛大学法学院教授凯森(Kaysen)合著了一部反垄断专著:《反垄断政策》(Antitrust Policy),该著作以经济学和法学为理论基础,构建了一套用以分析反垄断所有领域的经济学和法学问题的系统分析框架,开创了经济学与法学相结合的先例。在此基础上,特纳于20世纪60年代末,以司法部反垄断局局长的身份,将哈佛学派的结构主义观点融入了他所指导的1968年首部《兼并指南》(The Guide of Mergers)的起草和实施工作中。该指南以哈佛学派的结构主义观点为理论依据,首次明确了相关市场含义及相关市场的界定标准,即将企业的市场集中度作为判断企业的兼并是否合法的主要依据。在实际操作中,法院在缺乏明确垄断证据的情况下,只需分析企业产品的市场占有率,然后检查企业是否设置了市场进入壁垒,或者结合其他市场特征,就可以判断该企业是否违反了反垄断法。

二、相关市场界定的早期司法实践

相关市场界定的司法实践早于其理论的发展,它是伴随着美国最早的反垄断法《谢尔曼法》和《克莱顿法》的产生而兴起的。一般认为,相关市场的最初判例是美国联邦最高法院于1911年对标准石油公司(Standard Oil Company)所作的判决,在该案中,法院使用了"贸易或通商的任何领域"(Business or trade of any field)这一法律术语来阐述相关市场。但哈佛学派结构主义思想第一次正式运用于司法判案的是1945年美国铝公司案(United States v. Aluminum Co. of America),[1]该案中的美国铝公司因无法证明其90%的市场份额是由于自身技术和产品质量的优势而造成的,因此上诉法院认为他违反了《谢尔曼法》第2条关于禁止垄断的规

---

[1] United States v. Aluminum Co. of America,148 F2d 416(2d. Cir. 1945).

定。而首次公开明确使用相关市场这一概念的则是美国最高法院1948年审理的哥伦比亚钢铁公司并购案(United States v. Columbia Steel Co.),[1]自此之后相关市场概念在各类反垄断案中得到了广泛的应用,大部分反垄断诉讼案的焦点都集中在相关市场的界定问题上。哈佛学派的结构主义思想对反垄断分析(尤其是在兼并审查领域)的影响在20世纪五六十年代越发显著,在这期间法院利用市场集中度等指标阻止了包括美国费城国民银行案(United States v. Philadelphia National Bank)[2]等许多企业的兼并案。

三、相关市场界定方法的产生

在哈佛学派结构主义思想的影响下,相关市场的界定成为反垄断判案的关键环节,因此,用什么方法来界定相关市场便成为司法判案的核心。在早期美国反垄断司法实践中,伴随着《谢尔曼法》和《克莱顿法》的产生,融入经济学和管理学思想的合理可替代性方法(Reasonably Interchangea-bility)是最早的界定相关市场的方法,该方法也是基于相关市场定义而产生的最基本的市场界定方法,它为后续相关市场界定理论的发展奠定了基础。早在1916年美国玉米深加工案(United States v. Corn Products Refining Co.)[3]的审理过程中,就曾首次将合理可替代性思想作为界定相关市场的原则,法官尼德·汉德(Learned Hand)指出:与被

---

[1] United States v. Columbia Steel Co. Supreme Court of the United States 334 U. S. 862;68 S Ct 1525;92 L Ed 1781;1948.
[2] United States v. Philadelphia National Bank,374 U. S. 321(1963).
[3] United States v. Corn Products Refining Co.,234F. 964(S. D. N. Y. 1916).

指控垄断的产品物理上有差别而功能上可替代的产品必须被纳入相关市场,除非该产品在成本或消费者偏好上拥有明显的优势(J. N. D. ,1962)。此后,早期的司法实践所使用的市场界定方法都蕴含合理可替代性方法的思想,但由于当时法庭意识到了界定相互竞争的范围是十分困难的,因此,对这一方法并没有给予明确的阐述,而只是简单地依赖于产品的品质、价格和用途等信息主观地去判断产品间可替代性的强弱,若其替代性很强,则把它们归入同一相关市场,否则就认定它们属于不同的相关市场。这种主观的界定方法导致了在司法实践中产生了很多争议,如何用一个定量的指标科学地刻划产品之间的替代性,就成为准确界定相关市场的关键,因此,一种能够定量刻划产品之间替代性的方法——需求交叉弹性法被引入了相关市场的界定中。

1956 年的"杜邦玻璃纸案"(United States v. E. I. du Pont de Nemours & Co.)[①]就首次使用了需求交叉弹性的方法来界定相关市场。在该案中,最高法院通过需求交叉弹性的方法判断出玻璃纸与有其他软包装材料(蜡纸、胶膜、保鲜纸等)之间具有很强的替代性,因此将它们界定为同一相关市场,在该市场上由于杜邦玻璃纸只占有不足 20% 的市场份额,因此认定杜邦公司并没有构成《谢尔曼法》第 2 条认定的垄断。杜邦玻璃纸案作为使用需求交叉弹性的经典案例,确定了这种定量方法在界定相关市场时的重要作用。此外,斯蒂芬·曼恩(Stephen Mann)和托马斯·勒文(Thomas M. Lewyn)也在 1961 年联合发表的一篇对于《克莱顿法》第 7 条相关市场界定问题论述的文章中强调:产品的可替代性

---

① United States v. E. I. du Pont de Nemours & Co., 351 U.S. 377(1956).

必须在相关市场界定中起到决定性的作用,这也将是弹性分析方法的一种未来发展趋势。

在杜邦玻璃纸案之后,涉及相关市场界定的另一个著名案例——布朗鞋业诉美国案(Brown Shoe Co. v. United States)[①]继续应用了需求交叉弹性理论,同时,该案是美国自1950年修改《克莱顿法》之后的第一个涉及其第7条的兼并案件,并首次引入了"子市场"(Submarket)的概念。所谓"子市场",即相关市场中的相关市场,它是对相关市场的更细划分,法院可以根据这个更小的市场中某个企业及其对手的竞争情况来判定该企业是否拥有控制市场的力量,这也是企业更加重视消费者对于某一类产品的特殊要求在司法上的表现。但是布朗鞋业案规定的子市场界定标准并不明确具体,且每个标准对应的权重也不清晰,因此依据这些标准界定子市场造成了更多的争议,使得法院在判案时无章可循。例如在1964年的美国诉美国铝公司案(United States v. Aluminum Co.)[②]中,法院将绝缘铝和绝缘铜界定为两个独立的市场,而在同年美国诉大陆铁罐公司案(United States v. Continental Can Co.)[③]中又把铁罐与玻璃缸归入同一个市场,这种司法实践中的前后不一致使得下级法院无法从以往判例中获得明确的思路来解决相关市场的界定问题,在争议持续存在且司法权威受到质疑的情况下,为进一步明确反垄断审理中相关市场界定的标准,美国司法部第一部兼并指南在1968年诞生了。

---

① Brown Shoe Co. v. United States., 370 U. S. 294(1962).
② United States v. Aluminum Co. of America, 377 U. S. 271(1964).
③ United States v. Continental Can Co., 378 U. S. 441(1964).

第二节　追求公平的哈佛时代

一、1968 年《兼并指南》

作为美国第一部专门规制企业兼并行为的立法文件，1968 年《兼并指南》首次明确地阐述了相关市场的含义：相关市场是由销售行为或是商业交易所构成的集合，参与销售的企业比其他没有参与销售的企业更具有竞争优势，从而能得到某些利益，尽管这些优势并不一定很大，但是其显著性足以区分企业之间的差异。

该指南从相关产品市场和相关区域市场两个方面对相关市场进行了界定。相关产品市场是指，即使一种产品（服务）与其他产品（服务）有所差别，但若大多数消费者认为这两种产品（服务）在价格、质量和用途上有一定（但不完全）的替代关系，就可以将它们认定为一个相关市场。另一种情况是，若特定消费群体认为两种完全不同的产品在价格、质量和用途上可以相互替代，那么也可以将这两种产品大致归为一个相关市场。

相关区域市场是指，如果某种产品（服务）大部分是在某一地区（可以小到一个社区）或几个地区组成的区域内销售，则这一（些）区域就是此种产品的相关区域市场。对于满足上述条件的任一地区，如果不存在经济壁垒（Economic Barrier）（比如，较大的运输成本、配送设施的缺乏、客户不便以及一般消费者对既定产品的偏好）阻碍外部商品对内销售，则该区域可以被认为包含在相关区域市场之内，否则就在相关区域市场之外。

尽管任何竞争都发生在一定的地域范围之内，但是相关区域市场是涉案经营者与竞争对手具有竞争关系或从事竞争行为的特定区域范围,大到一个或几个国家以至于全球,小到某个地区、甚至可能是很小的城镇,只要它具有独立市场所应有的特性,都可以成为相关区域市场。而且若经营者及其竞争对手只在某个有限的地区内销售其产品,消费者无法或很难通过外部渠道购买该产品,则该地区也构成一个独立的相关区域市场。构成独立的相关区域市场一方面要求具有相同的竞争条件,另一方面,要求该地理区域的竞争条件与相邻区域的竞争条件存在明显的差异。相关区域市场的范围取决于市场状况,一般并不与行政区域必然相关,甚至也未必与国界相一致。界定相关区域市场与产品市场界定基本标准相同,主要观察价格变化所引起的替代反应程度,除此之外,它还更加关注不同地区之间是否存在阻碍贸易流动的壁垒。

1968年《兼并指南》沿用了当时司法实践中广泛采用的需求可替代性(Demand Alternatively)方法,并强调了相关市场分析时数据选择的原则,相关的经济数据应该选用最近一年内的销售额或者以美元作为计价金额的其他交易,如果该数据不具有代表性,也可以选用其他时间段的数据,在某些比较特殊的市场应该选用其他的指标,比如商业银行的相关市场界定分析应该选用总的存款量作为指标等。

二、经济学理论发展对相关市场界定的影响

1968年《兼并指南》所体现的经济学理论主要是哈佛学派的结构主义观点,采取静态的产品功能标准来界定相关产品市场,进而判断企业之间所形成的市场结构。哈佛学派经济理论强调反垄断法应当以维护市场的竞争性结构为价值追求,避免产品的过度

集中,因而需求替代性被作为界定相关市场的重要标准,且只有完全替代品才能被纳入同一个市场范围内,这不仅保护了中小企业,也保障了消费者的利益。但这种市场结构分析方法也有偏颇,并没有注意到那些潜在的市场竞争者,忽略了生产的可替代性,只关注了需求的可替代性。第二次世界大战后,凯恩斯主义(Keynesian)的政府干预论(Government Intervention)开始盛行,刺激了政府通过反垄断法对经济进行干预,在一定程度上影响了1968年《兼并指南》对相关市场的界定。

哈佛学派对于公平的强调,将这一时期反垄断法的基调限定在严格限制兼并上。在1968年《兼并指南》规定下,任何产品或区域如果可以区别于其替代品就可以被划定为一个相关市场,这使得相关市场的划定具有一定的主观随意性,可以在特定的案件中按照需要被随意地划分得或大或小:如对于两家生产相似产品的企业,1968年《兼并指南》会把相关产品市场或相关区域市场划分得非常窄;如果两家企业生产不同产品或者在不同地区生产,但为了将它们划进同一市场,则会将相关市场划分得大一些。

三、司法界对相关市场界定观点的转变

1968年《兼并指南》所确定的相关市场的界定方法,使得涉案企业总是很容易被判定为实施了垄断行为。美国最高法院素有倾向于平民主义的传统,鲁弗斯·佩卡姆(Rofus W. Peckham)大法官、路易斯·布兰代斯(Louis Brandeis)大法官和哥伦比亚巡回地区法院法官尼德·汉德(Learned Hand)等都注重保护小工商业者,强调打击大企业的市场集中力量,同时期的沃伦法院(the Warren Court)自由派的倾向也与哈佛学派的经济学理论相一致,

首席大法官沃伦(Warren E.,1969—1986)早在布朗鞋业案[1]的判决中就提到:我们不得不意识到国会希望通过保护可靠的、小规模的、地方所有的工商业来促进竞争,尽管国会也注意到了在某些场合维持这种分散的工业和市场可能会导致更高的成本和价格,但是其解决这种矛盾的方式仍是支持分散经营。因此在联邦最高法院审理的反垄断案件中,反垄断局和联邦贸易委员会(Antitrust Bureau and the Federal Trade Commission)都以绝对的优势胜诉。以至于保守派的某个大法官总结说:"反垄断法的原则就是政府总是会赢。"[2]因此,在1968年《兼并指南》制定后,法院保护中小企业的清晰立场使得涉案的当事人不愿再诉诸于法律,而是以和解或资产剥离等方式来结案,从而导致最高法院审理的涉及反垄断的兼并案逐渐减少,1974年,国会撤消了法院在司法部提起的反垄断案件中的自动复审权,此后的二十多年里法院再也没有审理过一个与反垄断相关的兼并案(Posner,R. A.,1953)。

1969年,自由主义代表人物大法官沃伦退休,保守派代表伯格(Buerger)取而继任,最高法院从司法自由主义逐渐转向保守主义。在这一阶段的司法实践中,对供给可替代性是否是相关市场界定的决定因素这一问题,各法院出现了分歧。[3] 在L.G.鲍尔弗公司诉联邦贸易委员会案(L. G. Balfour Co. v. FTC)[4]中,原告主张相关市场不应该局限于全国高校团体徽章产品,因为其他珠宝

---

[1] Brown Shoe Co. v. United States.,370 U.S. 294(1962).
[2] Powe,L. A.,The Warren Court and American Politics,Cambridge:Harvard University Press,2000,p.460.
[3] 因为1968年《兼并指南》仅关注需求可替代性,而忽略了供给可替代性。
[4] L. G. Balfour Co. v. FTC,442 F.2d 1 (7th Cir. 1971).

制造商也能生产这类产品,但是第七巡回上诉法院却拒绝了这一基于供给替代性而提出的主张。而在卡尼特斯公司诉美国大众公司案(Calnetics Co. v. Volkswagen of America)①中,原告主张相关市场仅限定在大众空调,但被告以原告的生产设施能轻易从生产大众空调转到生产其他汽车空调为由,辩称相关市场应包括所有的汽车空调,第九巡回上诉法院采纳了这一基于供给替代性的主张。1980年,特纳评价说:相关市场界定中有关生产的可替代性问题的讨论是一场充满血腥的混乱(Turner, D. F., 1982)。

尽管1968年《兼并指南》具有开创性意义,但毫无疑问它是时代的产物。这一指南中并没有采用太多的经济学方法,因此有学者评价说1968年《兼并指南》只不过是重述了玻璃纸案中的价格、质量和用途测试等司法判决原则,而没有制定出新的相关市场的界定标准。在当时的背景下,从产业组织理论的哈佛学派、自由派的沃伦法院,到肯尼迪和约翰逊两任民主党总统政策的影响都使得1968年《兼并指南》成为限制兼并的工具,其表现出了强烈的追求公平的倾向(Pitofsky, R., 1990)。但是公平与效率,在市场经济中往往处于一种鱼与熊掌不可兼得的冲突之中,因此,有人批评这个时期的《兼并指南》所规定的市场界定方法缺乏对效率的重视,过分追求平等,试图极力保护中小企业和落后生产力,忽视了市场经济的自由理念和反垄断法追求社会福利的目标(Bork, R. H., 1993),因此,在司法实践中依据弹性很大且市场集中度很高,误判了众多不具有垄断倾向的兼并

---

① Calnetics Co. v. Volkswagen of America, 532 F. 2d 674 (9th Cir. 1972).

案。因此,对预期违法的规定太过严格,从而使得相关市场的界定过于狭窄,这是1968年《兼并指南》最主要的缺点,它夸大了假定垄断者的市场势力,从而降低了假定垄断者测试的重要性(Turner, D. F. ,1982)。

20世纪70年代,美国国内外经济形势发生重大变化,国内通货膨胀严重,经济持续低迷,使美国的国际竞争地位受到严重威胁,美国政府开始考虑将政策重心从国内政治经济问题转移到提高国际竞争力和企业的生产效率上来。70年代以前盛行的凯恩斯政府干预主义在此时也受到了质疑,政府不再对经济领域做过多干涉,而是采取了自由放任主义。此时,强调效率的新经济学理论学派——芝加哥学派,在这样的内外变革的形势下应运而生。该学派认为反垄断法的价值目标是效率而非公平,保护竞争是为了增进效率,而非竞争本身,利用反垄断法保护那些没有效率、缺乏竞争力的中小企业,违背了消费者福利最大化的初衷。美国内外经济形势和经济政策的变化以及新的经济学理论的兴起使美国反垄断立法的价值取向发生根本转变,特别是1969年由经济学家和律师组成的生产和竞争攻关小组(Task Force on Productivity and Competition)向尼克松总统提交了一份报告,小组的领导人——芝加哥学派的领军人物斯蒂格勒等在报告中批评1968年《兼并指南》,强调该指南中界定出的相关市场的边界是"不精确和不专业的",并且提出了相应的修订建议,还指出如果指南能对一个域外销售者为何在域内产品合理提价后马上就能被划定在相关市场范围内做出合理的解释的话,将会是反垄断立法中一个决定性的进步(Werden, G. ,1992)。因此,1968年的《兼并指南》被取代已成为大势所趋。

第三节 效率至上的芝加哥时代

随着产业组织理论的发展,哈佛学派的结构主义观点受到冲击,新的学术流派芝加哥学派的产生对反垄断法产生了实质性的影响,在20世纪70年代末80年代初,芝加哥学派的影响达到了顶峰,许多反垄断学说都在其思想方法的指导下进行了重新构建(May, J., 1996),从而导致了1982年《兼并指南》的诞生。

一、1982年《兼并指南》

1982年新一版本的《兼并指南》在1968年《兼并指南》的基础上,提出了一个新的界定相关市场的分析框架,在该框架下相关市场被重新给予描述:假定垄断企业(Suppose Monopoly Vendor)作为当前和未来该市场中唯一的、不受价格管制的生产企业,且对相关产品或者服务施加一个微幅但显著且非暂时的涨价(Small but Significant and Non-transitory Increase in Price)后,仍能使其保持有利可图,如果对象是产品则称为相关产品市场,如果被检验的对象是地理区域则称为相关区域市场。在此定义的基础上,该指南对相关区域市场的界定做出了更加详细的阐述,指出界定区域市场的目的是要明确区域界线,将那些对并购的竞争分析有重大影响的企业和没有影响的企业区分开来,其范围受产品性质的影响较大,可能小到一个城市,也可能大到整个世界。

该指南相对上一版本的指南的突出贡献是,首次提出了相关市场界定的假定垄断者测试思想,以及基于该思想的SSNIP检验方法,该方法至今仍是反垄断司法实践的主要分析工具。所谓

SSNIP检验方法是指：首先假定某产品有一垄断生产企业，然后再观察该垄断企业将产品价格提高5％时买方在1年内转向其他替代品的可能性。指南在脚注中强调此时提价的价格（参考价格）除了可用产品的现行价格以外，如果有信心反映相关市场价格也可以采用未来价格。在提价的前提下，若该企业销售额减少从而使提价无利可图时，则将该垄断产品的替代品也应纳入分析范围；在假设该垄断企业同时生产这两种产品的情形下，可重复进行价格提升测试，直至多数购买者在价格上升的情况下，不再购买其他产品作为替代品为止。但司法部并没有解释为何选取5％作为测试方法中的提价标准。

另外，相对1968年的指南，该指南更加重视供给方对假定垄断者提价的反应，提出在界定相关产品市场时，应该同时考虑产品的需求交叉弹性和供给弹性，并明确了对相关生产企业识别时应特别考虑的三种情况，在这三种情况下，不生产近似替代品的企业也应该被视为市场参与者：

1. 企业拥有近似替代品的生产设备或者分销渠道，且在相关产品提价时，能够在近半年内生产、销售该近似替代品。

2. 某些耐用品回收或者二次加工后仍然可以形成对新产品的近似替代，则这些从事回收和二次加工的生产企业也应该被视为市场参与者。

3. 有些产品作为中间产品只存在于企业内部的内销环节，但是当这些产品的市场价格足够高，从而导致企业的机会成本太大时，企业有可能将这些内销产品转向外销，因此这些产品的生产企业也应该被当作市场参与者。

1984年《兼并指南》主要以芝加哥学派的经济学理论为基础，

认为反垄断法的价值目标应为追求效率而非公平,对效率判断的重要标准是消费者的福利,从而对相关市场认定的标准也从哈佛学派对静态市场结构的分析转移到了对动态的市场行为的分析。这是因为芝加哥学派认识到,兼并并不一定损害消费者福利,相反市场集中度的提高和企业规模的壮大,都有助于开发更好地产品供消费者购买,由此兼并使竞争者的数量减少,新的竞争者的加入会产生新一轮的竞争,消费者仍能够从竞争中保障自己的福利。当然,这要以政府没有设置市场准入壁垒为前提。

芝加哥学派不仅仅是在价值目标的层面上强调效率的重要性,他们还发展出了对效率进行计量与检验的理论工具,即前面提到的 SSNIP 检验法,并就经济学理论工具和企业兼并行为能否提高效率达成共识。1982 年《兼并指南》最突出的贡献便是 SSNIP 检验法,通过该检验来判断兼并是否会改变市场势力,以及市场势力的改变是否会损害消费者福利,而不再只关注市场集中度的变化本身。SSNIP 方法考察的是价格弹性的大小,这与以往的需求交叉弹性分析方法不同,在坚持"最小市场"原则下,开始采用剩余需求弹性法,它奠定了现代反垄断市场界定的基础。因此 1982 年《兼并指南》最大的贡献是明确地给出了界定相关市场的详细的分析框架,其很容易被经济学家和律师所理解,由此成为反垄断执法机构一种重要的实践工具(White,L. J.,1987;Scheffman,2003)。

对 SSNIP 检验理论界褒贬不一。有人认为,1982 年《兼并指南》将原来的"合理性提价"和"一段时间内"的原则性标准确定为"5%的提价"和"一年"的具体性标准,避免了主观任意性,也降低了反垄断执法的不可预测性,该指南的贡献不仅仅是提供了假定垄断者测试本身，而且还树立了一个在此基础上强调以精确推导的计算程序来确定相关市场的基本理念（Werden, G., 2002）。但也有学者认为5%这个数字在经济学上是没有意义的，在某些市场中，将价格提高5%可能会造成消费者福利的损失，在另外一些市场上则不然，总之，不能确定该比例是否对所有的市场带来相同的结果。

尽管SSNIP检验有很多优点，但是其并非完善，首先，5%是一个武断的数字，只能反映企业运用市场势力对利益相关者的利益可能产生的影响及其他因素的一种折衷。其次，该指南中提出的市场界定方法仅遵循新古典理论，但是这一被遵循的方法本身是有缺陷的，主要是由于以下三个原因：第一，新古典理论只关注经济效率及其简单的假设，将其作为现实世界的反垄断政策和分析的理论工具是不充分的；第二，指南用假设的企业作为市场界定过程的一部分，这与商业现实并不完全一致；第三，指南界定市场的方法是相当宽泛的，偏向于不断的扩大市场（Harris, R. G. and Jorde, T. M., 1993）。综合来看，1982年的指南偏离了过去司法部、国会和法院丰富的反垄断实践经验及相关理论发展的轨迹。即：如果说1968年指南界定的相关市场过于狭小从而抑制了兼并的话，那么1982年指南则扩大相关市场范围从而鼓励兼并。此外，在该时期，由于反垄断判例法的发展、经济理论研究的深入、竞争空间维度的变化和美国经济危机的持续以及由此而引发对降低政府干预的呼吁等一系列因素的影响，促使反垄断分析中更加注重经济模型的运用，由此掀起了以倡导更加透明化、可预测性和减少政府干预为特征的第二次反垄断法和经济学相结合的浪潮。

二、1984年《兼并指南》

在继承1982年《兼并指南》的基础上,1984年出台的《兼并指南》对其做了一些细微的修订,以澄清1982年指南中一些模糊不清的问题,试图进一步明确:如果假定垄断者想获得最大的利润,是否会进行相当幅度的提价;并且这种微幅但显著且非暂时的提价是否会增加假定垄断者的利润。该指南更加注重效率,认为当兼并产生的经济效率如果远超过它的反竞争影响,兼并就不应该被起诉(Muller, D. C., 1996)。这是因为美国政府意识到增强企业竞争力的必要性及迫切性,因此反垄断法应该着重保护那些具有竞争力的企业。

在相关市场界定的概念方面,1984年的《兼并指南》仍将市场界定为一种产品或一组产品和这些产品进行销售的一个地理区域,在这个区域里,假定存在一个追求利润最大化的且不受价格约束的生产者,并且他是这些产品的现在和将来的唯一的生产者。为了追求利润最大化,他会在现有或未来的价格水平上进行SSNIP方法检验,这组产品和地理区域被分别称为相关产品市场和相关区域市场。

在具体操作上,与1982年相比,1984年的《兼并指南》在一定程度上放宽了"5%"的SSNIP标准,可以高于或者低于5%,明确了相关价格的认定方式,甚至从20世纪80年代后期开始,司法部事实上已公开运用10%作为价格测试的标准(Pitofsky, R., 1990);同时1984年指南更多的关注历史实践,而不再仅仅是单纯地考察假定的未来情形。而在分析过程中,相关数据的选择依然以现行市价为主,但是该指南同时也规定,当现行市价的未来变化趋势可以合理预测时,更合理的做法是采用预测价格。

1984年的《兼并指南》对相关市场界定理论发展的突出贡献体现在它首次提出存在价格歧视的市场界定的标准。所谓价格歧视是指产品的生产成本或运输成本可能相同,但是不同消费者或者处于不同地理区域的消费者购买这些产品的价格却不同,这说明企业对那些无法选择替代产品的消费者进行了价格歧视,这类企业应当被包括在相关市场之内。当存在价格歧视时,应该对受到价格歧视的消费者单独进行相关市场界定。

在一些案例中,评价相关产品的生产企业时除了供给替代、耐用品和内部消费外,也会考虑那些在未来有供给反应可能的生产企业(Pitofsky, R., 1990),并根据该原则将假定垄断者面临的替代因素扩展为以下四种:

1. 消费转移向其他产品;
2. 生产其他产品的企业改变现有设备的用途生产该种产品;
3. 生产其他产品的企业通过大规模重建设备生产该种产品;
4. 消费转移向其他企业生产的同种产品。

1984年《兼并指南》仍然沿袭了芝加哥学派的经济学理论,它鼓励在增进经济效率与消费者福利的前提下进行兼并。在这个重提经济自由主义以解决滞胀问题的里根经济时代,芝加哥学派已然成为经济学领域的主流。1981年里根就任总统后,芝加哥学派的巴克斯特(William Baxter)、米勒(Jim C. Miller)、坎贝尔

(Thomas J. Campbell)、波斯纳(Richard A. Posner)与博克(Robert Bork)分别出任了反垄断局局长、联邦贸易委员会主席、联邦贸易委员会竞争局局长、联邦第七巡回上诉法院法官、哥伦比亚特区上诉法院法官。在这样的背景下,司法部与联邦贸易委员会都倾向于减少政府干预,放松对企业兼并的管制,从而导致相关诉讼案件大量减少,并且在诉讼审理过程中,法院往往会倾向于从鼓励兼并的角度来解释法律。例如,在埃克林制造业公司案(Echlin Manufacturing Co.)[1]中,尽管这次兼并会极大地提高市场集中度,但是联邦贸易委员会还是投票支持了兼并,联邦贸易委员会对此的解释是只有政府的许可和执照是真正的障碍,其他传统观念上的障碍可能确实会阻碍后来者的及时进入,但是除非这种阻碍所造成的延迟时间非常长,否则它根本算不上障碍,因为市场先前已经对在位者进入市场时施加了相同的成本或者风险。因此,这个市场应当被界定得更加宽泛,而兼并行为对这一宽泛的市场内的市场势力不会产生太大的影响。

这一时期的司法实践表明,对相关市场的界定十分有利于兼并的进行,大公司之间的兼并逐渐增多。经济政策向某一方向的大幅度倾斜引发了其他利益集团(如中小企业)的不满与反对,并对反垄断法提出了更多的批评与质疑。1991年,克林顿在其竞选纲领中就明确反对共和党政府在执行反垄断法方面的无所作为,在这样的背景下,即将结束任期的老布什政府在1992年公布了新一版《横向兼并指南》。

---

[1] Echlin Manufacturing Co. 105 F. T. C. 410 (1985).

第四节　后芝加哥时代

一、1992年《横向兼并指南》

1992年《横向兼并指南》(Horizontal Merger Guide Lines)是首部由司法部和联邦贸易委员会联合制定的指南。起初，联邦贸易委员会不赞成使用1982年的假定垄断者测试，但是接下来的10年里，委员会逐渐开始承认并接受指南中关于市场界定的方法。在该指南中相关市场被界定为一种或一组产品以及生产或者销售该种或该组产品的一个区域，在该区域内，假定有一个不受价格约束的、追求利益最大化的企业，不管是现在还是将来该企业都是这种特定产品的唯一生产者。在所有其他产品的销售保持不变的条件下，它可能会进行一个微幅但显著且非暂时的涨价。在一组产品和一个区域范围内刚好可以进行这一检验所划定出的范围就是一个相关市场。

排除价格歧视的相关市场就是一种或一组产品以及生产或者销售这种或这组产品的一个区域，在确认一个垄断者是否处在运用市场势力的位置时，要从消费者针对涨价的产品需求反应来判断。价格的上涨可能会使消费者转向其他产品或其他地域的同种产品从而使垄断者无利可图，而这两种需求的特征和大小分别决定了相关产品市场和区域市场的范围。

与1984年《兼并指南》相比，1992年《横向兼并指南》在相关市场界定上的变化集中在以下几点：第一，在相关市场界定的定义中，增加了所有其他产品的销售保持不变和市场中不存在价格歧视的前提条件。第二,在界定相关市场时仅考虑了需求因素——例如可能存在的消费者需求,而供给替代因素——如可能的供给反映,则在以后对相关企业的识别和市场进入的分析中才予以考虑。第三,将未授权的进入者(Uncommitted Entrants)纳入市场参与者的考虑之中,认为未授权的进入者是指通常情况下不生产或者出售相关产品的企业,或者在相关地理区域内也不从事此类活动的企业,当假定垄断者以微幅但显著且非暂时的提价时的一年内能够转而从事生产或者出售相关产品,即能够转换、扩充或者调换资产以增加对相关市场上产品的供给,因此,未授权的进入者能够抑制企业兼并,所以,在任何有关市场集中度的分析中他们都应当被视为市场参与者。第四,1992年的《横向兼并指南》通过两个步骤来界定相关市场:从需求角度确定相关市场;分析市场参与者及相关产业的集中度。如果市场具有很大的供给弹性,那么供给因素也被考虑在相关市场的界定中,但是这样可能又会扩大市场范围或增加企业数目,进而导致产业集中度降低。该指南同时弱化了市场份额的作用,认为产业集中度不再是决定是否允许兼并的唯一衡量标准,还要考虑其他因素(董红霞,2007)。

1992年的《横向兼并指南》对相关市场的界定无疑具有里程碑的意义,指南的不断修订反映了美国立法的不断完善。与政府和反垄断执法机构的努力相对应,美国学界也从未停止过对相关市场界定的合理标准的探索。如沃登刊登在《反垄断法期刊》(Antimonopoly Law Journal)上的文章《相关市场界定的四项建议》(The Four Proposals of Relevant Market Definition)就反映了当时的学者对美国反垄断立法的关注和重视。他的四项建议分别是:第一,界定相关市场必须要考虑潜在的市场势力;第二,事先不要假定有竞争关系的产品和地域属于同一个相关市场;第三,应当考虑价格边际成本的内在含义;第四,事先不要假定兼并的企业都在一个相关市场内。同时 1992 年指南的出台也使得经济学中越来越多的定量分析方法被广泛地运用于相关市场的界定中,如临界损失分析(Critical Loss Analysis)(Harris,B. and Simons,J.,1989)、需求弹性评估模型、竞价模型分析、"自然实验"分析、进入分析、单边效应分析(Shapiro,C.,1996)等。

二、1995 年《知识产权反垄断指南》

1995 年《知识产权反垄断指南》(Antitrust Guidelines for the Licensing of Intellectual Property),简称"IP 指南"(IP Guidelines),它首次将相关市场的界定扩展为产品市场、技术市场(Technology Market)和创新市场(Innovation Market)。

1. 产品市场

1995 年 IP 指南所规定的产品是指与知识产权授权相关的产品,即作为知识产权中间产品或最终产品的产品或其他物品。一般情况下,当知识产权授权对产品市场结构产生影响时,反垄断执法机构就会根据美国 1992 年《横向兼并指南》中关于相关市场的规定,来确定相关市场并衡量该产品在知识产权相关市场所占据的市场份额。

2. 技术市场

1995 年 IP 指南将技术市场界定为获得知识产权授权的技术及其近似替代技术或产品。为了限制市场主体通过知识产权授权而获得并行使市场支配地位,反垄断执法机构必须分析该授权对竞争产生的影响。例如,阿尔法(Alpha)和贝塔(Beytagh)公司案。阿尔法公司和贝塔公司是两家医药技术研发企业,他们同时研发了一种用于治疗某种特殊疾病的新型药品,在他们将研发产品授权给第三方生产之前,这两家公司宣布兼并为一家新公司并生产药品。在此种情况下,反垄断执法机构就需要先界定相关市场,再分析该兼并对市场竞争产生的影响。需要注意的是,如果进行兼并的是处于一般产品市场上的两家公司,那么此种兼并对市场竞争产生的影响通常不会太大,但是对于两家处于技术市场上的、掌握着专有技术的阿尔法医药公司和贝塔医药公司而言,兼并会非常显著的限制该专有技术对外授权,加剧这两家公司在该新药市场的独占地位,也会提高销售者购买此种新药的价格。因此反垄断执法机构会评估两家公司兼并后对竞争效应产生的影响,即通过对这两家公司研发此产品的效率——成本分析,以及对竞争者提供替代产品的可能性的分析,来考察这两家公司利用独占技术联合提高产品价格的机会的大小。

如果要对这两家公司所生产的医药产品的替代产品进行分析,就必须界定相关市场。界定方法与1992年《横向兼并指南》所采用的方式相同,即首先假设提出兼并申请的企业已经在市场上占据市场优势地位,然后测试当该企业进行了一个微幅但显著且非暂时的提价行为的时候,该市场上消费者的反应,通过消费者选择替代产品的可能性就可以界定相关市场的范围。除此之外,反垄断执法机构还需要评价市场上的潜在竞争者对竞争的影响,当监管机构能够获得市场数据且该市场数据能够反映市场参与者的竞争强度的时候,这部分数据也应当被纳入考察范围。监管机构还会把购买者及技术市场参与者对竞争强度的评价作为测试申请兼并者的市场份额的依据。当有关市场份额的数据无法获得,或者被考察的技术具有普遍性时,那么反垄断执法机构就假设每种技术主体占据相等的市场份额。

3. 创新市场

如果一种授权安排能够创造出一种新产品或者改进产品工艺,那么监管机构就将这种处于技术市场或者产品市场上的竞争效应称为一个独立的创新市场。创新市场之所以出现是由于某些情况下以授权安排促进竞争的效应无法在技术市场或产品市场内得以体现,如研发或改进工艺但其并未投入生产,从而根本不存在相关产品。

通常我们认为创新市场是指直接对产品或工艺进行研发或改进的市场。而研发的近似替代品包括研发能力、技术以及产品。因此在测试申请兼并者在创新市场上的市场势力时,反垄断监管机构通常要先评估兼并者的研发能力。与前述技术市场相同,监管机构在评价创新市场上的竞争程序时,也要考察多种因素,主要包括市场份额数据、市场上主要的竞争者、买卖双方对创新市场竞争强度的评价等。这些数据也可以用作对兼并者市场份额进行评价的基础数据。

例如,假设两家公司达成了一项关于飞机尾翼研发的交叉授权,而进行该项目的研发需要研发者有能力购买喷气式飞机的材料。当交叉授权达成后,反垄断监管机构就要对创新市场上的竞争程度进行关注了。假设进行交叉授权的企业对喷气式飞机的某个领域的研发有显著的进展,那么监管机构通常会将这个领域作为一个独立的相关市场。如果很多研发机构都在某个研发领域取得了很小的进展,那么该监管机构就会以创新市场概念来分析该市场内的竞争效应,可能将其界定为一个创新市场,也可能将其界定为一个技术市场或产品市场。如果市场内的企业很多并且很有竞争激励，就认为该市场的竞争程度高，反之则认为其竞争程度较低。

同样，两个进行生物降解容器研发的企业要进行兼并，监管机构为了确定该企业在该市场上的兼并行为对竞争的影响，首先要界定相关市场，即一个能够与A企业进行同样或可替代性研发的市场，主要需要考虑的因素包括企业现存技术、将来技术、研发辅助设备以及其他辅助资产。如果该市场内的企业为数众多，且企业仍然具有竞争能力及竞争激励，就认为该市场仍是一个竞争市场。

1995年的《知识产权反垄断指南》根据经济发展的需要对技术和创新进行了关注，更有利于在新经济形势下更好地进行反垄断规制。但由于技术市场和创新市场的区别并不明显，同时没有提出具体的界定方法，因此技术市场和创新市场的定义过于模糊。

1995年《知识产权反垄断指南》将相关市场的界定扩展为产品市场、技术市场和创新市场。其中将技术市场界定为获得知识产权授权的技术及其近似替代技术或产品。规制的重点在于可以交易的各种协议，具体来说如果技术的交易会使得技术形成垄断从而导致产品产生垄断，则希望通过规制技术转让中的行为来防止垄断行为的发生。而创新市场是指包含了直接对产品或工艺进行开发或改进的市场。而研发的近似替代品包括研发能力、技术以及产品。这是从更广泛的范围内防止垄断的发生，具体来说需要界定可替代的研发范围。

三、1997年《兼并指南》

1997年《兼并指南》改动不大，只是强调在相关市场界定中选择数据作为参考价格时，如果兼并前市场存在共谋，司法部门将采用完全竞争市场条件下的价格。同时该指南在1992年《横向兼并指南》的基础上对有关效率的部分也进行修订,联邦执法机构采用了奥利弗·威廉姆森(Oliver E. Williamson,1968)鼓励兼并的分析框架,认为即使兼并损害竞争,但只要有利于效率则予以支持(Baker,J. B.,1999)。该指南指出,兼并可能产生两种相互冲突的结果:一种是企业市场势力增加后提价;另一种是企业节约成本后降价。该问题同时还引起了经济学家对成本传递率(即价格变化的比率)(Cost Pass-through Rate)的关注,此时的反垄断法已经不再是简单地体现党派政治,在判案的过程中有了科学依据(Baker,J. B.,2005)。

20世纪80年代以来兴起的后芝加哥学派,批评了芝加哥学派过度自由放任的经济主张,并借助于新的理论工具对反竞争行为展开了更为全面和细致的分析,1992年和1997年的兼并指南也反映了这种理论的新发展。同时利用后芝加哥学派在行为经济学、信息经济学、计量经济学等领域的理论研究成果,认为企业一般都会基于其市场势力采取策略性的博弈行为,该学派对行为的考察不仅针对生产者,也会针对消费者,而且更细致的考察了市场上的策略行为。

四、2006年《横向兼并指南评论》

2006年,美国司法部与联邦贸易委员会联合发布了一份《横向兼并指南评论》(Commentary on the Horizontal Meger Guidelines)。[1]

---

[1] Commentary on the Horizontal Merger Guidelines,http://www.usdoj.gov/atr/public/guidelines/215247.htm.

该评论肯定了此前指南的有效性,认为其分析框架是有力且灵活的,因而无需修改。评论对于指南中相关市场界定的方法、广度和证据来源做了清晰的说明,明确了指南的可操作性。对于市场界定的方法,评论解释:"指南规定从确认每个兼并企业生产或销售的每种产品开始实施假定垄断者测试;然后,再通过为每种产品反复增加下一个最好替代品的方式拓宽备选市场;当满足假定垄断者测试方法的最小一组产品出现时,相关产品市场就确定了。"区域市场的界定方法也是同样。而关于市场界定的广度,评论指出,界定的相关市场并不必然包括可供顾客选择的全部功能替代品,即在采用假定垄断者测试时,应该坚持"最小市场原则",但是该指南又特别说明,在某些特殊情况下,该限定可以被放松,比如司法部进行相关市场界定时,最初往往采用较为明显的界限,此时的相关市场界定结果可能偏大,但是只要该市场界定的结果与更精准的相关市场界定结果对竞争分析的影响相同,就没有必要进一步缩小相关市场界定的范围。另外,当对几个相关市场界定的分析相似时,可以将这几个相关市场兼并为一个相关市场进行分析,从而避免冗余的分析工作。而在市场界定的证据来源方面,评论指出,虽然使用精准的市场数据进行相关市场界定的结果较为可靠,但是实践中往往难以得到该数据,因而只能依据消费者调查的证据或者商业文件的定性分析所得的非经济类数据为准。而在采用消费者调查信息时,由于不同的市场参与者的初衷和市场影响力不同,在市场界定分析时,应该对这些信息给予不同的权重,比如提价后,分销商如果能够保持销售量,那么它就不会反对兼并,消费者虽然反对兼并,但是由于消费者是价格的被动接受者,所以应该谨慎地对待消费者的反对意见。

后芝加哥学派不同于追求公平的哈佛学派和效率至上的芝加哥学派,它并没有一个统一的理论范式,而是进行更语境化的精细分析。1992 年和 1997 年的兼并指南相比于前期的指南在某些问题上既兼顾效率又重视公平。后芝加哥时代的反垄断法体现的是一种实用主义,它强调在司法实践中更多地运用了更为技术化的经济分析而不是传统的法条主义,普遍运用经济学工具来分析反垄断司法实践中的相关市场的确定。例如,1997 年的斯丹普奥兼并案(FTC v. Staples Inc.)[1]和 BP 收购 ARCO 案(British Petroleum Co. v. ARCO)[2]就直接运用计量经济学工具预测兼并之后的价格变化和需求弹性的大小来界定相关市场。当时的美国政府机构与法院更加关注的是经济分析的结果而不是概念或教条,同时美国经济正处于高速复兴阶段,尤其是高技术领域表现得尤为突出,从而形成 90 年代中后期和 21 世纪初期美国历史上最大规模的兼并浪潮。

五、2010 年《〈横向兼并指南〉修订建议稿》

2010 年 4 月 20 日,美国司法部和联邦贸易委员会联合发布了《〈横向兼并指南〉修订建议稿》。制度设计整体上已经趋向一个以事实为基础、更富弹性的分析框架,现行指南中结构性评价的特点在政策执行过程中已经被淡化。市场界定、竞争效应分析、市场进入、兼并效率以及破产仍是现行指南的五大核心内容,除此之外也确定了反竞争效应的证据(Evidence of Adverse Competitive

---

[1] FTC v. Staples, Inc., 970 F. Supp. 1066 (D. D. C. 1997).
[2] British Petroleum Co. p. l. c. et al., FTC Docket No. C-3868, 127 F. T. C. 515 (1999) see also http:// www.ftc.gov/os/caselist/c3868.htm.

Effects)以及将市场集中度中的兼并控制指数增幅提高到 200 点以上,将高度集中市场的赫氏指数门槛提高到 2500,并且强调在兼并审查过程中会检验其是否会促成更为高效的创新等。①

关于市场界定概念的相关内容,该指南并未有任何改动,只是在相关区域市场界定中,第一次根据价格歧视存在与否,分别基于对产品和消费者的角度,阐述了相关区域市场界定的步骤。该指南还首次明确了市场界定的作用:第一,市场界定的结果可以识别出有近似替代性的产品和企业,被划定到相关产品市场中的产品和企业之间如果发生兼并,就有可能对竞争造成影响。第二,相关市场界定是确定市场份额和市场集中度的前提,虽然它们不是垄断分析的必经环节,但是有助于判断假定垄断者的市场势力。但该指南同时强调,相关市场界定在反垄断分析中并非必不可少,比如可以通过剩余需求分析就可以直接得到有关市场竞争现状的信息。但 SSNIP 检验的思想在反垄断分析中仍然发挥着主导性的作用,该指南还特别强调了"临界损失分析"在相关市场界定中的应用。

作为对旧版本指南的补充,该指南还强调了"最小市场原则"在相关市场界定中的重要性,如果一些替代性相对不明显的产品的市场份额相对较大,当它们被添加到相关市场中时,就有可能会弱化假定垄断者的市场支配地位,甚至使得最终得到的反垄断分析的结果错误。但是特殊情况下,最小市场原则可以被适当放松,比如产品 A、B 已经通过了假定垄断者测试,根据最小市场原则,相关市场界定可以结束了,但是如果产品 C 相对于产品 B 能够抢

---

① Horizontal Merger Guidelines,2010.8 DOJ & FTC.

占更多的产品 A 的市场份额，那么就应该将产品 C 囊括进相关市场界定的范围。

一般的市场界定都是针对产品而言，但是在以下两种情况下，应该针对特定的一组消费者进行相关市场界定：

1. 当假定垄断者存在价格歧视时。

2. 当市场上存在个人消费者和企业之间的单独议价时，这时候原则上应该将对每个消费者进行相关市场的界定，但是为了避免过于冗杂的工作量，也可以针对某一类消费者进行相关市场的界定。

小　　结

纵观美国反垄断法中相关市场界定的发展历程，我们可以发现，经济学理论尤其是产业组织理论的产生与发展推动了相关市场界定的产生与发展。从倡导静态结构理论的哈佛学派，到进行动态效率分析的芝加哥学派，再到注重多样化分析的后芝加哥学派；从依据产品功能与特征来界定市场的方法发展到假定垄断者测试，再到更为细致和全面的实体经济分析，经济学已经逐渐全方位的渗入到立法和司法实践中，从最初只是提供价值目标引入到提供更为具体的实体分析工具上，不同时期的经济学理论对每一部指南的影响是非常显著的。经济学理论的影响和相关法律规定的变迁使得反垄断法中与相关市场界定有关的兼并规制越来越宽松，这也符合美国不同阶段经济发展的客观要求。

第三章 欧盟反垄断法中的
相关市场界定

从19世纪90年代奥地利就开始了以促进经济增长和社会稳定为目的的竞争立法运动,德国也于1923年颁布了第一部《卡特尔条例》(Cartel Regulation),第二次世界大战后,在欧洲一体化的背景下,以德国竞争法为基础、欧洲人保护竞争的法律理念不断成熟,且对企业通过兼并来提高市场支配地位的反竞争效应的关注程度日益提高,并制定了以《欧共体理事会关于企业兼并集中控制第EEC—4064—1989号条例》(Council Regulation (EC) No. 4064/89 on the Control of Concentrations Between Undertakings)为代表的一系列对企业兼并进行监管的法律,标志着欧洲竞争法体系的逐渐完善,同时,弗莱堡学派(The Freiburg School)和布鲁塞尔学派(The Brussel School)对竞争秩序及企业竞争能力的关注在一定程度上也为相关市场界定提供了广泛的理论基础。

第一节 弗莱堡学派

20世纪30年代形成的德国弗莱堡学派的代表人物欧肯(Eucken)在早期竞争理论的基础上,提出了以"竞争秩序"为核心的经济学理论,该理论的主要思想是通过对开放的市场、自由缔约和自由定价等条件的满足来实现完全竞争,德国于 1957 年颁布的《防止限制竞争法》(Preventing Restrictions of Competition Law),以及以该法为模板的欧共体竞争法都吸收了该学派的思想,将防止企业滥用市场支配地位作为保护竞争的首要目标。在该目标的指导下,欧共体竞争法对《罗马条约》(Treaty of Rome)第 85 条和第 86 条中关于企业的市场份额、市场势力及兼并影响的规定做了进一步完善,对反垄断司法实践中相关市场的界定具有直接影响。

在大陆罐头案(Continental Can Company Inc. v. commission of the European Communities)[1]中,欧洲法院详细分析了相关市场界定和市场支配地位分析的关系:相关市场的界定是判断企业市场支配地位的必要前提,而市场份额等因素是判断企业市场支配地位的客观依据。法庭要通过企业的市场份额等因素来判断其市场支配地位,必须先界定相关市场范围,再在该市场内考察企业的市场份额等因素才是有意义的。此后的联合商标案(United Brands Continental BV v. Commission,1978)[2]和霍夫曼-拉罗氏公司诉欧盟委员会案(Hoffman-La Roche v. Commission)[3]在反垄断分析中也采用了相同的司法程序。在分析方法的运用方面,这三个案例都采用了需求可替代性标准,即根据产品的性质来判断其与相关产品之间的需求可替代性,并将该产品及其替代品作

---

[1] Continental Can Company Inc. v. Commission of the European Communities, Case 6172.[1973]ECR 215,[1973]CMRLR 414.
[2] Case 27/26[1978]ECR207.[1978]1 CMLR 429.
[3] Case 85/76, Hoffman-La Roche v. Commission [1979] E.C.R. 461;3 CMLR 211, pp. 269—270.

为一个统一的相关市场。在大陆罐头案中,欧共体委员会根据各产品用途的不可替代性将涉案企业的产品市场界定为"肉类罐头的包装","海鲜罐头的包装"以及"罐头的金属类包装",而非仅界定为金属类包装。在联合商标案中,欧共体委员会认为香蕉具有独特的产品功能和特征,它口感香软无核以及容易加工和保存等特点,使得其他新鲜水果无法成为其替代品,因而认定香蕉构成一个独立的相关产品市场。在霍夫曼-拉罗氏公司诉欧盟委员会案中,法院认为相关市场存在的前提是所有产品基于自身特定用途都具有可替代性,因此在确定相关市场范围时必须考虑产品的功能、价格、用途、使用期限、制造工艺和消费者对产品可替代性的预期等方面的差异。

对以上案件的分析与美国布朗鞋业案极为相似,由于使用需求可替代性来确定相关市场,因此可能会缩小相关市场的范围,从而倾向于夸大企业的市场支配地位,甚至否定有益的兼并,但是由于实际案件中的情况比理论模型复杂很多,在具体司法实践中相关市场的界定结果还取决于对其他多种因素的分析。

当时,欧洲的竞争法体系受美国经济理论的影响很大,但是相比美国的反垄断分析已经开始采用 SSNIP 动态分析方法,此时的欧洲竞争法对相关市场的分析仍处于静态分析阶段,欧洲在相关市场的界定中存在很多不足。

第二节 布鲁塞尔学派

欧共体委员会于 1989 年制定的《欧共体理事会关于企业兼并集中控制第 EEC—4064—1989 号条例》(简称"《条例》"),首次直接对相关市场的界定问题进行了规定。在该《条例》中,相关产品市场是指"所有基于产品或服务的特征、价格和用途,消费者将其视为具有互换性或替代性的产品或服务的市场。"《条例》还规定了界定相关产品市场的具体操作方法。即可以依据:第一,产品特征即产品的物理性质以及产品的最终用途;第二,消费者偏好;第三,消费者转向替代品的障碍及成本;第四,价格差异;第五,价格变动的趋势;第六,需求价格弹性,即消费者对微幅但显著的提价的反应等因素来确定。该方法吸收了当时布鲁塞尔学派及早期经济学派的观点,以产品功能分析为基础,综合考虑了多种因素,尤其是在相关区域市场的界定方面,较之以前有了明显进步,其导言第3条和第4条明确将"整合各成员国市场边界、促进企业重组和集中、增强企业的国际竞争力并促进欧盟的总体经济增长与人民生活水平的提高"作为《条例》首要的目标,《条例》第9条第7款还对相关区域市场的概念作了更详细的阐述:"竞争状况相同的、涉及产品或服务的供给和需求的一定地域范围,以及由于竞争状况的不同而与邻近地域相区别的一定地域"。同时,该条例还明确了界定相关区域市场时应当考虑的因素:第一,所涉产品或服务的性质与特征;第二,市场进入壁垒;第三,消费者偏好;第四,所涉企业在相关市场及相邻市场显著的市场份额差异及实质性的价格差异。除此之外,《条例》在界定相关区域市场时,还对国家间的关税和非关税贸易壁垒、税收差异和汇率变化等因素给予了充分考虑,这也与条例第3条和第4条例规定的实现一个开放的欧洲市场的目标不谋而合。在界定相关区域市场的具体操作中,欧盟委员会提出了三个要求:首先,相关区域市场仅包括涉案方的经营地域范围;其次,区域市场不能界定得太宽或太窄;最后,当竞争状态短期内可变时,委员会倾向于界定出较窄的区域市场,当竞争状态属于同类竞争时,委员会倾向于界定出较宽的区域市场。总的来说,在1989年《条例》颁布之后,欧盟委员会及其前身欧共体委员会在反垄断实践中更加注重对价格弹性、价格关系和市场渗透数据的评估,据此所做出的判决也更趋于一致。

此时布鲁塞尔学派已经发展成为欧洲竞争法的理论基础,其对弗莱堡学派既有继承也有发展:前者是为了削弱市场进入壁垒,建立一个统一的欧洲市场,而后者则是其经济学理论对保护竞争的经济秩序的延伸;两者在保护竞争秩序方面一脉相承,但是布鲁塞尔学派更关注相关区域市场的界定以及消费者福利的保护;同时布鲁塞尔学派也受到哈佛学派的影响。因此,这个时期的欧洲竞争法具有多元化的经济学基础,进行相关市场界定时也十分注重多因素综合分析。

欧盟委员会采用产品功能分析方法进行相关市场界定的首次案例是1991年法国宇航公司/阿莱尼亚航空公司/德哈维兰飞机公司案(Aerospatiale/Alenia/De Havilland),[1]在该案中,法院根据需求可替代性将相关产品市场界定为"拥有20个至70个座椅的小型螺旋桨飞机组成的相关市场",但是涉案企业对此提出了异议,他们认为法院在界定相关市场时不仅应当考虑需求替代性,还应考虑供给替代性,因而应当将大型飞机也纳入该案的相关市场范围内,原因是生产大型飞机的企业也能够轻易转产生产小型飞

---

[1] Case IV/M 053 [1991] O. J. L334/42;[1992] 4 CMLRM2,1991.

机。对此欧盟委员会做出回应,制造商如果将当前生产大型飞机的设备转向生产小型飞机,必然要投入大量的资金和时间,因此进行产品转型的难度较大,所以涉案企业的兼并主张被驳回。

1992年,法院在审查瑞士雀巢公司收购法国沛绿雅矿泉水公司案(Nestle/Perrier)[①]时,也应用了该《条例》。原告雀巢公司主张矿泉水的相关产品市场应当界定为包括清凉饮料在内的所有非酒精饮料。但是欧盟委员会却将矿泉水饮料(含碳酸和不含碳酸)界定为一个单独的相关产品市场,因为从需求的角度考察,矿泉水和清凉饮料存在功能差别和价格差异,二者的需求交叉弹性较小,零售商也认为二者应分别属于不同的市场;从供给的角度分析,矿泉水的生产和销售都受到管制机构的监管,将清凉饮料的生产设备用于矿泉水的生产的可能性较小,而且生产企业对矿泉水和清凉饮料的定价策略明显不同,二者也不具有供给替代性;同时欧盟委员会也认为含碳酸与不含碳酸的矿泉水之间具有较强的价格联动性,因此应当将两者界定为统一相关产品市场。在界定相关区域市场时,欧盟委员会认为应将法国市场视为一个独立的相关区域市场,因为法国矿泉水市场是一个拥有众多知名品牌、高度成熟的市场,其他矿泉水品牌想要进入法国的矿泉水市场进入壁垒较高,这也反映了当时欧盟委员会对区域市场间存在的市场进入壁垒的重视(卫新江,2005)。但此类分析的一个显而易见的弊端就是没有考虑到价格上涨时其他生产者能否进入市场这一因素。

总体来说布弗莱堡学派时期的司法实践深受当时欧洲弗莱堡

---

① Case IV/M 190 [1992] O. J. L356/1;[1993] 4 CMLR M17.

学派以及哈佛学派的追求公平思想的影响,更关注相关区域市场的界定以及消费者福利的保护,在欧洲一体化的趋势下,开始考虑市场进入壁垒等多因素的影响。

第三节 美国经济学的新时期

20世纪90年代中期,欧洲竞争法从关注欧盟一体化市场的形成转而关注有效率的竞争。此时正值美国芝加哥学派兴盛时期,不仅欧洲竞争法的经济学基础更加关注动态分析方法的应用,而且美国的反垄断模式也逐渐被欧洲竞争法体系所吸收,欧盟1997年颁布的《欧盟委员会关于相关市场界定的通告》[EU Commission Notice on the Definition of Relevant Market(97/c372—03)]实现了欧洲竞争法与美国1982年《兼并指南》中提出的SSNIP市场界定方法的联姻,标志着欧盟监管机构适用经济分析方法审查企业兼并的阶段的到来。

与美国兼并指南类似,欧盟1997年的《欧盟委员会关于相关市场界定的通告》也提出反垄断司法实践应该以相关市场界定为首要前提,并且提出了与SSNIP检验极为相似的相关市场界定框架,主要考察需求替代性、产品替代性和消费者偏好等因素。在界定相关区域市场时,除考察上述因素外,还应当关注需求特征和运输流程等。[①] 如在沃尔沃/斯堪尼亚兼并案(Volvo/Scania)[②]中,

---

[①] Commission Notice on the Definition of Relevant Market for the Purposes of Community Competition Law OJ C 372, 9.12.1997, article 38—50. http://eur-lex.europa.eu/smartapi/cgi/sga_doc? smartapi! celexapi! prod! CELEXnumdoc&lg=EN&numdoc=31997Y1209(01)&model=guichett.

[②] Volvo v. Scania, Case No COMP/M. 1672 Volvo/Scania.

欧盟委员会运用 SSNIP 分析法对区域市场进行了界定。由于不同用户对卡车配件的偏好不同,因此不能直接将不同国家的汽车售价作为分析依据,还需要一定的调整。欧盟委员会进行模拟回归分析之后,发现卡车价格上涨 5% 时,各国卡车销售商的利润都上涨了,因此相关区域市场应当为国别市场。北欧资本(Nordic Captial)、墨尼克临床(Molnlycke Clinical)、科勒米(Kolmi)[①]是欧盟委员会依据供给替代分析界定相关市场的案例,其最终认为由于投资成本之间的差异,一次性的外科手术外罩和床单与可反复使用的杀菌用的外罩和床单不能形成有效替代,因而这两种产品应当分属两个不同的市场。

但在欧盟 1997 年颁布的《欧盟委员会关于相关市场界定的通告》[EU Commission Notice on the Definition of Relevant Market (97/c372/03)]中所采用的相关市场界定标准与美国的 SSNIP 标准并不完全相同:欧盟确定的微幅但显著且非暂时的标准为 5%—10% 的提价,而美国仅采用 5% 的标准;欧盟将该方法普遍适用于市场界定,而美国仅适用于企业兼并;采用 SSNIP 分析供给替代时,欧盟的通告仅考虑到了当前市场中的企业,而美国的兼并指南还考虑到了潜在竞争者。除此之外,欧盟通告还降低了供给替代在市场界定中的作用,而且在区域市场界定中,也不再考虑企业在不同国家中的市场份额差异。

欧盟的该通告详细阐述了三种竞争约束——需求替代、供给替代和潜在竞争者等在相关市场界定中的作用,其中,由于需求替代性能够对生产企业确定定价产生最直接有效的影响,因此是相

[①] Nordic Capital/Molnlycke Clinical/Kolmi(Case IV/m1075)(1998).

关市场界定中需要考虑的主导因素,在评价候选产品间的需求替代性时,该通告列出的方法和对数据的选择原则与美国的兼并指南相同,即采用 SSNIP 检验方法,用当时的市价近似未来的市场价格,如果兼并前的价格就是非竞争价格时,则应采用其他合理的能够反映完全竞争条件下的市场价格。

与需求替代相比,供给替代对企业定价的影响不那么有效和直接,因此在界定相关市场时,并不会考虑所有的供给替代。对于那些能够在极短的时间内以微小的成本就能够向市场提供相关产品的企业,应采用与评估需求替代性相同的方法,比如市场上同时提供质量不同的同种产品,虽然从需求替代的角度考虑,不同质量的产品对于一些消费者并不具有替代性,但是这些产品却满足形成上述供给替代的条件,因此能够构成相关产品市场;而如果企业需要大规模地对现有的有形和无形资产进行调整,或者需要新增投资,或者转移公司经营策略,或者时间延迟,那么在相关市场界定时就不需要考虑这些生产企业的供给替代性,而是在竞争分析时,结合其他要素进行综合评价即可。

由于潜在竞争是否能够形成有效的竞争约束依赖于对特定因素和市场准入条件的分析,因此在相关市场界定环节,并不需要考虑潜在竞争,而是在确定了某个企业在相关市场中的竞争地位后,再分析其带来的潜在竞争对市场集中度的影响。

对相关证据的搜集,相对于美国兼并指南,该指南对这一问题作了更加详细的阐述,这些证据一般来自于对相关产品的主要消费者、生产企业、生产的上下游环节以及相关专业分析机构的直接访问。访问中需要关注的问题主要包括:过去一段时间中发生产品替代的证据、消费者和竞争者对产品的评价、消费偏好、价格水平的相似性、发生消费转移的壁垒和成本、消费者的类型和价格歧视等。在与相关区域市场界定有关的访问中,需要关注的问题和前述问题相似,只是在涉及外国生产企业时,应该考虑到汇率、税收和产品差异化的影响,另外产品的需求特性、当前购买行为发生的区位特点、货运特点等也是相关区域市场界定中需要特别关注的问题。

第四节 经济分析的成熟时期

现实经济的发展为经济学理论及以其为依据的保护竞争法律制度的提出和完善提供了客观依据。由于产业纵向一体化导致市场集中度加剧,欧盟委员会2000年出台了《关于纵向限制的指南通告》[Commission Notice Guidelines on Vertical Restraints (2000/c 291/01)];由于科技创新的发展,2001年发布了专门针对创新的协议——《关于对横向合作协议适用欧共体条约第81条的指南》[Commission Notice Guidelines on the Applicability of Article 81 of the EC Treaty to Horizontal Cooperation Agreements (2001/c3/02)];由于对保护竞争与市场效率之间的相互关系的认识加深,2004年颁布并实施了《关于企业兼并控制的第139/2004号条例》[Council Regulation(EC)No. 139/2004 on the Control of Concentrations Between Undertakings]。

欧盟2000年颁布的欧盟委员会《关于纵向限制的指南通告》第91条从供给替代性的角度来界定相关市场,并提出由上下游产品所构成的市场应当通过整个产品组合来确定。2001年颁布的《关于对横向合作协议适用欧共体条约第81条的指南》中进一步对于创新有关的市场进行了细分,包括:对研究与开发协议(Agreements On the Research and Development)的相关市场的界定,即与涉案企业产生竞争约束的产品、技术或研发成果;以及作为研发成果的现有产品及其近似替代品所构成的相关市场;甚至连同作为将来开发协议内容的潜在替代品所构成的市场。其中,对购买协议(Purchasing Agreements)相关市场界定的规定,根据产品"竞争约束"或供应商的替代性来确定相关市场;对标准化协议(Agreements Standards)相关市场界定的规定,主要是指对当前或未来的产品、生产工艺或方法都必须遵循的标准化协议,应依据1997年《欧盟委员会关于相关市场界定的通告》中的相关市场的规定来加以界定;对环境协议(Environment Agreements)相关市场界定的规定,即对当事人承诺按照环境法的要求减轻污染以及达到环境目标的协议,依据1997年《欧盟委员会关于相关市场界定的通告》将该污染物所生产的产品市场界定为相关市场。

2004年欧洲理事会通过的《关于企业兼并控制的第139/2004号条例》,相比起之前的保护竞争条例其主要的变化体现在:第一,更加重视个体竞争保护中的作用;第二,将一切严重妨碍有效竞争的兼并交易纳入规制范围,区分了占据垄断地位与实行垄断行为。同时该条例在直接对相关市场作出界定的同时还进一步明确且完善了相关市场界定过程中应该考虑的因素,在界定相关产品市场时,应考虑的因素主要包括:需求替代性、竞争条件、价格、需求的交叉价格弹性,部分案例中还需要考虑供给替代等;在界定相关区域市场时,应考虑的因素包括:相关产品和服务的特点、相关企业在候选市场和候选市场的相邻市场中市场份额的差距以及价格差距等。

该条例还明确了横向兼并和纵向兼并的概念,所谓横向兼并是指参与兼并的企业同属于一个生产环节,且联合市场份额不少于15％;所谓纵向兼并是指参与兼并的企业分属同一产业链的不同环节,且兼并后在上游市场或者下游市场的联合市场份额不低于25％。

该时期的典型性案例是通用电气公司与芬兰医疗器械公司的收购案(GE/Instrumentarium)。欧盟委员会在对该兼并案的审查过程中,运用需求可替代性分析、市场份额分析和产品功能分析等多种相关市场界定标准,将不同的病人监护器以及其他功能不同的产品界定为单独的产品市场。

小　　结

欧盟竞争法由静态过渡到动态的经济分析,与美国反垄断法逐渐趋同,但是由于欧洲的社会经济环境不同于美国,所以欧洲保护竞争执法主体多为团体,而美国则更愿意以私人诉讼来执行反垄断法;欧盟提出了相关时间市场概念,而美国则不承认该概念;由于欧洲一体化道路的影响,欧盟与美国两个主体之间界定的相关区域市场也不相同。

第四章 其他国家反垄断法中相关市场界定

第一节 日本反垄断法

日本反垄断法是法律移植的产物,受美国影响较大,但同时也在不断地完善中形成了自己的特色。1947年4月美国帮助日本制定了第一部反垄断法——《关于禁止私人垄断和确保公平交易法》(以下简称"《禁止垄断法》")(Act on Prohibition of Private Monopolization and Maintenance of Fair Trade),该法深受美国反垄断法与经济学发展的影响,并在2010年进行了最新的修订,2010年7月1日和20日分阶段开始实施。另外,为进一步促进市场自由竞争,日本还陆续制定了与此配套的《防止不当赠品类及不当表示法》(Prevent Such as Gifts and the Misuse of Notation)和《不公正交易法》(Unjust Trading Law)等防止企业垄断经营以确保公平交易的相关法律,由此建立了一个相对完善的反垄断法律体系。

根据日本《禁止垄断法》(尚明,2004)第4章第2条第4款规定,只有那些被认定为属于"同种或类似"的产品或服务,才有可能处于同一的"一定的交易领域"内,并存在竞争关系(王为农,

2001)。日本反垄断法中没有使用相关市场概念,而是称之为"一定的交易领域",它等同于美国反垄断法中的相关市场的概念。

1977年,日本的公平交易委员会制订了《关于垄断状态的相关市场中所涉及的概念》(Guidelines Concerning the Interpretation of "Specific Business Fields" as Defined in the Priovisions of "Monopolistic Situations", November 29, 1977),进一步明确规定了界定相关市场的标准:第一,具有需求替代性,即产品功能、用途相同或相似的产品;第二,具有供给替代性,即在当前市场中不从事相关产品生产的企业,在生产设备和生产流程无需很大调整的情况下,就能轻易地转向对相关产品的生产。第三,独特的产品,符合以上两项标准的某一类产品。它等同于前两者之和,其意义在于,独特的产品构成产品市场,它不是指某一种产品,而是指某一类产品。

日本2010年修订的《禁止垄断法》中进一步强调,在反垄断司法实践中要首先界定"一定的交易领域",并将该区域分为产品范围和区域范围分别进行了阐述,这两个概念分别对应于欧美兼并指南中的相关产品市场和相关区域市场,且其界定的主导思想和流程也都与欧美基本相似。该交易领域的范围的界定也是基于需求替代,在必要时也会考虑供给替代。在对替代品进行考察和筛选时,日本的禁止垄断法也使用了与欧美的假定垄断者测试相似的方法,即先确定一个假定垄断企业,通常是参与兼并的企业,有时也包括其较为明显的替代产品或者服务的生产企业,然后对该市场中的产品(服务)施加一个微幅但显著且非暂时的提价(5%—10%),再分析一定时间(一年内)范围内消费转移的程度。如果消费转移的程度很小,且假定垄断者能够通过该涨价实现利润增长,那么交易领域的范围就囊括了所有相关产品(服务)的替代品,且可以断定假定垄断者的兼并行为破坏了原有的市场竞争。当涉及供给替代时,考察相关产品涨价后,其他企业能否在一定时间内转向该市场,且不用承担较高的成本和风险,如果发生该转移的可能性较小,且假定垄断企业在涨价后能够在该情况下实现利润增长,那么可以得到与上述相同的结论。

同时,日本的《禁止垄断法》在对候选企业进行选择时,其替代性的评价标准主要包括:产品的外部特征(大小、形状等)、特定的材料特性(如韧性、弹性等)、质量(如纯度)、技术特征(如标准)。而当某个产品或服务具有很多功能时,需要对每个功能可能涉及的替代品都进行以上测试。另外该禁止垄断法还对一些特殊情况下替代品的识别做了特殊的规定,比如产品 X 和产品 Y 的功能具有替代性,但是价格差异非常大以至于产品 Y 很难构成对产品 X 的替代,这种情况下这两个产品也不能形成替代品。而即使材料 X 和 Y 的功能和价格都相似,但是材料 X 替代材料 Y 后进行产品生产时,需要更换设备或者需要对工人进行再培训,因此需要耗费大量的成本,这种情况下,材料 X 和 Y 也不是替代品。

日本在 1980 年的《关于审查公司兼并等的事务处理基准》(Transaction Benchmarks of Merger Review Company)和《关于审查公司拥有股份的事务处理基准》(Transaction Benchmarks of the Shares in Review company)两个文件中,对反垄断司法实践中相关市场的界定问题做了进一步的补充规定,文件中指出,一定的交易领域是指判断一种商品或服务、地域等的范围,即所谓的市场,其根据交易对象(商品领域)、交易地域(地理领域)、交易的阶段以及交易的对手来进行划定。其中,与交易的对象相关的一定的交易领域,即有关产品市场的范围,主要依据产品的功能与效用来界定,同时考虑产品的品质、特征、用途及价格差距。

上述两个文件还强调了产品的流通,指出流通环节和交易对手对于相关市场界定的影响:由于产品通常是通过制造业者、批发商、零售商这样的路径来进行销售,并且在每个交易阶段开展竞争,因此,一般在每个交易的阶段内划定一定阶段的交易领域,以及由于需求者的特性和商品的特殊性导致存在着特定消费者群体,因此有时会将它们划定为一定独立的交易领域。

综合来看,日本的反垄断法更加关注消费者权益,侧重分析需求替代因素,因此一般在考察产品替代因素时,会全面的考虑产品的经济学与社会学的效用。例如,不同消费者对同种产品的不同心理认知,消费者很难转移消费时,特定商品与服务的"商标内竞争"的情况。但是日本反垄断法并未忽视供给的替代因素,也会考虑到其他可能转入某一生产领域的生产者。

日本在相关区域市场的界定方面也反映出非常浓厚的日本特色。日本历来有着强烈的民族主义传统,尽管战后日本开始和美国的经济联系越来越密切,经济也逐渐呈现全球化发展趋势,但日本反垄断法的目标为保护国内市场竞争而非全球市场竞争,因此将相关区域市场严格限定于日本国内市场。在日本公平交易委员会 1980 年《关于审查公司合并等的事务处理基准》(Transaction Benchmarks of the Shares in Review Company)中规定,区域市场的界定可以参照以下几种因素:产品特性、企业以及销售商的生产能力、地理位置、销售网络、经营地域、运输方式的发展程度和成本、消费者习惯等。区域市场可以划定为全国市场或地区市场。但需要强调是,即使一个企业的业务扩展到境外,对它的审查仍应集中于其国内业务。

日本关于相关市场界定的司法判例很少。在相关市场界定领域,历史上仅有两个案件较有影响。一个是东宝斯巴露(东宝株式会社案)案,该案中公平交易委员会认为本国电影和外国电影同属于电影放映业,因此可以构成同一交易领域,但是东宝株式会社则认为日本电影和外国电影在性质上存在差别,不应属于同一"交易的领域"。最终东京高等法院基于需求替代作出了裁决,认为由于多数电影院彼此相邻,且当地的观众通晓两种电影,因此日本电影和外国电影可以构成统一交易区域,基于此,驳回了东宝株式会社的主张。另一个是八幡富士制铁合并案,公平交易委员会主要从需求者的角度根据产品的性质、用途、制造和销售方法将钢材划分为四个"一定的交易领域"(王为农,2001)。

日本的反垄断法虽然立法上受到美国的影响,但是司法实践上却表现出自身的特点,即立法与执法的相对宽松,因为日本受到要照顾到"国内产业的结构"和"加强国内产业的国际竞争力"(Chalmers Johnson,1982)的产业政策的影响,政府、执政党和大型企业都偏向于更加宽松的反垄断立法与执法,在执法的过程中也会采用劝告、磋商、媒体曝光等非正式方式;倾向于保护中小企业的利益,营造一个竞争的环境,尤其是在经济萧条时常常会促使很多卡特尔合法化;日本政府对反垄断中相关市场界定的干预较多,例如国际贸易产业部(MITI)就经常干预日本的经济行为和竞争政策。

第二节 中国反垄断法

一、中国反垄断立法的历程

中国的反垄断法起步较晚,1994 年开始由商务部负责起草和调研工作,其被列入第八届全国人大常委会立法规划中,并分别被列入1998年、2003年、2004年、2005年和2007年全国人大常委会立法规划中,2007年8月30日第十届全国人大常委会第二十九次会议终于通过了《中华人民共和国反垄断法》,并于2008年8月1日正式开始实施。2009年5月国务院反垄断委员会为了提高反垄断执法机构执法工作的透明度及执法的有效性,根据反垄断法的相关规定发布了《关于相关市场界定的指南》。

二、相关市场的界定

中国第一次清晰地对相关市场定义给出了明确的阐述,是在《中华人民共和国反垄断法》第12条第2款中:"相关市场是指经营者在一定时期内就特定商品或者服务(以下统称商品)进行竞争的商品范围和地域范围"。从这个定义可以看出中国反垄断法采用的是"商品范围"的概念,其实质与相关产品市场的内涵一致。但是此时的规定中并未将时间因素作为与相关产品及区域市场并列的因素,也未对相关市场界定依据及其界定方法做出详细的描述,直到2009年国务院反垄断委员会发布了《国务院关于相关市场界定的指南》,其中第三条中明确指出了"当生产周期、使用期限、季节性、流行时尚性或知识产权保护期限等已构成商品不可忽视的特征时,界定相关市场还应考虑时间性。"从以上条款可以看出,虽然在界定一些具有季节性、周期性、时尚性等的产品时,考虑时间因素是十分必要的,但是对于大多数的产品来讲,时间因素并非是界定相关市场的核心因素。

《国务院关于相关市场界定的指南》共分为四章十一条,主要是对相关市场界定的作用、含义、界定依据以及界定方法等方面做了进一步的规定和说明。该指南中的相关市场主要是指经营者在一定时期内就特定商品或者服务(以下统称商品)进行竞争的商品范围和地域范围。在表述上与 2007 年的反垄断法没有太大的差别,但是在第三条的第三、四两个条款中明确规定,在特定情况下要考虑时间因素及技术因素。第二章介绍中国在界定相关市场时主要采用了替代性分析作为基本依据,从需求替代和供给替代两方面考察商品(地域)之间的替代性,这与国际上的主流做法是一致的。在界定方法选择方面,第三章第七条第一款中指出:"界定相关市场的方法不是唯一的。在反垄断执法实践中,根据实际情况,可能使用不同的方法。界定相关市场时,可以基于商品的特征、用途、价格等因素进行需求替代分析,必要时也可进行供给替代分析。在经营者竞争的市场范围不够清晰或不易确定时,可以按照'假定垄断者测试'的分析思路来界定相关市场。"第三章与第四章对这两种方法分别进行了论述,同时强调了将产品功能界定法与 SSNIP 检验分析相结合使用,这与欧盟在界定相关市场方法时主要采用的合理可替代性方法及 SSNIP 检验方法较一致。

从上述指南的内容来看,该指南是在借鉴了欧美国家丰富的反垄断实践经验的基础上制定的,它不仅考虑了以往对于产品物理特性、功能、用途和价格方面更加侧重的定性分析方法,而且更加强调了建立在数量统计基础之上 SSNIP 的定量分析方法。与此同时,该指南并未忽视 SSNIP 方法所存在的不足,并针对该问题在第四章第十一条中对"基准价格"的选择、"价格的上涨幅度"以及"替代反映的不同"做出了根据具体案件的不同情况应予以分析调整的规定,避免出现"玻璃纸谬误"的情况,弥补了 SSNIP 检验方法的不足。

综上所述,中国的反垄断法,尤其是《国务院关于相关市场界定的指南》充分借鉴了现今国际主流的相关市场界定理论和司法实践,体现了立法的后发优势和先进性。但是,由于中国的反垄断立法起步较晚,相关的经济学理论基础较薄弱,反垄断的司法实践及其案例相对来说还较少,还没有构建完善的司法体系,从而中国相关市场的界定无论是在理论与司法实践上都还处在起步阶段,其中仍有许多问题需要我们去反思和不断发展完善。

小　　结

纵观世界各国反垄断法中的相关市场界定,都较大程度地受到了美国反垄断法的影响。例如,都将相关市场划分为相关产品市场和相关区域市场,且都是通过需求和供给的替代性来进行相关市场的界定。而由于美国反垄断法是美国经济学发展的产物,因此也可以说,美国经济学的发展也影响了世界各国的反垄断立法的发展及完善,经济学的分析方法在许多国家的反垄断法中都得到了采纳,最为突出的例子就是利用SSNIP检验方法来判断兼并对于市场竞争效率和消费者福利的影响得到了广泛的普及。

虽然各国在界定相关市场上存在共性,但自然也会表现出一定的个性,这同样和经济学的影响密切相关。例如,日本强烈的民族主义色彩使其反垄断法更强调保护国家利益而不是市场自由,因此日本的区域市场界定被严格限定于日本国内而不包括国际市场。

由于有些国家的反垄断立法并不完善,甚至没有出台与此相配套的指南对相关市场的界定给予明确阐释,这给反垄断司法实践中企业市场势力的准确界定带来困难。但可以预期的是,随着经济学理论的继续发展,法律和经济的融合会进一步增强,因而会更有力地推动法律变迁,并将更全面地渗透到反垄断司法实践中。

中编　方法篇

第五章 相关市场界定的早期经济学方法

第一节 合理可替代性方法

一、合理可替代性方法产生的背景及含义

1. 合理可替代性方法产生的背景

在美国最早的反垄断法——《谢尔曼法》和《克莱顿法》中,产品市场界定的典型原则之一就是从消费者角度出发的产品功能可替代性。在《谢尔曼法》的案例中,涉及界定相关市场有关原则的最早案例是 1916 年美国玉米深加工案,[①]法院对界定相关市场做出了如下阐述:与被垄断的产品相比,物理上具有差异而功能上可替代的那部分产品必须被纳入相关市场,除非该产品在成本或消费者偏好上拥有明显的优势,从而可以不被纳入该市场中(J. N. D.,1962)。

在 1968 年《兼并指南》中,美国司法部第一次明确了相关市场

[①] United States v. Corn Products Refining Co. Supreme Court of the United States 332 U. S. 786;1916.

的概念及其界定标准,即合理的可替代性方法,认为一个相关市场应该从产品维度和区域维度两个方面进行界定。就产品维度而言,相关产品市场划分的主要依据是商业习惯、产品价格、品质、用途及消费者的偏好来分析产品之间的合理可替代性。因此,合理可替代性方法也被认为是基于相关市场定义而产生的最基本的市场界定方法。

随后,美国1982年的《兼并指南》提出了SSNIP检验,并在各国反垄断司法实践中得到广泛运用。尽管如此,合理可替代性方法在相关市场的界定中仍然起着重要作用。尤其是欧盟虽然在1997年的《欧盟委员会关于相关市场界定的通告》中,明确表示要使用SSNIP检验界定相关市场,但按照该通告对相关市场的定义,产品市场界定还是应该以"产品在其特征、价格及用途上的互换性和替代性"为标准,该标准实际上与美国1968年《兼并指南》中所提到的界定相关产品市场的"价格、品质和用途"标准并无实质差异,同年,欧盟《兼并条例》第6.1.b条在作兼并案裁决时的实际出发点也是传统的合理可替代性。

2.合理可替代性方法的含义

合理可替代性方法是一种通过测试产品在功能或用途上是否具有合理互换性,或者产品是否可以满足消费者需求,从而认定产品是否应被纳入同一相关市场的方法。也就是说,如果产品之间存在明显的需求替代性,它们就属于同一相关市场,否则就分别属于不同的相关市场。从以上定义可以看出合理可替代性方法是一种基于相关产品市场并从消费者角度出发来进行市场界定的方法,因此在某种程度上可以把它理解为一种定义方法。该方法最早应用于相关市场界定的司法实践,也是后续产生的相关市场界定方法的基础。

二、合理可替代性方法的运用

早期反垄断司法实践中,合理可替代性方法的具体界定指标在不断变化,直至1968年美国颁布的《兼并指南》确定了合理可替代性方法的基本评价标准,主要包括两个方面:

一是从商业习惯的角度出发来区别不同的产品。通常将能够同其他产品或服务相区别的产品或服务认定为一个相关产品市场。

二是从消费者需求的角度出发考察不同产品是否可以满足同样的消费需求。即对特定消费者销售的两类不同产品,如果它们在品质、价格和用途方面存在相互替代的可能性,则这两类产品就构成一个单独的市场。因此对消费者来说,品质、价格和用途是他们选择产品的主要决定因素。

第一,品质

产品的物理性质,假设两个产品具有相同或相似的物理性质,那么它们可能被认为是相关产品。

第二,价格

价格差别主要是通过价格变动趋势的一致性及获得产品的便利程度进行考察的。一般来说,价格因素常常是产品物理性质差别的表现,因此价格差别较大的两类产品不属于同一相关产品市场,比如经济型轿车与豪华商务轿车,虽然在性能和用途上类似,但由于价格上的巨大差异导致消费者对其需求的满足程度几乎完全不同,所以不应被视为同一个相关产品市场。

第三,用途

考察用途上的替代性,简单的方法是观察当产品价格上升时是否发生购买转移。

相对于美国来说,欧盟国家更加注重用合理可替代性方法来界定相关市场,尤其是从消费者角度。法院在利用合理可替代性方法界定相关市场时,往往还会考虑其他因素。

三、合理可替代性方法的司法实践

自从1916年美国玉米深加工案将合理可替代性思想作为界定相关市场的原则之后,早期的司法实践所使用的相关市场界定方法都蕴含着合理可替代性方法的思想。在1997年的美国Queen City诉Domino(Queen City Pizza v. Domino's Pizza)[①]一案中,美国第三巡回法院利用合理可替代性标准对原告败诉的理由进行了说明。在该案中,原告是美国第二大的比萨公司,是被告的特许经营商,原告指控被告利用自己经营比萨、提供配送和原料的商店垄断了比萨市场及其原料市场,因而违反了《谢尔曼法》第2条的规定,并主张被告的自营商店及其独家代理商构成了反垄断法意义上的相关市场。

但是法院对原告提出的相关市场并未予以确认,其给出的原因是原告未通过合理可替代性和需求交叉弹性来对其所提出的相关市场进行清晰的界定,进而无法指出本案的相关市场应当被界定为被告的产品市场、其不可替代的同质产品的市场及上述产品的代理市场。最终本案的法官支持了被告的主张,并解释了合理可替代性即指一种产品与另一种产品在用途上的大致相等,而运用产品的合

---

① Queen City Pizza v. Domino's Pizza, 124 F. 3d 430, 1997 U. S. App. LEXIS 22666, 1997—2 Trade Cas. (CCH), pp. 71,909.

理可替代性标准时需要考虑产品的价格、用途和质量等因素。

对于原告主张的被告垄断了比萨的原料市场,被告辩称即使自己使用了特殊的配料,例如西红柿等配料产品,也不足以形成一个特殊的相关产品市场,因为这些配料都有广泛的可替代品。法院对被告的主张也给予支持。

四、合理可替代性方法的评价

合理可替代性方法是最容易理解、在操作上最为简便的市场界定方法,但是该方法也存在着诸多缺点:依据商业习惯和消费者需求的双重标准划分出来的相关产品市场的范围可能不一致,前者界定的市场较窄,而后者则较宽;依据不可量化的替代程度的判断标准界定出来的相关市场往往具有很强的主观任意性;产品的物理属性、价格差别及用途可能在一定程度上衡量产品间的替代程度,但是其不能作为判定竞争约束的决定性标准;可替代性程度的识别、划分与确定没有一个量化的标准,模糊性与随意性较强;合理可替代性方法强调需求替代,而忽视了供给替代的作用等(Kauper,1990,1996)。

第二节 供给替代性方法

一、供给替代性方法产生的背景及含义

1. 供给替代性方法产生的背景

与供给替代相关的"潜在竞争"的概念早在《克莱顿法》第七条

中就已有阐释，在1948年的哥伦比亚钢铁公司案（United States v. Columbia Steel Co.）[1]中首次正式运用供给替代性方法界定相关市场，美国最高法院认为由于圆轧钢可轻易制成钢板和型钢等其他产品，圆轧钢、钢板和型钢应属于同一个相关产品市场。供给替代性方法产生以后，并未得到广泛使用，许多法庭拒绝采用该方法。如1958年的伯利恒钢铁案（United States v. Bethlehem Steel Corp）[2]和1962年的罗纳德钢铁公司诉公平交易局案（Reynolds Metals Co. v. FTC）[3]等。截至20世纪70年代，美国司法机构仍然不接受供给替代方法，仅从需求替代角度界定相关市场，从而致使界定的市场较窄且执法效果严厉。不仅如此，即便偶尔运用了供给替代性方法，也仅将其作为需求替代性方法的一个补充方法，同一时期的欧共体法院和德国法院也面临着相同的问题。

然而，进入70年代中后期，供给替代性方法在美国反垄断的司法实践中获得了广泛的运用，主要包括科学产品公司诉雪佛龙化工有限公司案（Science Products Co. v. Chevron Chemical Co.）[4]、1975年的美国电报公司诉IBM公司案（Telex Corp. v. IBM Corp.）[5]等。1972年的双城运动服务公司诉查尔斯·澳芬利公司案（Twin

---

[1] United States v. Columbia Steel Co. Supreme Court of United States 334 U. S. 862；68 Sct 1525；92 LEd 1781；1948

[2] United States v. Bethlehem Steel Corp 168 F. Supp. 576 (S. D. N. Y. 1958).

[3] Reynolds Metals Co. v. FTC 309 F. 2d 223 (D. C. Cir. 1962).

[4] Science Products Co. v. Chevron Chemical Co. 384 F. Supp. 793 (N. D. Ill. 1974).

[5] Telex Corp. v. IBM Corp. ,367 F. Supp. 258(N. D. Okla. 1973)，revd 510. F. 2d 894(10th Cir. 1975)，cert. dismissed,423 U. S. 809.

City Sportservice, Inc. v. Charles O. Finley & Co., Inc.)[1]是利用供给替代弹性确定相关市场范围的典型案例。在该案中,法院运用供给替代的方式将相关市场界定为 1250 个礼堂、850 个体育场馆、623 个赛马场和 35 个赛狗场,然后认定双城服务公司已经拥有 24 个礼堂、12 个体育场馆、45 个赛马场和 13 个赛狗场,因而它约占相关市场份额的 4%。从美国和欧盟的相关市场界定的司法实践来看,供给因素只有在供给与需求因素对兼并双方企业产生同样有效和直接的竞争约束下才予以考虑。

2. 供给替代性方法的含义

利用供给替代来界定相关市场是对供给弹性这一经济学原理的一次重要司法实践。经济学中供给弹性是指供给量对价格变化作出的反应程度,即价格变化 1% 时供给量变化的百分比。

美国 1982 年《兼并指南》首次明确表述了供给替代性方法:当假定垄断企业实施微幅但显著且非暂时性的提价时,由于那些处于竞争或者潜在竞争状态并且能在一年内无须承担重大的沉没成本就能进入市场的其他企业,因与该假定垄断企业具有供给替代效应,因而它们属于同一相关市场。供给替代性方法划定的参与市场竞争的企业范围不仅包括原本存在的竞争者,还包括那些有能力在短期内进入市场的潜在竞争者。

在司法实践中,如果一个企业被怀疑在某个市场上具有支配市场的力量并能够降低市场竞争,那么供给替代性方法就可以用来检验该企业是否有能力在不考虑其他潜在竞争对手的情况下非

---

[1] Twin City Sportservice, Inc. v. Charles O. Finley & Co., Inc. 365 F. Supp. 235, 1972 U.S. Dist. LEIS 12306, (CCH) pp. 74,150.

暂时性地将价格提高到完全竞争水平之上。

二、供给替代性方法的运用

供给替代的发生方式分为转产和进入。用弹性来衡量供给替代效应时所需要的相关数据很难获得，通常可以通过计算其他数量指标，如通过计算转产所需要的货币资金占企业总资产的百分比，以及产品转换所引起的单位产品成本的增加量两种方法来衡量供给者转产成本的大小；或者从定性的角度对生产技术的可转换性、转产时间、产量、绝对费用、规模经济、产品差异和资本差异等市场进入障碍等相关因素进行分析来反映供给替代效应的大小。

三、供给替代性方法的司法实践

约德兄弟公司诉加利福尼亚-佛罗里达州工厂案（Yoder Bros., Inc. v. California-Florida Plant）[1]是应用供给替代弹性界定相关市场的典型案例。原告认为相关市场应当界定为包括菊花在内的所有观赏性植物所构成的产品市场，因而原告所占市场份额不足20%，显然不占据市场支配地位；但是被告加利福尼亚-佛罗里达州工厂主张原告的菊花产品所占有的市场份额处于1969年的53.9%到1972年的49.6%之间，占有显著的市场支配地位。因而本案中有关相关市场的界定，争议的焦点就是其他观赏性产品对菊花产品是否具有可替代性。加利福尼亚-佛罗里达州工厂

---

[1] Yoder Bros., Inc. v. California-Florida Plant Corp. et al No. 76—766. 429 U.S. 1094; 97 S. Ct. 1108; 51 L. Ed. 2d 540; 1977 U.S. LEXIS 2140; 200 U.S.P. Q. (BNA) 128 February 22, 1977.

的专家指出仅以消费者的需求可替代性来检验其他观赏性植物产品对菊花产品是否具有可替代性是非常敏感易变的,因此应当将产品的供给替代可能性也纳入考虑的范围内,由于菊花的生长周期、苗圃、灌溉等与康乃馨、玫瑰、百合、仙客来、绣球花和紫罗兰等均不同,因而其他观赏性植物的生产者在短时间内转而生产菊花并不可行。但是法院并未支持加利福尼亚-佛罗里达州工厂提出的观点,法院认为该工厂并不能提供证据证明菊花产品可以被单独界定为一个相关市场,而且以消费者对价格的敏感程度而言,菊花任何一点微幅的价格上涨都有可能导致消费者转而购买其他可观赏植物,因而从产品价格弹性和消费者可转换性的角度而言,菊花产品并不是不可替代的,而且法院认为其他观赏性产品与菊花产品之间的转换是非常容易的,因而相关市场应当界定为整个观赏植物的产品市场。

四、供给替代性方法的评价

供给替代方法使用简便,考虑了供给替代因素,弥补了合理替代性方法的缺陷。但如果仅使用该方法,则会人为的扩大相关市场范围,即使与其他相关市场界定方法结合使用,在实践过程中也会存在许多问题:相对于行业销售数据来说,企业销售数据更难获得,因此用弹性估计供给替代比用弹性估计需求替代更加困难;非完全替代情况下时,供给替代问题会变得更为复杂;供给替代界定的相关市场是以企业之间相互竞争的形式而存在的,相对于需求替代,很难以"产品"形式界定市场等。

总的来说,无论是合理可替代性方法还是供给替代性方法,衡量可替代性时都存在很多问题,为此寻找一种更加科学合理的经济学计量方法来准确地估算弹性,并以此衡量替代性的大小成为准确界定相关市场的关键。

第三节　交叉价格弹性方法

一、交叉价格弹性方法产生的背景及含义

1. 交叉价格弹性方法产生的背景

理论上最早明确提出以需求交叉弹性作为界定相关市场基础的是贝恩(Joe. S. Bain,1952)和麦克卢普(Fritz Machlup,1952)。贝恩认为"产业"(市场)就是通过需求交叉弹性识别的密切替代品的集合,因此产品间可替代性的强弱程度决定了它们是否在同一相关市场。麦克卢普在贝恩观点基础上定义了供给的交叉弹性,并且用供需交叉弹性来定义市场,认为具有显著供需交叉弹性的一组产品同属一个市场。尽管这一方法的提出,不是为了解决实际中的法律问题,而是源于经济学中垄断竞争理论的发展,但它们一经提出,立即引起反垄断部门的重视,并被广泛运用于反垄断司法实践中相关市场的界定。

2. 交叉价格弹性方法的含义

交叉价格弹性是指某种商品的供需量对其他相关替代商品价格变动的反应灵敏程度,交叉价格弹性愈大,可替代程度愈高。交叉价格弹性包括需求交叉价格弹性和供给交叉价格弹性,相关市场界定中多数采用的是需求交叉价格弹性方法,为此,本部分仅讨论需求交叉价格弹性方法的相关问题。

二、交叉价格弹性方法的运用

由于需求交叉价格弹性反映了消费者改变对产品或服务选择的可能性,因而是合理可替代性方法的表现与发展。

市场上存在的任意两个产品所确定的两个需求交叉弹性要正可负:如果这两个产品是替代品,一种产品价格的上升会使得另一种产品的需求增加,那么它们的需求交叉价格弹性就是正的;如果两个产品是互补品,一种产品价格的上升会使得另一种产品的需求减少,它们的需求交叉价格弹性就是负的。因为交叉价格弹性与替代品的密切程度相关,因此需求交叉价格弹性对市场界定十分有用。需求的交叉弹性值越大就说明这两种产品间的可替代性越高,两种产品可以被认定属于同一市场;反之就说明可替代性越低;若比值为零,则说明其中一种产品价格的变化对另一种产品的需求量没有任何影响,所以这两种产品毫不相干,不属于同一个相关市场。在实践中,一般来说如果两种产品的需求交叉价格弹性值不小于1,且没有明显的时滞,那么这两种产品就应当属于同一相关市场。但是,究竟这一弹性数值大到哪一个点,这两种产品才可以归为同一个相关市场,却没有统一的规定。

三、交叉价格弹性方法的司法实践

美国反垄断司法实践中最早运用交叉价格弹性界定相关市场的案例是 1953 年的时代公司案(Times-picayune v. United States)。[1] 在该案的判决中,最高法院表示,每种产品都存在替

---

[1] Times-picayune v. United States, 345 U.S. 594 (1953).

代品,因而无限的相关市场范围是没有意义的,该范围必须窄到能够排除一些不相关的产品,并且直到某种产品的价格产生合理变动时,只有有限数量的买者会转向其他产品。用术语解释,就是依据那些"需求交叉弹性"小的产品为标准界定出相关市场的范围。

需求交叉价格弹性方法是在美国诉卡夫商品公司案(New York v. Kraft Gen. Foods)①中提出的。在该案中,被告方和原告方都向法庭提供了对于自价格弹性和需求交叉价格弹性的估计。法官基姆巴·伍德(Kimba Wood)认为:需求交叉价格弹性是一个比自价格弹性在界定相关市场中更有用的工具。需求交叉价格弹性的估计值可以反映当价格上升时,损失的销售量会跑到哪里,而自价格弹性的估计值仅仅告诉我们价格增加会导致销售量降低。因此,法官基姆巴·伍德对"统计上显著为正的五个销售部门所销售的麦片的交叉价格弹性"的证据赋予了更大的权重。

四、交叉价格弹性方法的评价

与合理可替代性方法相比,需求的交叉价格弹性方法有其自身的优势。首先,它利用经济学中的交叉价格弹性概念,将过去定性的替代性分析扩展到定量分析,这是一种技术上的进步;其次,从理论上纠正了合理可替代性方法的主观倾向,更容易被人接受。但是作为最简单的定量方法,需求的交叉价格弹性方法存在着诸多问题:

第一,如果两种商品之间的需求交叉弹性很大,虽然可以说明

---

① New York v. Kraft Gen. Foods, 926 F. Supp. 321, 1995 U.S. Dist. LEXIS 2145, 1995—1 (CCH) P70, 911.

它们之间具有很高的替代性,但却无法判断需求的交叉弹性的具体数值达到多大的临界值时,两个商品才处于同一相关市场。

第二,需求的交叉弹性是以"其他条件均不变"为前提的,是被理想化了的理论环境,与现实情况不相符。

第三,需求的交叉价格弹性并不具有对称性,即给定两种商品 x 和 y,x 与 y 的需求交叉价格弹性 E_{xy} 通常情形下并不等于 y 与 x 的需求交叉价格弹性 E_{yx},若 E_{xy} 大大超过设定的临界值,而 E_{yx} 却远低于临界值,那么 x、y 两种产品是否属于同一相关市场就很难判定了。

第四,需求的交叉价格弹性法仅仅关注单个替代品而不是所有替代品。以拥有众多品牌的洗发水市场为例,一个品牌的洗发水涨价后,消费者对它的需求会转移到其他的几个品牌的洗发水产品的需求上,每一个品牌只是获得了转移的消费者中的一小部分,因此,任何两个品牌产品的需求交叉弹性都比较小,但这并不能表明它们不属于同一相关市场。

第五,计算需求的交叉价格弹性所使用的价格应是完全竞争水平下的价格,在垄断已成事实的情况下,若利用垄断价格计算,其结果往往会大于用完全竞争价格计算出的结果,从而将低估企业市场势力。然而,从垄断价格准确地推算完全竞争价格存在一定技术难度。

第六,有些产品的替代关系只有在特定的价位才能发生,而在其他价位上没有替代效果。

第七,需求的交叉价格弹性只能用来确定某两个产品是否为替代品。然而,究竟要选择哪两个产品来测度它们的交叉价格弹性,还必须通过其他的方法来识别及确定。

由于上述问题，目前的反垄断案件的审理中一般不会单独将需求的交叉价格弹性作为划定相关市场的标准，而是将它和其他方法综合使用，这样才有可能对相关市场做出更科学的界定。

小　　结

从早期的相关市场界定理论来看，合理可替代性方法与供给替代性方法比较容易理解，在操作上较简单，但是两者在替代程度方面考虑的因素都比较片面，没有综合考虑供需两方面，使得界定出来市场的结果往往具有很强的主观任意性。虽然需求交叉价格弹性方法将相关市场的界定从过去的定性分析扩展到了定量分析，从理论上纠正了早期相关市场界定方法的主观任意性带来的问题，更容易被人接受，但是该方法仍存在很多问题：前提条件过于理想化；只针对单个替代品；需求交叉弹性并不具有对称性；需求交叉价格弹性虽然能够确定替代性大小，但并没有明确给出需求交叉价格弹性在哪一个合理数值范围内时，被考查的产品才能被确定是在同一相关市场内等，因此在反垄断案件的审理中，一般也不会单独将需求交叉价格弹性作为划定相关市场的标准。随着经济学理论的不断发展和计量经济学的出现，越来越多的能够合理科学准确的定位替代程度并且界定相关市场的方法涌现出来。

第六章 SSNIP 检验方法

第一节 SSNIP 检验方法概述

一、SSNIP 检验方法产生的背景及含义

1. SSNIP 检验方法的产生及含义

回顾第二章美国反垄断法中关于相关市场界定方法的产生及发展过程,可把相关市场界定方法的发展大致归为两个阶段:第一个阶段是以哈佛学派的结构主义思想为基础的阶段,此时传统的合理可替代、供给替代、交叉价格弹性、子市场、集群市场、产品流等方法成为相关市场界定的主流方法。这些传统的相关市场界定方法无论在理论上还是在实践中都存在一系列的问题:首先,从经济学角度分析,哈佛学派的结构主义过分强调公平,夸大了市场集中度对于竞争的不利影响,倾向于夸大相关市场的范围,而现实中,兼并不一定降低消费者的福利水平,这是因为兼并在提高市场集中度的同时,避免了部分由于恶性竞争导致的资源浪费,从而可以使消费者购买到质量更好地产品;另外,虽然兼并使当前市场中的竞争者数量减少,但是新竞争者的加入会产生新一轮的竞争,使得消费者从竞争中保障了自己的福利。

其次,传统的相关市场界定方法(除了交叉价格弹性法)都侧重于对产品特征和功能的定性分析,具有较强的主观性,随着产品的物理特征和功能用途日益多样化,要判断两类产品是否属于合理替代品,不同的人会作出不同的判断。

最后,虽然交叉价格弹性法是定量分析方法,但是其假设前提是除假定垄断者之外的其他供给者的价格不变,或者消费者对其他供给者的需求不变,而现实中,很难得到如此严格条件下的价格和销售量的有关数据,同时也没有客观标准来评价替代性的强弱,因此也就无法准确确定哪些产品应该在相关市场内。

第二阶段以强调效率的芝加哥学派和效率与公平并重的后芝加哥学派的经济学思想为基础,此时相关市场界定的主要分析工具是 SSNIP 检验,该检验方法克服了上述传统方法的不足,自 1982 年《兼并指南》中首次被提出后,至今仍是许多国家反垄断司法实践中相关市场界定的主要方法。

所谓 SSNIP 检验是指,在界定相关市场时,假定某种产品有一个垄断企业,它在初始市场中对产品施加一个微幅但显著且非暂时的提价后,如果只有很少的消费者发生消费转移,且对假定垄断企业的利润没有造成负面影响,则该初始市场就是相关市场,但如果结果相反,则应该在原初始市场中加入次优替代品(the Next-Best Substitute,NBS),重复以上提价测试,直到提价使得垄断企业获利,则此时所确定的市场范围即为相关市场。

SSNIP 检验以定量分析为基础,因此增加了相关市场界定结果的准确性,同时,相对于哈佛学派对公平的过度强调,芝加哥学派认为反垄断分析的价值目标应该是效率而不是公平,考虑到某些兼并具有提高效率,进而提高社会福利的效果,而且每种产品都存在许多不同的替代品,因此,芝加哥学派倾向于较窄的相关市场范围的界定,即认为提价后,能够吸收大规模消费转移的产品才具有替代性,才应该被纳入到相关市场的范围(Areeda, P. E. and Turner, D. F., 1978),这种以居民福利为评价标准的分析框架更加符合实际。

伴随着产业组织理论的发展,SSNIP检验这一分析框架以1982年的《兼并指南》为基础,经过1984年、1992年、1997年等多次修订后更加完善。尤其是在后芝加哥学派的"兼顾公平和效率"的经济学思想指导下,临界损失分析、双边效应分析、竞价模型分析等新的理论方法融入到SSNIP分析框架,将SSNIP检测方法发展成为一个相对成熟的反垄断分析体系。

同时,世界许多国家也已逐步明确地将SSNIP检验作为了反垄断司法实践中相关市场界定的主流方法。如,欧盟1997年在《欧盟委员会关于相关市场界定的通告》中首次明确提出SSNIP检验,与美国兼并指南中只将SSNIP检验限于企业兼并案不同,欧盟将该方法扩展到《欧盟条约》第81条和第82条所规范的其他限制竞争行为。加拿大在1991年《兼并实施指南》(Merger Enforcement Guidelines)、新西兰在1996年《商业监测指南》(Business Acquisitions Guidelines)、澳大利亚在1993年《市场支配指南(电信业)》(Market Dominance)等中都明确提出了SSNIP检验的分析框架。

2. SSNIP检验的实施步骤

利用SSNIP检验界定相关市场,一般分为四个步骤:

第一,确定初始市场。通常将涉案产品本身或者是由涉案产品和(凭经验、常识就能初步认定的)涉案产品的密切替代品构成的市场作为一个初始候选市场。

第二，提价。在初始候选市场的范围内，根据相关产品所在行业的市场特点，假定垄断者以5％到10％之间的幅度提高产品的价格，观察消费者对提价的反应。

第三，调整相关市场的范围。如果有足够多的消费者因提价而发生消费转移，且最终导致假定垄断者无利可图，则表明涉案产品面临着其他替代品的竞争压力，初步确定的相关市场可能过小，应该将次优替代品包括进去，扩大相关市场的范围。

第四，重复以上程序，直至大部分消费者面对这个微幅但显著且非暂时的价格上涨，不再转向购买其他替代品，即假定垄断企业此时能够增加获利，那么这组产品或者地理区域即为相关产品市场或者相关区域市场。

二、SSNIP检验中经济学术语的解释

1. 微幅但显著的提价

兼并指南中使用的提价幅度代表了假定垄断企业所拥有的市场势力，而这一提价幅度的大小即市场势力门槛，应该根据市场的具体情况制定，这是因为，提价幅度太小则不足以引起消费者和潜在进入者的关注，容易缩小相关市场的界定范围；而提价幅度过高则会导致需求转移的范围过大，使消费者转向替代性较差的产品，从而扩大了相关市场的范围。因此，提价幅度制定的不合理，将会导致建立在市场界定基础上对市场势力的判断结果出现偏颇。

2. 非暂时

价格上涨持续时间的长短，也是决定企业市场势力的关键因素。由于消费者需要一段时间才能对提价做出反应，因此，不能以

暂时涨价后消费者的行为作为判断假定垄断企业市场势力的依据，而是需要合理地制定这一"非暂时"的持续时间的长短。对于指南中规定的一年，由于产品特征不同，产品的消费转移的难易程度不同，有的产品的消费转移可能非常容易，转换时间会远少于一年，而有些产品的消费转移则十分困难，要远大于一年，因而实际操作中应该依据具体案例灵活设定产品提价的维持时间长短，而不应一概而论。

3. 最小市场原则

相关市场的范围是极具伸缩性的，对于一个给定的相关市场，通过增加一种或多种产品（区域），或者在增加部分产品（区域）的同时又减去一些其他的产品（区域），就可以得到无数个另外的相关市场。而相关市场范围界定得太大可能会将替代性并不明显的企业包括进来，从而影响对假定垄断企业市场势力的判断，特别是当那些替代性并不明显的企业的规模较大时，很容易导致对假定垄断企业的市场份额的低估。为此，兼并指南提出了最小市场原则，即相关市场的范围应该是满足 SSNIP 检验的最小的市场。

最小市场原则的处理需要灵活（Werden, G., 1983），如有时最小市场的边界存在相当程度的不确定性，则此时可把能够清楚地构成相关市场的最小产品（区域）组合界定为相关市场；而有时一组特定产品（区域）与其他所有产品（区域）之间存在一些明显的自然界限（如海洋或高山等阻隔等），若由这些自然界限所划分的市场满足 SSNIP 检验，则可将这些市场认定为相关市场。

4. 市场参与者

美国多个版本的兼并指南中都对市场参与者的选择标准做了

详细的分析(Willig R. D. and Salop, S. C., 1991)，SSNIP 检验中的市场参与者不仅包括现存的生产企业，也应该包括潜在竞争者，即那些具有现存的设备和生产能力、可以很容易在一年内、生产并销售相关产品的企业。

5. 初始市场选择

初始市场是由导致竞争问题产生的那个产品或其密切替代品构成，其选择也具有不确定性。由于判断两个产品是否属于同一个相关市场时，初始市场选择不同，结果可能不同，因此初始市场的选择也是影响判案结果的一个关键因素。

6. 价格弹性

SSNIP 检验的理论是建立在一个潜在的需求体系上的，其结果主要取决于产品的自价格弹性，它决定了拥有该产品的假定垄断者可以在多大程度上提高价格，而交叉价格弹性主要是用于判断次优替代品，因此，仅依赖交叉价格弹性来界定相关市场时，需要慎重。从理论上来讲，在 SSNIP 检验中，产品的自身价格弹性是最重要的。

三、SSNIP 检验方法的执行

在实际操作中，由于 5% 的涨价是假设的，因此无法借助实际数据进行 SSNIP 检验，斯蒂格勒(Stigler)和罗伯特(Sherwin R. A.)也在《市场的扩展》一文中提出，1982 年《兼并指南》提出的界定市场的方法可能不能通过数据分析很好地被应用(Stigler and Sherwin, R. A., 1985)。

但是近二三十年，沃登、奥斯曼、斯达克和辛格、马西、朗根费尔德和李(Werden, G. 1998; Hausman, Sidak and Singer 2001; Massey

2001；Langenfeld and Li 2001)等一些学者提出了使用经济学或者计量经济学的方法可直接执行 SSNIP 检验，其中常用的方法包括：剩余需求弹性法(Residual Demand Elasticity)、临界弹性法(Critical Elasticity of Demand)、临界损失法(Critical Loss)等。其中，临界弹性、临界损失方法主要应用了经济学中的弹性分析方法，是目前用于 SSNIP 检验的标准化实施工具，在大部分的兼并案(调查和立法阶段)中都有应用(Werden, G. , 2002)。本章接下来的部分会对这三种方法进行详细的分析。

SSNIP 检验方法一经提出便成为反垄断司法实践中的主流方法，但是不可避免地其还是存在一些技术上的问题。如：SSNIP 检验是以历史价格作为分析基础，当该企业的现行价格已经是垄断价格时，会导致市场界定过宽，从而忽略假定垄断企业的市场势力，导致玻璃纸谬误(Turner, D. F. , 2004)；SSNIP 检验是假设竞争对手不改变价格或产出，这一检验前提导致了著名的"单边 SSNIP 陷阱"(The Unilateral SSNIP Trap)(Salop, S. C. , 2000)，即在此前提下，并结合微观经济学的自由市场经济条件，所有企业都会把价格定在利润最大化水平上，因此任何企业都不具有提价能力，也就没有必要进行市场势力的判断；SSNIP 检验中每增加一种替代产品或者扩大相关地理区域时，都要对利润最大化水平进行比较，这就要求产品成本数据的准确性，但这十分困难，从而导致多数情况下利润水平的计算并不可信。尽管 SSNIP 检验方法存在以上问题，目前 SSNIP 检验方法已经成为各国反垄断审查中相关市场界定的基本分析框架及最常用的方法，同时它也引起了经济学家们对市场界定问题的特别关注，出现了大量与此相关的研究文献，从而推动了 SSNIP 检验方法的进一步发展及完善。

第二节　剩余需求弹性方法

一、剩余需求弹性方法产生的背景及含义

1. 剩余需求弹性方法产生的背景

兼并对市场支配地位的影响程度取决于每个参与兼并的企业的需求的自价格弹性,以及每个参与兼并的企业与其他所有企业的需求的交叉价格弹性。因此,对于一个有 n 个企业的行业,要估计企业 1 和 2 的兼并对其他 $n-2$ 个企业的影响,至少要估计 n^2 个弹性。但在实际分析中,这显然不现实。贝克和布雷斯纳汉(Baker and Bresnahan,1985)认为,其实没有必要估计出那么多的弹性,所有必要的信息都包含在企业 1 和 2 在兼并前后的剩余需求曲线的陡峭程度中,兼并一般会提高兼并主体的市场支配地位,其剩余需求弹性因此降低,从而使剩余需求曲线变得更加陡峭。基于此种思路,他们提出了一种只使用事前数据来估计兼并引起的市场支配地位变化的方法,即剩余需求弹性法,后来这一方法被广泛采用(Beutel and Mcbride,1992;Kamerschen and Kohler,1993)。

最早将剩余需求弹性引入反垄断分析的是兰德斯和波斯纳(Landes and Posner,1981)及贝克和布雷斯纳汉(1984,1985,1988),前者利用剩余需求弹性分析了方法分析市场份额与市场支配地位的关系,后者则用它分析了产品差异化产业的兼并对市场支配地位的影响,认为通过比较兼并前后的剩余需求曲线的斜率

就可以直接确定其市场支配地位。

最早将剩余需求弹性用于相关市场界定的是斯蒂斯曼和施皮勒(Scheffman and Spiller,1987),他们认为剩余需求弹性方法与兼并指南中 SSNIP 检验在本质上是相关的,剩余需求分析通过比较兼并前后的弹性,可以确定兼并后可能的价格增长幅度;而 SSNIP 检验本质上是要识别最小的一组生产者,其联合的市场支配地位允许他们将价格提高到现行水平之上而有利可图。这一联系使得估算剩余需求弹性也可成为 SSNIP 检验的一个关键环节:从最小的假定垄断者集合开始,通过连续增加新的生产者,直到假定垄断者面临一个足够缺乏弹性的剩余需求曲线,最终确定的相关生产者范围就是相关市场(Froeb and Werden,1991)。凯姆斯南德·科勒(Kamerschenand Kohler, 1993)在此分析基础上,进一步提出了界定相关市场的方法,由于 SSNIP 中 10% 或 5% 的价格增加幅度所对应的基准剩余需求弹性是 10 或 20,如果兼并后的剩余需求弹性小于基准弹性,则他们属于同一相关市场,否则不属于同一相关市场。

与其他市场界定方法不同,剩余需求弹性方法能够通过判断提价幅度来直接评估其市场支配地位,因此其市场界定的结果是一个副产品,而非反垄断分析的必要环节。

2.剩余需求弹性方法的含义

回顾第一章需求曲线及弹性的概念知道,剩余需求就是一个市场上单个企业所面临的需求,它等于市场总需求减去同行业其他企业的供给。剩余需求曲线则是指单个企业面临的剩余需求及其价格之间的关系,其形状是由消费者需求和替代品生产者的供给共同决定的,剩余需求曲线的弹性就称为剩余需求弹性(如图6—1所示)。

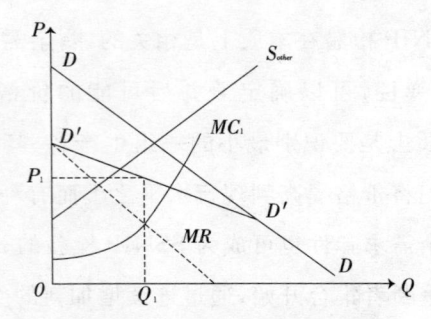

图6—1 产品差异化行业的剩余需求曲线

其中,DD 是市场需求曲线,S_{other} 是其他 $n-1$ 个企业的供给,把这两条曲线水平相减就得到企业1的剩余需求曲线 $D'D'$。

二、剩余需求弹性方法的运用

1. 单个企业的剩余需求曲线

贝克和布雷斯纳汉(1985)给出了估计单个企业的剩余需求弹性的方法。假设一个产品差异化行业内有 n 个追求利润最大化的企业,假定垄断企业1的(反)需求函数为:

$$P_1 = P_1(Q, Q_1, \gamma, \eta_1) \tag{6.1}$$

其中,P_1 和 Q_1 分别是企业1的价格和产量,Q 是其他 $n-1$ 个企业的产量组成的向量,即 $Q=(Q_2, Q_3, Q_4, \cdots\cdots, Q_n)$,$\gamma$ 为需求移动因子(Demand Shifter),表示进入需求函数的外生变量组成的向量,η_1 是参数向量。

以此类推可以得到企业2到企业 n 的(反)需求函数为:

$$P_i = P_i(Q, Q_1, \gamma, \eta_i), \quad i = 2, 3, \cdots\cdots, n \tag{6.2}$$

定义 P 为第 2 到第 n 个企业的价格 P_i 组成的向量，即 $P = (P_2, P_3, P_3, \cdots\cdots, P_n)$，考察所有企业 i 的供给行为。企业 i 的边际成本函数可以写作：

$$MC_i(Q_i, W, \beta_i), \quad i = 2, 3, \cdots\cdots, n \tag{6.3}$$

其中，W 是要素价格向量，β_i 是参数向量。企业 i 的边际收益函数可以写为：

$$MR_i(Q, Q_1, \gamma, \eta_i), \quad i = 2, 3, \cdots\cdots, n \tag{6.4}$$

其中，η_i 是一个参数向量。企业 i 追求利润最大化意味着：

$$MC_i(Q_1, W, \beta_i) = MR_i(Q, Q_1, \gamma, \eta_i), \quad i = 2, 3, \cdots\cdots, n \tag{6.5}$$

解由(6.2)和(6.5)组成的联立方程组可以得到向量 Q 为：

$$Q = E(Q_1, \gamma, W; \eta, \beta) \tag{6.6}$$

将上式中的 Q_i 对 Q_1 的弹性称为反应弹性，记为：

$$\xi_{ii} = \frac{\partial ln E_i}{\partial ln Q_i} \tag{6.7}$$

把(6.6)式代入(6.1)式可以得到企业 1 面临的剩余需求曲线为：

$$P_1 = P_1(Q_1, E(Q_1, \gamma, W; \eta, \beta), \gamma, \eta_1) \tag{6.8}$$

简化为：

$$P_1 = R_1(Q_1, \gamma, W; \eta_1, \eta, \beta) \tag{6.9}$$

或：$P_1 = R_1(Q_1, \gamma, W; \eta_1, \eta, \beta)$。其中 $R(\cdot)$ 表示(反)剩余需求函数。可以看出，企业 1 剩余需求曲线里面包括企业 1 的产量 Q_1、结构需求变量 γ 以及其他企业的成本变量 W，η 和 β 则是待估参数。

企业 1 的(反)剩余需求弹性 η_1^r 取决于自(反)需求弹性 η_{11} 或

者交叉(反)需求弹性 η_{i1} 以及其他企业对其涨价的反应弹性 ξ_{i1}：

$$\eta_1' = \eta_{11} + \sum_i \eta_{i1} \xi_{i1} \tag{6.10}$$

2. 剩余需求弹性方法的具体操作

假定在一个产品差异化行业中，企业 1 即将兼并企业 2，求这两个企业的剩余需求弹性大致分为以下四个步骤(Baker, J. B. and T. F. Bresnahan, 1985)：

(1)估计部分剩余需求曲线(Partial Residual Demand Curve)

假设企业 1 和 2 的反需求函数为：

$$P_1 = h_1(Q_1, Q_2, Q, \gamma, \eta_1) \tag{6.11}$$

$$P_2 = h_2(Q_1, Q_2, Q, \gamma, \eta_2) \tag{6.12}$$

其中，P_i 和 Q_i 分别是企业 i 的价格和产量，$Q = (Q_3, Q_4, \cdots\cdots Q_n)$ 是其他 $n-2$ 个企业的产量向量，γ 表示影响需求的外生变量向量，η_1 和 η_2 分别是两个待估参数向量。其他 $n-2$ 个企业的反需求函数可写成复合形式：

$$P = h(Q_1, Q_2, Q, \gamma, \eta) \tag{6.13}$$

记 $q_i = ln(Q_i)$，$p_i = ln(P_i)$，$\langle \square, \square \rangle$ 是两个向量的内积。令 $h_i(i=1,2)$ 对 $Q_j(j=3,4,\cdots\cdots,n)$ 的弹性为 $\eta_{ij} = \dfrac{\partial ln\ h_i}{\partial ln\ Q_j}$，则对 (6.11)、(6.12)、(6.13)取自然对数并求弹性得到：

$$p_1 = \eta_{10} + \eta_{11} q_1 + \eta_{21} q_2 + \sum_{j=3}^{n} \eta_{j1} q_j = \langle \eta_{1\gamma}, \gamma \rangle \tag{6.14}$$

$$p_2 = \eta_{20} + \eta_{12} q_1 + \eta_{22} q_2 + \sum_{j=3}^{n} \eta_{j2} q_j = \langle \eta_{2\gamma}, \gamma \rangle \tag{6.15}$$

$$p_i = \eta_{i0} + \eta_{1i} q_1 + \eta_{2i} q_2 + \sum_{j=3}^{n} \eta_{ji} q_j = \langle \eta_{i\gamma}, \gamma \rangle \tag{6.16}$$

式(6.14)、(6.15)、(6.16)中一共有 n^2 个弹性 η_{ij}，这还不包括 h_i 对外生变量 γ 的弹性，因此要直接估计这些弹性非常困难。

对于其他 $n-2$ 个企业的供给行为,只假设每个企业都追求利润最大化,通过求解边际成本等于边际利润这个均衡条件,即可以得到

$$Q = E(Q_1, Q_2, \gamma, W; \eta, \beta) \tag{6.17}$$

其中,W 为要素价格,β 为参数向量,每个不同的 E_j 都分别对应 $n-2$ 个企业中的某一个的产出。把企业 $j(j=3,4,\cdots,n)$ 对企业 $i(i=1,2)$ 的反应函数的弹性,即 E_j 对 Q_i 的弹性,记为

$$\xi_{ji} = \frac{\partial ln E_j}{\partial ln Q_i} \tag{6.18}$$

实际上给出了 $n-2$ 个未参与兼并的企业的产出的一个部分简化形式,即在给定 Q_1 和 Q_2 时 Q 的均衡值。将方程(6.17)代入到企业 1 和企业 2 的反需求曲线(6.11)和(6.12)中,就可以推导出企业 1,2 的部分剩余需求曲线:

$$P_1 = h_1(Q_1, Q_2, E(Q_1, Q_2, \gamma, W; \eta, \beta)\gamma; \eta_1)$$
$$P_1 = h_2(Q_1, Q_2, E(Q_1, Q_2, \gamma, W; \eta, \beta)\gamma; \eta_2)$$

即:

$$P_1 = r_1(Q_1, Q_2, \gamma, W; \eta_1 \eta, \beta) \tag{6.19}$$

$$P_2 = r_2(Q_1, Q_2, \gamma, W; \eta_2 \eta, \beta) \tag{6.20}$$

(6.19)和(6.20)这两个式子就是企业 1 和企业 2 的部分剩余需求曲线,也就是要估计的方程。部分剩余需求曲线表示在考虑其他 $n-2$ 个企业行为的情况下,每个参与兼并的企业的价格与产量以及兼并企业产量之间的关系,并没有考虑其他可能的兼并企业的行为的影响。

(2)计算兼并后的弹性

设 $y = ln\gamma, w = lnW$,把第(6.19)和(6.20)式写成对数的形式:

$$p_1 = \eta_{10} + \eta_{11}^{pR} q_1 + \eta_{21}^{pR} q_2 + \Gamma_1 y + \triangle_1 w + \nu_1 \tag{6.21}$$

$$p_2 = \eta_{20} + \eta_{12}^{pR} q_1 + \eta_{22}^{pR} q_2 + \Gamma_2 y + \triangle_2 w + \nu_2 \tag{6.22}$$

其中,参数 η^{pR} 的含义可以通过把第(6.21)和(6.22)式取对数并相减得到:

$$\eta_{11}^{pR} = \eta_{11} + \sum_{j=3} \eta_{j1} \varepsilon_{j1} \tag{6.23}$$

$$\eta_{21}^{pR} = \eta_{21} + \sum_{j=3} \eta_{j2} \varepsilon_{j2} \tag{6.24}$$

$$\eta_{12}^{pR} = \eta_{12} + \sum_{j=3} \eta_{j1} \varepsilon_{j1} \tag{6.25}$$

$$\eta_{22}^{pR} = \eta_{22} + \sum_{j=3} \eta_{j2} \varepsilon_{j2} \tag{6.26}$$

$\eta_{11}^{pR} + \eta_{21}^{pR}$ 和 $\eta_{22}^{pR} + \eta_{12}^{pR}$ 就是兼并后企业 1 和企业 2 分别面临的剩余需求弹性。

(3)计算兼并前的弹性

兼并之前的市场支配地位取决于企业 1 和 2 单独行动时的剩余需求曲线,其推导过程与部分剩余需求曲线类似。企业 1 面临的剩余需求曲线形式为:

$$P_1 = R_1(Q_1, \gamma, W, \eta_1, \eta, \beta) \tag{6.27}$$

将(6.27)式中 P_1 对 Q_1 的弹性定义为 η_1^R,即为企业 1 的剩余需求弹性:

$$\eta_1^R = \eta_{11} + \eta_{21}\xi_{21} + \sum_{j=3} \eta_{j1}\xi_{j1} \tag{6.28}$$

类似地,企业 2 的剩余需求弹性是:

$$\eta_2^R = \eta_{22} + \eta_{12}\xi_{12} + \sum_{j=3} \eta_{j2}\xi_{j2} \tag{6.29}$$

(4)确定市场支配地位

如果兼并后,兼并主体的需求曲线斜率变大,即 $\eta_{11}^{pR} + \eta_{21}^{pR} < \eta_1^R$,则说明兼并增加了原来独立企业的市场支配地位,否则,兼并就会削弱企业的市场势力。

3.剩余需求弹性方法在相关市场界定中的运用

剩余需求弹性方法能够有效识别价格是否可以由于兼并而提高，从而识别产品间的可替代程度，对使用 SSNIP 检验来界定相关市场具有极大的促进作用，是实施兼并指南的重大进步（Simons and Williams，1993；Kaserman and Zeisel，1996）。

斯蒂斯曼和施皮勒（Scheffman，D. T. and Spiller，P. T.，1987）扩展了贝克和布雷斯纳汉的方法，并将剩余需求弹性方法用于界定美国东部地区无铅汽油炼油厂的相关区域市场。斯蒂斯曼和施皮勒设定了一个模型：不同的区域市场上有一种同质的产品，生产者 L 在地点 X，生产者 F 在地点 Y，消费者或者在 X，或者在 Y。在这个模型里，假设区域内的运输成本相对于区域间的运输成本很小，且市场上所有的价格都相关，已知 X 和 Y 的出厂价、每一个地点的包含运费的价格和随距离和装载量变化的运输成本，即可以推导特定区域的生产者所面临的剩余需求曲线。

首先，根据两个地区对该产品的供需特点，很容易得到两个地区对该产品的供需函数，通过求解 Y 地区对该产品的供需平衡方程，可以得到 Y 地区反需求函数，将该结果带入到 X 地区的产品需求函数中，可以得出 X 地区的生产者面临的剩余需求曲线表示为下列的随机方程：

$$P_x = G(Q_x, d_x, s_y, t, \nu_x^D) \tag{6.30}$$

其中，ν_x^D 代表剩余需求的随机冲击，其中，t 是每英里的单位运输成本，d_x 是 X 地区的需求影响因子（Demand Shifters）向量，s_y 是 Y 地区的供给移动因子（Supply Shifters）向量。

相似地，X 地区的供给可以刻划为下述方程：

$$P_x = F(Q_x^s, s_x, \nu_x^s) \tag{6.31}$$

其中，ν_x^s 表示 X 地区的供给的随机冲击，s_x 是 X 地区的供给影响因子向量。

均衡要求剩余需求等于该地区的供给量：

$$Q_x^R = Q_x^s \tag{6.32}$$

通过求解式(6.32)即可以得到 X 地区的剩余需求函数。

4. 剩余需求弹性法在银行业中的应用

阿梅尔和汉南(Amel and Hannan,1999)最早提出了"剩余供给"的概念，并将此概念用于分析银行面临的来自非银行金融机构的竞争约束，以判断非银行金融机构是否是银行的相关产品市场的参与者。但实际上在存款层面，银行面临的吸纳存款的需求等于消费者对于存款的供给，因此所谓的剩余供给并不是真正意义上企业面临的供给替代因素，仅仅是剩余需求方法在银行这种特殊行业的应用。

阿梅尔和汉南的分析如下：假定一组在给定地区吸收储蓄存款的银行提供同质产品，但这些银行提供的产品和其他存款机构和非银行机构不同。r^b 是给定地区的银行的存款利率，D^b 表示该地区吸收的银行存款总量，D^k 表示第 k 种类型的非银行机构吸收的存款。$r_1^{nb},\cdots\cdots,r_m^{nb}$ 是非银行机构提供的第 m 种竞争性产品的利率。Z 是该地区的供给移动因子向量。银行和非银行金融机构的存款供给函数分别为：

$$D^b = S^b(r^b, r_1^{nb}, \cdots\cdots, r_m^{nb}, Z) \tag{6.33}$$

$$D^k = S^k(r_k^{nb}, r_j^{nb}, r^b, Z), 其中 j=1,\cdots\cdots,m, 且 j \neq k \tag{6.34}$$

首先通过考虑单个银行 i 的利润最大化行为，从产业平均的角度估计参数，并设每个银行的市场份额是 s_i，通过把每个银行的市场份额乘以它的一阶条件，然后加总得到市场层面上一阶条件：

$$r^b = [(1-\rho)R^s = MC - t] - D^b S_1^b \theta^b \phi^b \tag{6.35}$$

其中，$r^b = \sum_i s_i r_i^b$, $MC = \sum_i s_i MC_i$, $\theta^b = \sum_i (s_i)^2 \theta_i^b$, θ_i^b 表示 $[1+\sum_{j\neq i}\partial d_j^b/\partial d_i^b]$，代表银行 i 和其他银行之间的竞争性作用。θ^b 表示 $[1+\sum(\partial s_1^b/\partial r^k)(\partial s_1^k/\partial r^b)]$，指的是银行和其他非银行金融机构的竞争性效应。$MC_i$ 是获取、服务及投资储蓄存款的边际成本，S_1 则表示存款供给函数的局部偏差，$R^i(i=L,S,N)$ 分别表示银行的贷款 L、债券 S 和非存款负债 N 的利率，C_i 表示实际资产成本（Real Resource Costs），t 表示银行存款被征收的保险费，r_i^b 和 d_i^b 分别是存款利率和银行 i 的存款总量，ρ 表示要求的准备金率，H_i 是所有的准备金总额。$[(1-\rho)R^s - MC_i - t]$ 表示投资 1 美元得到的增量收益，由于存款准备金的存在，所以不是所有的存款都可以用以投资，另外还要减去资本的成本和保险费。

类似地，对类型 k 的非银行金融机构有：

$$r_k^{nb} = MR_k - MC_k - D^k S_1^k \theta^k \phi^K, k=1,\cdots\cdots,m \qquad (6.36)$$

其中，MR_k 是非银行金融机构投资一美元的边际净收益，其他参数同上。

从方程(6.36)可知，非银行金融机构的存款利率取决于它的吸贷量 D^k、成本 W^k、其他非银行金融机构的存款利率 r_j^{nb}、银行存款利率 r^b、存款供给移动因子 Z 和非银行金融机构的行为参数 (Nonbank Conduct Parameters) ν^k，根据存款的供需平衡关系，解出(6.34)和(6.36)确定的 $2m$ 个方程，则每一个非银行金融机构的存款利率表示为：

$$r_k^{nb} = r_k^{nb}(D^b, W^{nb}, Z, \nu^{nb}), k=1,\cdots\cdots,m \qquad (6.37)$$

其中，W^{nb}、Z 和 ν^{nb} 分别代表所有非银行金融机构的成本移动因子，存款供给移动因子和非银行金融机构的行为参数，这些都影响非银行金融机构的利率水平。把方程(6.37)代入方程(6.33)，

得到银行所面临的剩余供给函数为:

$$D^b = S^{res,b}(r^b, W^{nb}, Z, v^{nb}) \tag{6.38}$$

这就是最后要估计的方程。由于银行的存款供给取决于成本移动因子、存款供给移动因子和非银行金融机构的行为参数。通过比较兼并前后剩余供给曲线斜率的变化,可以判断其他非银行金融机构的竞争程度,从而判断相关市场界定时是否应该包括非银行金融机构。

阿梅尔(Amer,2000)通过估计银行在货币市场账户(MM-DAS 账户)、可转让支付活期存款账户(NOW 账户)和传统账户这三种业务市场中的剩余需求弹性,判断在涉及两个银行兼并的相关市场界定时,是否应该包括非银行机构。估计结果发现对于货币市场存款账户,不同城市银行市场中的银行所面临的短期的剩余供给弹性值大概在 0.20 左右,假定垄断条件下的利息降低率达到 15%,远超过 5% 的衡量标准。对可转让支付活期存款账户和传统的存款账户而言,短期弹性更小。在部分调整模型的假设下估计出的两年期供给弹性比货币市场账户和可转让支付活期存款账户要小 1.5。由于估计出的存款账户的弹性(也就代表着储户在不同利率下提供的存款的数目)都非常小,所以在合理假设下,一个假定的银行垄断者能够将存款利率降低 5% 而有利可图,这意味着非银行存款机构和非存款型金融机构在吸收存款方面与银行的竞争很小,界定小额存款的相关市场时不应当把它们包括进去。

三、剩余需求弹性方法的评价

剩余需求弹性方法是评估企业的市场支配地位的一种简便的

方法,该方法依靠事前数据就可以很简便地估计出两个企业兼并对他们市场支配地位可能造成的影响,并据此来界定相关市场(贝克和布雷斯纳汉,1985 等),因此,在司法实践中剩余需求弹性方法得到广泛使用,如在伊士曼柯达和图片技术服务公司案(Eastman Kodak Co. v. Image Technical Services Inc.)[1]、艾伦-玛兰德和 IBM 公司案(Allen-Myland, Inc. v. IBM Corporation)[2]、美国和贝克休斯公司案(United States v. Baker Hughes, Inc.)[3]和球克利夫兰荣军医院和互助医院案(Ball Memorial Hospital Inc. v. Mutual Hospital Inc.)[4](Werden, G., 1998)等中都使用了剩余需求弹性的方法。但是,该方法在具体应用中也存在一些不足:

1. 容易产生联立性和选择性偏差

在估计剩余需求弹性时,与其他计量方法进行实证分析相同,也容易产生联立性偏差和选择性偏差,从而导致相关市场的界定过大或过小。如存在联立性偏差,则当需求方程的误差项和供给方程的误差项正相关时,联立方程的偏差使得剩余需求弹性被低估,相关市场的界定范围偏小;而如果需求方程的误差项和供给方程的误差项不相关,模型偏差倾向于界定过大的相关市场(Beutel and McBride,1992)。

2. 忽略了可能存在的共谋

若通过计算剩余需求弹性,得到兼并不能提高市场支配地位的结论,则可能存在两个原因:一是这两个企业确实不属于同一相

---

[1] Eastman Kodak Co. v. Image Technical Services Inc., 540 US 451 (1992).32.
[2] Allen-Myland, Inc. v. IBM Corporation,33 F. 3d 194, 209 (3rd Cir. 1994).
[3] United States v. Baker Hughes, Inc.,908 F 2d 981, 992 (DC Cir. 1990).
[4] Ball Memorial Hospital Inc. v. Mutual Hospital Ins.,784 F. 2d 1325, 1336 (7th Cir. 1986).

关市场,二是两个企业发生了共谋。因此,使用剩余需求弹性方法界定相关市场时,如果兼并能够导致市场支配地位提高,则司法部门应对兼并提出质疑,然后进一步进行审查。如果发现兼并不能提高市场支配地位,也不能就此推断该兼并合法,而应该进一步分析其发生共谋的可能性(Kamerschen, D. R. and Kohler, J., 1993)。

3. 没有考虑供给替代因素

剩余需求弹性方法没有考虑供给替代方面的影响,从而可能会导致对相关市场界定的不准确(Amel and Hannan, 1999)。

除此,剩余需求弹性方法还存在很多其他的问题:该方法采用的是历史数据,在推断时会出现外推问题和不平稳性问题,而且该方法为静态分析方法,忽略了现实中的某些动态变量,可能存在误差;该方法有很强的假设条件,所以其界定的市场与指南会有差距;该方法要求详尽的关于价格和数量的数据,很多时候还需要有成本信息,而往往很难获得这些精准的信息;剩余需求弹性方法仅仅考虑了价格变化的影响,而并没有考虑广告等其他因素的影响,在某些行业的分析中可能会有较大的偏差等。

第三节 临界弹性方法

一、临界弹性方法产生的背景及含义

需求的临界弹性最早由弗雷德里克(Fredrick, I. J., 1989)提出,它是指实现利润最大化或者盈亏平衡的价格提升幅度正好等于 SSNIP 检验要求的阈值时的市场需求弹性。同需求的临界弹

性概念一同使用的是主导弹性(Dominant Elasticity),所谓主导弹性,指的是先划定一个候选的相关市场,然后按其所面临的需求曲线计算得到当前市场上的主导价格(Dominant Price),在这个价格下的需求弹性就是主导弹性。需求的临界弹性和主导弹性结合起来可以判断在此候选相关市场上企业市场支配地位的大小:如果需求的临界弹性大于候选市场上的主导弹性,表明实现利润最大化所需的价格升幅要大于 SSNIP 检验的提价阈值(比如5%),则该企业拥有显著市场支配地位。反之,当需求的临界弹性小于主导弹性时,说明企业难以承受5%的提价,此时需要扩大相关市场的范围。

用需求的临界弹性方法界定相关市场的具体操作过程为:假定垄断企业在价格 P_m 实现利润最大化,按 SSNIP 的提价阈值(比如5%)从这个垄断价格 P_m 往回推,在相同的需求曲线上得到另一个价格点 P_b,这一点上市场的需求弹性称为需求的临界弹性。初始价格 P_0 也即市场主导价格,这一点上的需求弹性称为主导弹性。将需求的临界弹性与主导弹性相比较,如果前者大于后者,则表明假定垄断者的提价幅度大于 SSNIP 检验阈值,则其具有市场支配地位,被考察的候选市场即为相关市场;相反,如果前者小于后者,则表明假定垄断者的提价幅度将小于 SSNIP 检验阈值,即不存在市场支配地位,需要继续扩大相关市场的范围,增加其他的次优替代品再进行测试(Massey,P. ,2000)。

二、临界弹性方法的运用

需求曲线的形状决定了需求对价格的敏感程度,从而决定了假定垄断企业能够承受的提价幅度,因此在推导需求临界弹性的计算公式时,首先需要明确需求曲线的形状,下面分别推导等弹性需求[①](如图 6—2 所示)和线性需求(如图 6—3 所示)这两种最常见的需求曲线所对应的临界弹性计算公式。

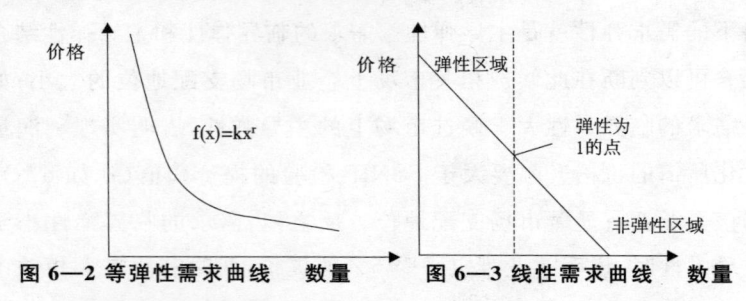

图 6—2 等弹性需求曲线　　　图 6—3 线性需求曲线

1. 利润最大化假设下的临界弹性

在利润最大化的假设条件下,需求的临界弹性计算公式推导过程如下(Massey P.,2000):

假设兼并前的价格为 P_0,提价后价格上升为 P_1,垄断者的利润最大化价格为 P_m,(短期)边际成本不变为 c,兼并前的价格成本差额为(表示相对值)$m=(P_0-c)/P_0=1-c/P_0$,最小的显著价格上涨幅度为 $t=(P_1-P_0)/P_0=P_1/P_0-1$,则价格上升 t 之后新的价格成本差额为:

$$m+t=(P_1-c)/P_0 \qquad(6.39)$$

且有

$$1+t=P_1/P_0 \qquad(6.40)$$

假定垄断企业若要实现利润最大化需要满足:[②]

$$(P_m-c)/P_m=1/\varepsilon(P_m) \qquad(6.41)$$

---

① 等弹性的需求曲线为 $f(x)=kx^r$,其弹性 $\dfrac{\partial f(x)}{\partial x}\Big/\dfrac{f(x)}{x}=\dfrac{\partial \ln f(x)}{\partial \ln x}=r$。

② $\max\pi=p(q)q-cq$,其一阶条件为:$\dfrac{dp(q)}{dq}q+p-c=0$,即:$\varepsilon=\dfrac{p}{p-c}$。

此时的需求弹性就是垄断价格所对应的需求弹性,即 $\varepsilon(P_m)=P_m/(P_m-c)$。

令 $P_m=P_1$,结合(6—40)和(6—41)可得利润最大化假设下的需求的临界弹性计算公式为:

$$\varepsilon(P_m)=P_m/(P_m-c)=P_1/(P_1-c)=[P_1/P_0]/[(P_1-c)/P_0]=(1+t)/(m+t) \tag{6.42}$$

(1)等弹性需求曲线:对于等弹性需求曲线,兼并前的需求弹性 $\varepsilon(P_0)$ 等于垄断价格下的需求弹性 $\varepsilon(P_m)$,所以需求的临界弹性等于:

$$\varepsilon=\frac{1+t}{m+t} \tag{6.43}$$

(2)线性需求曲线:假定线性需求曲线为 $p=a-bq$ 或 $q=(a-P)/b$,则需求的临界弹性为 $(-1)\times(-1/b)\times P/q$,即 $\varepsilon(p)=P/(a-P)$,把它代入利润最大化的条件中,得:

$$P_m=(a+c)/2P_1$$

进而推得:$1/(m+2t)=P_0/(2P_1-c-P_0)=p_0/(a-P_0)=\varepsilon(P_0)$,因此,需求的临界弹性等于:

$$\varepsilon=\frac{1}{m+2t} \tag{6.44}$$

2.盈亏平衡假设下的临界弹性

所谓盈亏平衡是指企业提价所导致的销售额损失和额外收入正好相抵,从而提价之后利润不变。而盈亏平衡条件下的需求的临界弹性是指保持提价后假定垄断者利润不变时企业所需要的需求弹性(Werden,G.,1997—1998)。

假设实现盈亏平衡的价格为 P_b,其他变量同上,则有:

$$q(P_0)(P_0-c)=q(P_b)(P_b-c), 即 \frac{q(P_b)}{q(P_0)}=\frac{P_0-c}{P_b-c}, 令 P_1=P_b,$$

可得：[①]

$$(P_0-c)/(P_b-c)=[(P_0-c)/P_0]/[(P_b-c)/P_0]=m/(m+t) \tag{6.45}$$

(1)等弹性需求曲线：$\frac{q(P_1)}{q(P_0)}=(\frac{P_1}{P_0})^{-\varepsilon}=(1+t)^{-\varepsilon}$，令$P_1=P_b$，综上则有$\frac{q(P_b)}{q(P_0)}=\frac{m}{m+t}$，对其取对数形式，就可得到盈亏平衡条件下的需求的临界弹性ε：

$$\varepsilon=\frac{log(m+t)-log(m)}{log(1+t)} \tag{6.46}$$

(2)线性需求曲线：$\frac{q(P_1)}{q(P_0)}=\frac{a-P_1}{a-P_0}=1-\frac{P_1-P_0}{P_0}\frac{P_0}{a-P_0}=1-t\varepsilon(P_0)$，同样令$P_1=P_b$，结合$\frac{q(P_b)}{q(P_0)}=\frac{m}{m+t}$，可得$t\varepsilon(P_0)=1-m/(m+t)$，所以盈亏平衡条件下的需求的临界弹性为：

$$\varepsilon=\frac{1}{m+t} \tag{6.47}$$

综上，需求的临界弹性的计算公式有以下四种形式：

第一，利润最大化假设下的线性需求曲线：$\frac{1}{m+2t}$

第二，利润最大化假设下的等弹性需求曲线：$\frac{1+t}{m+t}$

第三，盈亏平衡假设下的线性需求曲线：$\frac{1}{m+t}$

第四，盈亏平衡假设下的等弹性需求曲线：$\frac{log(m+t)-log(m)}{log(1+t)}$

---

① 由弹性定义，有：
$-\varepsilon=\frac{dq}{dp}\frac{p}{q}=\frac{dlnq}{dlnp}=\frac{lnq(P_1)-lnq(P_0)}{lnP_1-lnP_0}=\frac{ln(q(P_1)/q(P_0))}{ln(P_1/P_0)}$ 则有：$\frac{q(P_1)}{q(P_0)}=(\frac{P_1}{P_0})^{-\varepsilon}$。

假定实施的是5%的SSNIP检验,通过比较以上四式的计算结果,可知:

第一,需求的临界弹性随着价格成本差额的增加而减小(Werden,G.,1997—1998;Church,J. R.,2000)。以利润最大化假设下的线性需求曲线为例,给定5%的价格提升,在0%的价格成本差额上临界弹性为10,但在40%的价格成本差额上它会减少为2.00。这一规律表明,拥有市场支配地位的企业为了实现利润最大化,往往将价格提高到远高于竞争价格的水平,这种较高的价格成本差额导致了较低的需求临界弹性,从而导致了其他产品变成相近替代品,这成为了进一步提高价格的约束。

第二,固定成本越高,向上倾斜的成本曲线斜率越大,其需求的临界弹性越小。

第三,需求的临界弹性的四种表现形式尽管不同,但是如果界定相关市场时使用的是一个非常小的价格涨幅t(通常为5%),所有公式的计算结果几乎相等,通常是在1—2的范围波动,且当t趋于0时它们的极限都为$1/m$。

第四,通常来说,利润最大化条件下计算的需求的临界弹性大于盈亏平衡假设下计算的需求的临界弹性(Werden,G.,1993)。

3. 方法的改进

上述临界弹性的假设前提是边际成本为常数C,该假设往往不符合实际,现实中企业面临的边际成本未知,且往往不为常数。这是因为短期的边际成本是生产以及销售的边际生产成本,即使生产边际成本不变,考虑到企业通常需要通过调节销售成本实现销售的均衡分配,边际销售成本是可变的,因此总边际成本也是波动的。麦克尔·G. 鲍曼和保罗·E. 戈德克(Michael G. Baumann and Paul E. Godek,2006)基于递增的边际成本的假定,提出了一个修正的临界弹性的公式。

假设:(1)需求和边际成本都是线性的,即需求的临界弹性的公式为:$\frac{-1+\sqrt{1+(2m/t)}}{2m}$,其中 m 为初始的价格成本差额,t 为价格上涨幅度。

(2)在初始均衡点,价格等于边际成本。该假设表明计算结果为临界弹性的上限,即初始价格高于边际成本时,该公式会高估临界弹性。

则边际成本递增假定下的临界弹性推导过程如下:

通过比较垄断价格(P_m)和初始价格(P_0)可以判断一个假定垄断者是否会将价格提升某个幅度。如果满足 $\frac{1}{2t+m} < \frac{P-MC}{P}$,则可以断定垄断价格低于价格上涨的临界值,其中,$t$ 为价格上涨的临界幅度,P_0 所对应的临界弹性就是刚好足够避免假定垄断者将价格提高 t 的弹性值。

(1)边际成本(MC)

假定总成本是二次函数:$TC = \gamma + \alpha Q + \frac{1}{2}\beta Q^2$ \hfill (6.48)

其中,α 和 β 均为正的常数值,Q 为产量。

边际成本为线性,即:$MC = \alpha + \beta Q$ \hfill (6.49)

取边际成本与平均可变成本之间的差,可得

$$\beta = 2(\frac{MC-AVC}{Q})$$ \hfill (6.50)

如果初始的产量、边际成本和平均可变成本分别用 Q_0,MC_0 和 AVC_0 表示,则任一产出水平上边际成本都可由下式给出:

$$MC(Q) = MC_0 + 2(\frac{MC_0 - AVC_0}{Q_0})(Q - Q_0) \tag{6.51}$$

其中,AVC_0 可以从已知数据中估计出,而 MC_0 未知。如果市场原本为完全竞争均衡,那么 MC_0 等于 P_0,这种情况所推导的结果为临界弹性估计值上限。

(2)需求函数

假定需求曲线为线性的,那么反需求函数可以写成:$P = A - BQ$ 其中,P 为价格,Q 为数量,A 和 B 为正的常数。

假定 ε_0 为在初始的均衡条件下的需求弹性的绝对值,那么 ε_0 可以从下式中得出:

$$\varepsilon_0 = -\frac{\partial Q}{\partial P}\frac{P_0}{Q_0} = -\frac{P_0}{-BQ_0} = \frac{P_0}{BQ_0} \tag{6.52}$$

其中,Q_0 和 P_0 为初始的数量和价格,则有:

$$B = \frac{P_0}{\varepsilon_0 Q_0}$$

$$A = P_0 + BQ_0 = P_0(1 + \frac{1}{\varepsilon_0}) \tag{6.53}$$

(3)实现利润最大化的价格

1)边际收益(MR):

$$MR = \frac{\partial PQ}{\partial Q} = \frac{\partial (A - BQ)Q}{\partial Q} = A - 2BQ \tag{6.54}$$

将(6.53)代入上式则有:$MR = P_0(1 + \frac{1}{\varepsilon_0}) - 2\frac{P_0}{\varepsilon_0 Q_0}Q \tag{6.55}$

2)边际成本:由公式(6.51)和假定 $MC_0 = P_0$ 可以得出:

$$MC = P_0 + 2(\frac{P_0 - AVC_0}{Q_0})(Q - Q_0) \text{ 或者 } MC = P_0 + 2\frac{P_0}{Q_0}m_0$$

$Q - 2P_0 m_0$ $\tag{6.56}$

其中,$m_0 = (\dfrac{P_0 - AVC_0}{P_0})$为在初始均衡点的平均可变成本差。

3)利润最大化的一阶条件:当 MC 和 MR 相等时,企业可以实现利润最大化,通过求解该均衡关系,可以求出利润最大化时的产量为:

$$Q_m = \frac{Q_0}{2} \frac{1 + 2m_0 \varepsilon_0}{1 + m_0 \varepsilon_0} \tag{6.57}$$

当利润最大化时,有 $P_m = A - BQ_m$,代入(6.53)和(6.57),并进一步简化得:

$$P_m = P_0 (1 + \frac{1}{2\varepsilon_0 (1 + m_0 \varepsilon_0)}) \tag{6.58}$$

(4)需求的临界弹性

依据临界弹性定义,使用(6.58)式,我们可以得到,相对于初始价格 P_0,要实现利润最大化,价格的涨幅应该为:

$$\frac{P_m - P_0}{P_0} = \frac{P_0 (1 + \dfrac{1}{2\varepsilon_0 (1 + m_0 \varepsilon_0)}) - P_0}{P_0} = \frac{1}{2\varepsilon_0 (1 + m_0 \varepsilon_0)} \tag{6.59}$$

由方程(6.59)可知,价格的涨幅与初始价格处的需求弹性 ε_0 负相关。当提价幅度小于 t 时,有:$\dfrac{1}{2\varepsilon_0 (1 + m_0 \varepsilon_0)} < t$,即

$$m_0 \varepsilon_0^2 + \varepsilon_0 - \frac{1}{2t} > 0 \tag{6.60}$$

对 2 次方程(6.60)求解,并且取正根可以得到以下临界弹性值的范围:

$$\varepsilon_0 > \frac{-1 + \sqrt{1 + \dfrac{2m_0}{t}}}{2m_0} \tag{6.61}$$

(5)放宽对 $MC_0 = P_0$ 的假定

在上述(6.61)式的推导过程中我们假设了 $MC_0 = P_0$,如果实际上 $MC_0 < P_0$,则该假设会过高的估计初始的边际成本,也会高估大于 $\frac{1}{2}Q_0$ 的 Q 值处的边际成本。根据方程(6.51)知真实的边际成本函数为:

$$MC(Q) = MC_0 + 2(\frac{MC_0 - AVC_0}{Q_0})(Q - Q_0) \qquad (6.62)$$

由假设条件 $MC_0 = P_0$ 推得的边际成本为:

$$\overline{MC}(Q) = P_0 + 2(\frac{P_0 - AVC_0}{Q_0})(Q - Q_0) \qquad (6.63)$$

由于实际的 $MC_0 < P_0$,因此我们可以假定:$MC_0 = (1-k)P_0$,$0 < k < 1$。

由(6.62)和(6.63)式,$\overline{MC} > MC$ 等价于:

$$P_0 + 2(\frac{P_0 - AVC_0}{Q_0})(Q - Q_0) > (1-k)P_0 + 2(\frac{(1-k)P_0 - AVC_0}{Q_0})(Q - Q_0) \qquad (6.64)$$

整理后可得:$kP_0 + 2(\frac{kP_0}{Q_0})(Q - Q_0) > 0 \qquad (6.65)$

由此方程得到:只要 $Q > \frac{1}{2}Q_0$ 就有 $\overline{MC} > MC \qquad (6.66)$

因此,由于实际上 $MC_0 < P_0$,但是我们却假定 $MC_0 = P_0$,因此我们在 Q 超过初始值一半的时候对 MC 的估计是偏高的。由于利润最大化的垄断价格随着边际成本的上升而上升,对 MC 的过高估计就会导致对利润最大化的垄断价格的过高估计,从而导致对价格增长幅度的过高估计,即实际的价格涨幅应当小于 t。根据需求的临界弹性的公式,对价格涨幅的过高估计又进一步导

致了对需求的临界弹性的过高估计。

修订后的需求的临界弹性公式的计算结果比原来公式的值要大,在5%、10%、15%的价格增幅下,利用修订后的公式计算得到的新的需求的临界弹性要比传统值大1.1到2.8倍,这意味着修订后的方法对相关市场的界定更窄了。

三、临界弹性方法的司法实践

在联邦贸易委员会与瑞典火柴盒公司案(FTC v. Swedish Match)[1]中,约翰·希姆普森(John Simpson)和肯尼斯·淳(Kenneth Train)两位经济学家使用了临界弹性方法进行了分析,却得到了不同的结论。约翰·希姆普森教授(Dr. John Simpson)运用假定垄断者测试后认为对散叶嚼烟实行5%的提价后,消费量的减少不会损害生产者的利益。依据产业的历史数据和实践经验他将利润率确定为55%—65%,并据此计算出5%的提价所对应的临界损失大约是7%—8%,结合勒纳指数(Lerner Index),得出65%利润率的情况下对瑞典火柴盒公司需求弹性的绝对值大约是1.67,在该水平下,5%的价格增长所导致的销量下降大约为8%,为此希姆普森教授推断,该产业的弹性小于临界弹性,因此,假定垄断者5%的价格增加是有利可图的,参与兼并的企业可以构成相关市场。但是该分析具有局限性,只大体地描述了价格增加的效应,并推断出产业需求弹性小于临界弹性。但是这种推断是主观的,没有依据客观的方法,也无法检验。而肯尼斯·淳教授的结果则相反,他经过多次估计,最终估计出对散叶嚼烟的实际需求弹

---

[1] FTC v. Swedish Match, Civ. No. 00—1501 (TFH), Dec 14, 2000.

性是2.17,临界弹性是1.75,实际需求弹性大于临界弹性,因此,假定垄断者5%的价格增加是无利可图的,参与兼并的企业不能构成相关市场。

法院详细地分析了这些证据,最终判定两位专家的证据都不具有说服力,因此没有采纳他们的分析结果,而是应用了临界损失分析法,其结果显示提价后假定垄断企业只会损失很小一部分业务,因此认为假定垄断者提价是有利可图的,所以,认为散叶嚼烟(Loose Leaf Chewing Tobacco)和湿鼻烟(Moist Snuff)构成了相关市场,判定瑞典火柴盒公司的收购有害竞争,从而禁止了瑞典火柴盒公司对国家烟草公司(National Tobacco Company, L.P.)散叶嚼烟业务的并购。

该案例的分析也表明临界弹性方法在反垄断应用中还不够成熟,有待于进一步的改进,同时必须结合其他因素来共同判断,才能得出令人信服的结果。

四、临界弹性方法的评价

需求的临界弹性方法在应用中也存在一些问题:

1. 市场势力对需求弹性太敏感

在使用需求的临界弹性进行市场界定时,研究范围集中于弹性趋近于1的情况,所以计算出的需求的临界弹性哪怕有很小的误差,也都会引发对与需求弹性互为倒数的市场势力的判断上的较大的差别。

2. 价格成本差额的准确获得十分困难

兼并前的价格成本差额是决定需求的临界弹性的关键因素。这是因为,当兼并前的价格成本差额很大时,提价后的销售量下降导致的损失与增加的利润几乎相等,而当兼并前的价格成本差额很小时,提价后的销售量大幅下降,就有可能会带来亏损。而在计算价格成本差额时,由于边际成本根本无法准确的衡量,因此,一般用平均可变成本来近似代替,其代替的前提假设是边际成本不变,但实际中边际成本往往可变,因此计算出的价格成本差额往往不够准确(Baker,J. B. ,1997)。

3.需求的临界弹性不具有普适性

实际中,一般情况下需求曲线的形状既非线性也非等弹性:如带有拐点的需求曲线(如图6—4所示),在拐点 P^* 以下需求是富有弹性的,在 P^* 以上需求缺乏弹性;另外,由于有些行业具有其自身的特点,使得企业很多时候会采取价格歧视的政策改变销售群体结构,这种情况下的需求曲线形状将变得更加复杂。在这样一些需求曲线不规则的情况下,使用线性需求曲线或者等弹性需求曲线来计算出的需求的临界弹性都是不合适的(Werden,G. ,1997—1998)。

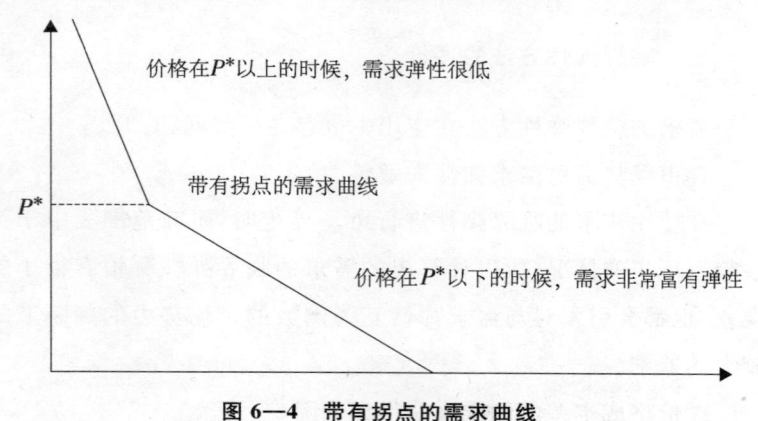

图6—4 带有拐点的需求曲线

4.需求的临界弹性分析的结果仅能作为相关市场界定的充分条件而非必要条件

麦克尔·鲍曼和保罗·戈德克(Michael G. Baumann and Paul E. Godek,2006)认为使用需求的临界弹性分析很难在实际的反垄断分析中作出绝对正确的判断。首先,判断某项兼并是否合法的重要依据之一是判断参与兼并的企业的产品是否属于同一相关市场,但是实际中相关市场的确定并不唯一;其次,临界弹性分析仅能够确定阻止企业提价所必要的相似产品之间的替代程度是多大,却不能帮助确定这种替代是否会实际发生。

第四节 临界损失方法

一、临界损失方法产生的背景及含义

1. 临界损失方法提出的背景

临界损失方法作为学术概念最早由巴里·哈里斯和约瑟夫·西蒙斯(Barry Harris and Joseph Simons,1989)提出,它是临界弹性方法的衍生方法,当无法获得需求的临界弹性时可用它来界定相关市场。在实践中,该方法最早应用于聚氯乙烯与西方石油公司案(PVC v. Occide Petroleum Corp.)[①],英国于2002年11月在其发布的新的企业法中将临界损失分析法作为一项重要的市场界定方法,之后该分析方法在各国的反垄断实践中得到了越来越多的应用和重视。

2. 临界损失方法的含义

临界损失方法是SSNIP检验思想应用在相关市场界定中的又一有力工具。所谓临界损失是指假定垄断者在对其相关产品或服

---

① Federal Trade Cormmission, Plaintiff v. Occidental Petrolewum Corporation, ET AL. Defemdant. 1986 U. S. Dist LEXZIS 26138;1986—1 Trade Cas. (CCH)P67,071;1986.

务施加一个微幅但显著且非暂时的涨价后,能够实现有利可图所能承受的最大销售额损失(Werden,G.,1998)。把临界损失和实际损失相比较,就可以确定某种替代产品(区域)是否应该被纳入到相关市场,如果假定垄断者可能的实际损失小于临界损失,那么涨价就是有利可图的,应该把替代产品(区域)纳入到相关市场,反之它们则不属于同一相关市场(James Langenfeld and Wenqing Li,2001)。

二、临界损失方法的运用

1.临界损失方法在不同假设下的实施步骤

临界损失分析一般会基于两种不同的假设条件:盈亏平衡假设和利润最大化假设,具体案例中使用哪种假设取决于经营者的定价策略,实践中使用盈亏平衡的临界损失方法比较普遍,下文将给出两种假设下临界损失公式的推导过程。

(1)盈亏平衡假设下的临界损失

所谓盈亏平衡是指企业的总成本等于总收益,从而使得总利润为0。当企业以盈亏平衡作为定价原则时,其临界损失的分析过程为如下四个步骤(哈里斯和西蒙斯,1989):

1)估计假定垄断企业的边际收益率

假定垄断企业的边际收益等于其销售最后一单位产品的价格减去最后一单位产品的成本,则边际收益率为:

$$m = \frac{P - MC}{P} \tag{6.67}$$

其中,P是垄断企业销售最后一单位产品的价格,MC是边际成本,假设边际成本不随产量递增,[1]由于现实中边际成本很难获得,因此一般可用平均可变成本代替边际成本。

---

[1] 当边际成本随产量递增时,计算边际收益的公式需要修正。

2)计算假定垄断企业的临界损失

计算假定垄断企业需要减少多少比例的消费量才会无利可图。一个企业的成本由固定成本和可变成本组成。由于固定成本不随产量改变,企业在决定产量时往往不考虑它,而更多地会考虑其总收入同可变成本之间的差,即

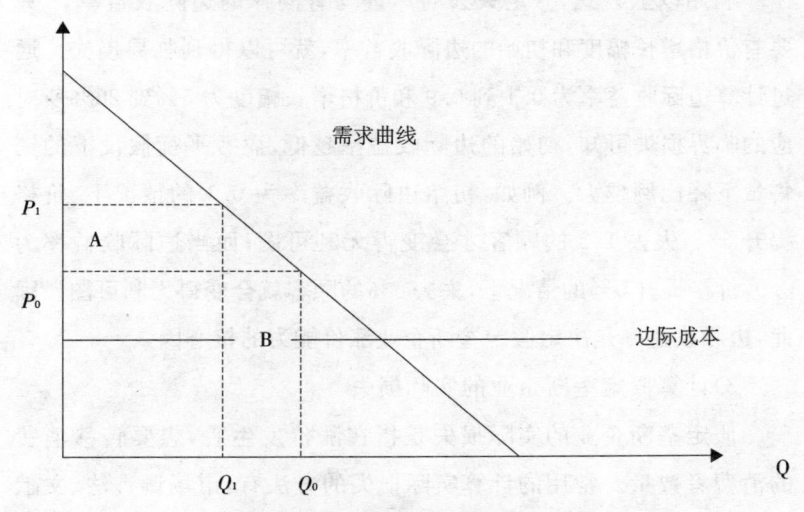

$$总可变利润 = 总收入 - 总可变成本$$

图 6—5 垄断企业的临界损失分析

如图 6—5 所示,垄断企业涨价(价格由 $P_0 \rightarrow P_1$),将会对利润产生双重影响:第一,企业获得的利润净增为 A 部分的面积;第二,涨价促使一部分消费者转移消费,产生了 B 面积的损失。因此,盈亏平衡就是使 A、B 的面积相等,即:

$$(P_0 + \triangle P - MC)(Q_0 - \triangle Q) = (P - MC)Q \tag{6.68}$$

其中,P_0 为原始价格,Q_0 为原始销售量,MC 为企业恒定的边际成本,$\triangle P$ 为价格提升量,$\triangle Q$ 是提价导致的销量损失。

整理(6.68)后有：$\dfrac{\triangle P}{P_0+\triangle P-MC}=\dfrac{t}{m+t}=\dfrac{\triangle Q}{Q_0}$ (6.69)

其中，$t=\triangle P/P_0$ 为价格增长的百分比，$m=(P_0-MC)/P_0$ 为初始的边际收益率，$\dfrac{t}{m+t}$ 就是盈亏平衡假设下的临界损失公式，且该公式对所有的需求曲线形状普遍适用。

利用以上公式，假定失去的产量均有同样的边际收益率，[①]只要有价格增长幅度和初始的边际收益率，就可以得到临界损失。通过计算边际收益率为 0.1 到 0.9 和价格增长幅度为 5% 到 20% 所对应的临界损失可知，初始的边际收益率越低，盈亏平衡假设下的销售量下降比例越大。例如，初始边际收益率为 0.1 的情况下，价格提升 5%，失去 1/3 的顾客才会变得无利可图；而当边际收益率为 0.9，价格提升 5% 的情况下，失去 5% 的顾客就会变得无利可图。因此，边际收益率是决定假定垄断企业涨价能力的核心因素。

3)计算假定垄断企业的实际损失

假定垄断企业的实际损失是指在涨价发生后，想要转移消费的消费者数量。常用的计算实际损失的方法有：市场调查法、文献检索法(主要是第三方拥有的一些相关文件)，或者使用计量经济学方法计算消费者消费转移所要付出的成本，比如可以把到相近城市购买产品的成本与在本地购买同样产品的成本相比，如果额外的交通成本非常大，那么即使面对价格的上涨，消费者也不会选择到另外的城市购物。

[①] 边际收益不变是相对理想的假设，实际中企业的单位成本往往随着规模的扩大而减少，这种情况下真实的临界损失就会比理论计算结果小，因此适用理论计算结果进行市场界定时，倾向于缩小相关市场的范围。

4）比较实际损失和临界损失

通过比较实际损失和临界损失就可以得到相关市场的范围。若实际损失大于临界损失，说明界定的市场范围小了，则应该扩大市场界定范围，增加相关产品后重新分析；若实际损失小于临界损失，则表示市场界定过宽，应缩小相关市场的范围。

(2) 利润最大化假设下的临界损失

利润最大化假设下的临界损失分析方法由沃登（Werden, 1998）提出，它是指在给定价格提升幅度的情况下，利润最大化的企业可以接受的销售量减少的最大幅度。

已知，价格从 P_0 上升到 P_1 导致的销售量下降为 $1-Q(P_1)/Q(P_0)$，由于该假设下的临界损失计算公式的推导过程依赖于需求函数，因此需要事先假定需求曲线的形状。下面，就等弹性需求曲线与线性需求曲线两种情况推导利润最大化假设下的临界损失计算公式。

1）等弹性需求曲线：$Q=aP^{-\varepsilon}$，所以 $1-Q(P_1)/Q(P_0)=1-(P_1/P_0)^{-\varepsilon}=1-(1+t)^{-\varepsilon}$，当 ε 是临界需求弹性时，等弹性需求曲线的临界需求弹性是 $\dfrac{1+t}{m+t}$，则临界损失就是：

$$CL=1-(1+t)^{-\frac{1+t}{m+t}} \tag{6.70}$$

2）线性需求曲线：$Q=(a-P)/b$，

$$\begin{aligned}1-Q(P_1)/Q(P_0)&=1-(a-P_1)/(a-P_0)\\&=(P_1-P_0)/(a-P_0)=[(P_1-P_0)/P_0][P_0/(a-P_0)]\\&=t\varepsilon(P_0)\end{aligned} \tag{6.71}$$

其中 $\varepsilon(P_0)$ 为线性需求假设下的临界需求弹性，即等于 $\dfrac{1}{m+2t}$，则临界损失为：

$$CL = \frac{t}{m+2t} \tag{6.72}$$

综上，临界损失有以下四种表达方式：

第一，利润最大化假设下的线性需求的临界损失：$1-(1+t)\cdot\frac{1+t}{m+t}$

第二，利润最大化假设下的等弹性需求的临界损失：$\frac{t}{m+2t}$

第三，盈亏平衡假设下的线性需求的临界损失：$\frac{t}{m+t}$

第四，盈亏平衡假设下的等弹性需求的临界损失：$\frac{t}{m+t}$

与盈亏平衡假设相比，利润最大化假设条件下的临界损失方法有其优点：首先，利润最大化的假设与兼并指南更加符合，因为指南中明确提出了企业是追求利润最大化的。其次，使用盈亏平衡的临界损失分析，可以得到两种均可获利的价格上升幅度，在这种情况下，盈亏平衡的临界损失不能告诉我们哪个价格上升幅度更有利，而利润最大化的临界损失可以帮助解决这种不确定性。

尽管如此，但利润最大化假设条件下的临界损失方法在实践中并不常用，这是因为，它不仅计算比较繁琐，而且计算结果依赖于需求曲线的形状，这在实际应用中是比较困难的，所以实践中还是不依赖于需求函数的盈亏平衡假设下的临界损失分析应用得更加普遍。

2. 对临界损失方法中关键概念的讨论

(1) 边际收益和临界损失

根据临界损失的公式 $CL=\frac{t}{m+t}$ 可知，临界损失 CL 和边际收

益 m 负相关,即当企业的边际收益很高时,较小的销量损失就会导致企业无利可图。这一论点恰好常常被那些被控告拥有市场势力的兼并企业所利用(Kenneth L. Danger, H. E. Frech III. Critical thinking about "critical loss" in antitrust. 2001)。例如,在美国的兼并案中,被告也经常以此为自己辩护,当边际收益很高时,5%的价格上涨导致了兼并后实际上无利可图,所以认为应该扩大相关市场的范围。

(2)边际收益和实际损失

边际收益越高,实际损失也可能越小,而经济学家和权威机构经常忽视这一现象(O'Brien, D. P., 2003)。

一个实现了利润最大化的企业往往具有较高的边际收益,且同时意味着他不能通过降价明显提高销售额,[①]即此时的需求弹性较小,因此理性企业制定价格的时候,一定会使边际收益与需求弹性负相关,这样,具有较高边际收益的企业(其需求弹性较小),如果提价,将会有较小的实际损失。

在实践中,需求弹性较小的情况是很常见的,消费者购买该产品时缺乏价格敏感度的一个主要的原因是该产品与其他产品是不同的。当产品是差异化的时候,对某种品牌有特殊爱好的消费者会继续购买该品牌的产品而不管是否涨价。

三、临界损失方法的司法实践

1986 年,在聚氯乙烯与西方石油公司(PVC v. Occidental Oc-

[①] 这个结论是基于企业间不存在共谋的假设,如果企业间存在共谋,那么即使企业的需求曲线足够有弹性,也有可能具有较高的边际收益。

cidental Petroleum Corporation)[①]的兼并案中,联邦交易委员会试图使用临界损失方法分析聚氯乙烯生产企业们的兼并,这是临界损失在司法实践中的最早应用。原告认为适合的相关产品市场是悬浮聚合聚氯乙烯和分散聚氯乙烯。使用临界损失方法计算得到,价格上涨5%所对应的悬浮聚合聚氯乙烯树脂的临界损失是15%,对应的分散聚氯乙烯树脂的临界损失是10%。但是分析指出,美国消费者从外国供给者处购买的数量大于这两个损失值,且外国供给者能为美国消费者提供足量的聚氯乙烯。部分基于以上分析,地方法院得出的结论为:联邦贸易委员会指控的美国区域市场对两类聚氯乙烯来说都太小了。

四、临界损失方法的评价

盈亏平衡假设下的临界损失估计独立于需求的函数形式,即便需求曲线是弯折的,该方法仍然有效。但是由于方法简单,实践中很容易发生问题,因此对该方法的质疑也越来越多(Michael L. Katz and Carl Shapiro,2003)。

1.临界损失方法忽略了消费在候选产品市场内部的转移

当存在消费内部转移时,假定垄断企业的实际损失变小(James,Wenqing Li,2001)。

假设候选市场有两个差异化产品A和B,[②]在兼并之前都处于利润最大化的均衡状态。产品A的价格上涨导致需求量转移,其中

[①] Federal Trade Commission Plointiff v. Occidental Petroleum Corporation. ET AL. ,Defendant;1986 U. S. Dist LEXIS 26138;1986—1 Trade Cas. (CCH)P67,071; 1986.

[②] 可以假定A产品由A企业生产,B产品由B企业生产。

的一部分转向B产品,其余部分转向A和B之外即候选市场以外的产品。因此假定垄断企业可以从转向B的消费者的需求量中弥补产品A损失的利润,所以,对单独的产品A来说,涨价会损失利润,而对假定垄断企业整体而言,涨价也可能会带来利润上涨。

2. 边际成本很小时,临界损失分析会导致相关市场界定过大

一般认为,当企业不存在共谋时,较小的边际成本意味着较高的边际利润率,则提价将导致销售量较大幅度的减少,因此假定的垄断者缺乏提价的动力。由此,较小的临界损失将会推导出较大的相关市场。然而,较高的边际利润率实际上也意味着价格和边际成本之间存在较大的差距,根据勒纳指数可以得到较高的价格成本差额,意味着较大的垄断势力,而且,该式说明边际收益与弹性负相关,较高的边际收益差额导致较低的弹性,因此提价只会引起较小的销售量损失,结合以上讨论,可以知道在这种情况下,不能武断地认为计算得到的较小的临界损失就是意味着较大的相关市场(Kenneth L. Danger and H. E. Frech III,2001)。

3. 忽略其他企业的行为,导致临界损失的计算结果偏小

当只有单独一家企业提价时,消费者很容易转向同行业的其他企业,从那里获得相对廉价的商品,但是如果所有企业同时提价,上述消费转移就不能发生,因此实际中,单独企业比一个企业集群面临更大的需求弹性。另外根据勒纳指数,我们很容易计算,边际成本为50%的时候,需求弹性为-2.0,而只要需求弹性达到-1.91,垄断者的5%的价格提升就是有利可图的,两者之间只存在-0.09微小差异,由于现实中企业往往对其他企业的提价做出同样的提价反应,因此企业很容易达到以上有利可图的需求弹性界限,而法院往往忽视这一现象,从而使得计算出来的临界损失偏小。

4. 相关成本及时间跨度的不确定性导致临界损失结果不准确

首先,一般用会计报告中的平均可变成本来代替边际成本,但这样将导致边际利润率会偏大而临界损失会偏小,从而得到一个偏大的市场范围。企业定价决定的时间跨度以及反垄断所使用的时间跨度在界定反垄断市场中是一个很重要的问题,因为在不同的时间长度内,需求弹性和边际成本可能会截然不同,因此,定义市场时,相关的时间跨度不明确,因此无法得到对成本的一致预测(Kenneth L. Danger and H. E. Frech III,2001)。

五、临界损失方法的修正

针对以上问题,很多学者对临界损失分析方法提出了很多修改意见。

第一,考虑其他企业的反应,即假定其他企业都单独行动,没有合作或结盟,则未参与兼并的企业对兼并企业涨价可能有三种反应:(1)保持价格不变,试图扩大市场占有率。由于市场是差异化的,其他企业甚至有可能调整产品来扩大占有率。(2)可能一定程度地提高价格并增加销售量。(3)相同幅度地涨价,基本保持市场占有率不变(这种情况就是修正前的临界损失分析法)。在这样假设下,调整涨价后的真实损失。第二,当存在消费内部转移时,卡茨(Katz)和夏皮罗(Shapiro)介绍了一种修正标准临界损失分析的总转移比率(Aggregate Diversion Ratio)方法,该方法表明当转移比率大于临界损失时,假定垄断企业有利可图(Katz and Shapiro,2003;Daniel and Abraham,2003)。第三,丹尼尔和亚伯拉罕(Daniel and Abraham,2003)运用标准的伯特兰定价模型(Bertrand Pricing Model)建立一个具有内在一致性的寡头模型(Internally Consistent Model of Oligopoly），对考虑内部消费转移的临界损失分析进行了更深入的分析，解决了上个方法中的联合涨价问题，证明了即便候选市场中的差异化产品同时涨价，具有较高的边际收益率的假定垄断企业仍可能使得价格上涨有利可图。第四，传统的临界损失分析和以上改进方法都假定近似替代品间存在对称性，但是当将临界损失分析法推广到产品组的时候，其隐含的对称性条件不再成立。奥斯汀·戴乔德（Oystein Daljord,2009）提出一个改进的适用于产品不对称的临界损失分析方法，该方法仅要求所考察的产品规模报酬不变，而不需要对竞争模型的均衡条件、需求结构和产品性质做任何假设。

小　　结

自1982年《兼并指南》首次提出SSNIP检验的理论框架后，该理论几经修订，现在已经成为世界上很多国家反垄断司法判案中相关市场界定的主要分析依据，其三个主要的分析方法也随之成为三种最常用的相关市场界定工具。虽然剩余需求弹性法通过比较兼并前后假定垄断企业面临的剩余需求曲线就能确定假定垄断企业的市场势力，并不需要界定相关市场，但是其思想还是SSNIP的基本框架，且在SSNIP检验中，为了识别假定垄断企业可能的提价幅度，对其剩余需求曲线的估计也是一个必不可少的环节。SSNIP的另外两个主要方法更是密切相关：临界损失是临界弹性的衍生方法，采用的基本上是相同的理论体系和理论假设，可以从临界弹性的推导过程中直接计算出来，因此，两种方法的判断结果在一定程度上是非常一致的（James Langenfeld and Wenqing Li,2001),在实践中,当无法计算临界弹性时,往往使用临界损失方法。临界损失的使用步骤也与临界弹性大致相同,即:第一,估计出边际收益;第二,通过公式计算临界弹性或者临界损失;第三,考察现实中的实际损失和主导弹性,并与临界损失或临界弹性做比较。

  对于临界弹性法和临界损失法的优劣,不同的经济学家有不同的观点。沃登(Werden,G.,1997—1998)认为临界弹性比临界损失方法更为有效,因为临界损失方法容易与价格变化相脱离,有时,一个垄断企业较小幅度的提价可能是无利可图的,但是大幅度提价却有可能是有利可图的,在这种情况下使用临界损失分析,结论就会产生混乱。举一个例子,假设一个需求为线性的企业垄断前的价格—成本差额为0.5,通过计算我们可以得出在5%的价格提升下,其临界损失为8.3%,而在25%的价格提升下,其临界损失为25%,而实际中5%的价格提升,很有可能产生超过8.3%的实际损失,而25%的价格提升,却产生不足25%的实际损失。由于以下两个原因,可能导致一个错误的市场界定:第一,认为5%的价格提升是更为可能的;第二,仅仅提价5%就导致8.3%的消费者转移,说明一个微小的变化就足以使消费者转移,这样法庭就很有可能忽视提价远超过5%时的状况。而在使用临界弹性分析方法时,为了从需求弹性中得出数量的变化,必须乘以价格的变化,这样价格上升的幅度就不会被忽视了。但是使用临界损失分析时,只要将价格增幅的考察范围扩大,就可以避免以上问题。

  相比而言,临界弹性的技术性问题更为严重,因为临界弹性一般只考虑那些最容易发生转移的消费者的价格敏感度,即只度量了边际意义上的消费者的需求价格弹性。因此,如果只有一小部分消费者是对价格十分敏感的,那么把他们的价格敏感度作为临界弹性的参照有可能过宽界定相关市场。同时考虑到临界损失比临界弹性分析的操作更为简单,而且临界损失的适用范围更广,比如,当需求曲线弯曲时,临界弹性方法不再适用(Werden, G., 1998),但独立于需求函数的盈亏平衡假设下的临界损失方法仍然适用(James and Wenqing Li, 2001),因此临界损失比临界弹性更具有实践性。

第七章 基于价格的检验方法

第六章中讨论的 SSNIP 方法是相关产品市场界定的主流方法,但是该方法不能直接转化成计量经济学方法,容易导致相关市场界定结果的不确定性,虽然目前许多学者认为与兼并指南相一致的判断方法是剩余需求弹性的分析方法(Baker and Bresnahan,1984,1985,1988),但是该方法不仅需要详尽的数量和价格的数据,很多时候还需要有成本信息,往往会由于信息不足而很难实施(Stigler and Sherwin,1985;Leo Sleuwaegen,1999 等)。为了弥补以上方法的不足,经济学界提出了以套利为基础的相关产品市场的界定方法,即消费者对不同价格的同类产品的套利行为导致了同种产品的价格相差不会太大,因此可以通过价格检验,将具有相同价格变动趋势的产品界定为同一相关市场。

目前存在的价格检验方法包括价格相关度检验、价格趋同及收敛速度检验、格兰杰因果关系检验、协整检验、平稳性检验等。由于价格检验只需要价格序列数据,要求的数据少且容易获得,因此该方法具有极强的可操作性。然而很多学者认为,经济学市场与反垄断市场并不一致,因此该方法并不实用于反垄断市场(Scheffman and Spiller, 1987;Sleuwaegen, 2001 等)。但也有学者认为,虽然反垄断市场与经济学市场的含义不同,但我们可以从经济学市场概念的分析中获取与反垄断市场相关的有用信息,而这些信息是无法从其他方法中获得的(Haldrup,2003)。尽管存在争议,但多数学者都一致认为同一经济学市场未必属于同一反垄断市场,而同一反垄断市场则属于同一经济学市场,因而可以将价格检验作为相关市场界定的一个必要而非充分条件,在价格检验的基础上再结合其他因素来界定相关市场。下文将详细介绍常用的价格检验方法。

第一节 价格相关度检验方法

一、价格相关度检验方法产生的背景及含义

最早提出使用价格相关度进行相关市场界定的是阿里达和特纳(Areeda and Turner,1978),斯蒂格勒和舍温(Stigler and Sherwin,1985)在其基础上作了进一步研究,提出将价格变动趋势的相似性作为界定相关市场的标准。

价格变动趋势的相关性可以借助统计学中的相关度来反映,即可以通过衡量两个价格序列自身、一阶差分、对数以及对数一阶差分的相关度来判断它们的变动趋势是否一致,进而判断两种产品(区域)是否属于同一个相关产品(区域)市场。

通常使用相关系数 ρ 来衡量价格序列之间的相关度。如果有两组产品 i 和 j,价格分别是 P_i 和 P_j,则可以在一定时段内以一定的频率在市场上分别收集到 m 期价格信息,构成两个价格的时间序列 $P_i=(P_{i1},P_{i2},\cdots\cdots,P_{im})$,$P_j=(P_{j1},P_{j2},\cdots\cdots,P_{jm})$,则这两个时间序列的相关度为:

$$\rho_{ij} = \frac{\text{cov}(P_i, P_j)}{\sigma_i \sigma_j} \tag{7.1}$$

其中,σ_i 和 σ_j 为 i、j 的标准差,$\text{cov}(P_i, P_j)$ 为 i、j 的协方差,将上面的公式扩展开来,可得:

$$\rho_{ij} = \frac{\sum_{t=1}^{T}(Pp_{it} - \bar{P}_i)(P_{jt} - \bar{P}_j)}{\sqrt{\sum_{t=1}^{T}(P_{it} - \bar{P}_i)^2 \sum_{t=1}^{T}(P_{jt} - \bar{P}_j)^2}} \tag{7.2}$$

其中,$\bar{P}_i = \sum_{t=1}^{T} P_{it}/T$,$\bar{P}_j = \sum_{t=1}^{T} P_{jt}/T$

ρ_{ij} 的取值介于 -1 和 1 之间,如果 $\rho_{ij} > 0$,说明 i、j 的价格呈正向驱动的关系,且 ρ_{ij} 的值越大,则这两组价格的相关度越高,这两种产品越有可能属于同一相关市场。

但是基于价格相关性的相关市场界定方法更关注价格变动是否一致,因此在分析时往往使用价格的一阶差分形式 $\triangle P_i = (\triangle P_{i1}, \triangle P_{i2}, \cdots\cdots, \triangle P_{im})$,$\triangle P_j = (\triangle P_{j1}, \triangle P_{j2}, \cdots\cdots, \triangle P_{jm})$ 来替代公式(7.2)中的 p_i 和 p_j。其中 $\triangle p_{kt}$ 表示的是第 k 种商品(地区)的价格在从第 $t-1$ 期到第 t 期的变化,即 $\triangle P_{kt} = P_{kt} - P_{k(t-1)}$。

二、价格相关度检验方法的运用

斯蒂格勒和舍温(1985)曾用价格相关系数来界定相关市场。他们考察了明尼阿波利斯(Minneapolis)和密苏里州的堪萨斯城(Kansas City)这两个面粉制造行业中心,欲判断两个地区是否属于同一市场。他们研究了从 1971 年到 1981 年这 11 年间两地每月面粉的批发价格,发现这两组价格序列具有高度相关性($\rho = 0.97$),其一阶差分序列也是密切相关的($\rho = 0.92$)。

为了进一步确认这两个地区是否属于同一市场,他们进行了深入的调研,发现有不少大型烘焙企业都是这两个地区的主要客户,而在两地也有不少面粉加工企业。同时他们还考察了运装数据,以此来确定主要的消费区域是否处于这两个面粉生产中心的正常运输距离之内。调查结果显示,28%的面粉运输距离在 500 英里以上,在两家大型面粉加工企业百威(Peavey)和康尼格拉(Conagra)中,36%的面粉运输距离在 500 英里以上,而明尼阿波利斯和堪萨斯城的距离只有 300 英里左右。

通过上述分析,斯蒂格勒和舍温得出结论:明尼阿波利斯和堪萨斯城属于同一市场。他们还利用这两个城市间价格变动的相关性来检验其他城市是否也与它们处于同一个市场。经过检验,发现所检验的四个城市面粉价格相关系数都很高(都在 0.82 以上),其中布法罗和明尼阿波利斯属于同一市场,波特兰(Portland)、俄勒冈州(Oregon)则很可能和堪萨斯城也在同一个市场中(Stigler and Sherwin,1985)。

在瑞士雀巢公司收购法国沛绿雅矿泉水公司(Nestle/Perrier)[1]的兼并案中,欧洲委员会进行价格相关度分析的结果表明每种软饮料和瓶装水之间的相关度大多数情况下都是负值,即便是正值,相关度也很低,因此认定软饮料和矿物质水属于不同的市场。但是在 Rexam/AN[2] 案中,调查结果显示铝饮料罐和铁饮料罐之间存在很高的价格相关度,从而两者被认定为属于同一相关

---

[1] Case IV/M 190 [1992] O. J. L356/1;[1993] 4 CMLR M17.
[2] Case COMP/M. 1939 Rexam/American National Can,(2001) OJ C 325/11.

产品市场。

三、价格相关度检验方法的评价

价格相关度检验简单易行,只需要获得产品市场的价格信息就可以进行检验,而且不需要构造复杂的数学模型,但在以下几种情况下该方法并不适用:对比不同国家的价格时,汇率发生变化(Werden, G. and Froeb, 1993; Bishop. S. and Walker, M., 1996);价格是非平稳的时间序列(Werden, G. and Froeb, 1993);市场集中度在样本期间发生变化,特别是样本数据的时间跨度较长时,可能市场在样本期的开始并不是一体的,但是后来的制度改革、交易成本降低、汇率制度改革等因素导致市场的集中程度提高,并形成一个共同的相关区域市场(Niels Haldrup, 2003)。

另外,该方法本身也存在一定的局限性,其中受到的最大质疑是"伪相关"问题。所谓"伪相关"是指产品之间并不存在相互替代性,但是由于受到某同种因素的推动,比如通货膨胀、原油价格上涨等具有普遍影响力的经济事件的影响,产品的价格变动也表现出较强的一致性。而且,相关度检验属于同期检验,忽视了时间因素,仅提供了价格行为的静态信息而忽略了价格决定过程的动态性和市场有效性。如果一个价格对另一个价格的反应要在一段时间以后才能反映出来,那么价格的相关系数就不能反映出这个信息。此外,由于缺乏相关程度的界定标准,该方法在实际操作中也存在不确定性。基于以上问题,价格相关性检验方法在实际司法操作中并未被广泛采用。

第二节　价格趋同及调整速度检验方法

一、价格趋同及调整速度检验方法产生的背景及含义

针对上述价格相关性检验方法所存在的问题，一些学者又相继提出了价格趋同及调整速度检验，包括：施里夫斯(Shrieves,1978)提出的基于价格趋同(Price Equality)的方法、马西斯、哈里斯和波利杰(Mathis,Haris and Boehlje,1978)提出的基于相对调整速度的方法和霍洛维茨(Horowitz,1981)提出的基于回归的价格趋同及绝对调整速度检验。所谓价格趋同是指同一产品（区域）市场中的价格在扣除交易成本（运输成本）之后趋于相等。

二、价格趋同及调整速度检验方法的运用

施里夫斯(1978)构建了一个计量模型，通过检验区域市场内价格是否趋同来判断哪些地区组成一个区域市场。他的模型如下：

$$PBTU = b + b_1(SU) + b_2(ASH) + b_3(SPOT) + b_4(LQTY) + b_5(TIME) + b_6(TCOST) + \sum_{i=1}^{18} C_i D_i + e \tag{7.3}$$

$PBTU=$锅炉用煤的交货价格（美分/百万 BTU[①]）

$SU=$硫的含量

$ASH=$灰烬含量

---

① BTU：British Thermal Unit，英国热量单位。

$SPOT=$ 虚拟变量:现货市场交易为 1,合同交易为 0

$LQTY=$ 交易数量的自然对数

$TIME=$ 指数变量,代表购买时月份,$TIME=1,2,\cdots\cdots,12$

$TCOST=$ 运输成本

$D_i=$ 虚拟变量,表示购买所在州

$e=$ 随机误差项

这些解释变量除了运输成本 TCOST、虚拟变量 D_i 以外,其他变量都影响煤的质量,进而影响煤的价格。

施里夫斯用该模型检验了美国 19 个州的锅炉用煤的区域市场,结果表明,除了运输成本和质量所导致的交货价格差异,余下的价格差异主要被解释为空间差异,即不同区域市场的差异,从而把 19 个州分成了 4 个锅炉用煤交易市场。

马西斯等(1978)提出用反应时间函数 dt_i/dp_j 来度量企业对价格的反应。dt_i 表示从企业 j 做出一个价格决策到企业 i 作出价格调整所用的时间,dp_j 表示企业 j 产品的价格变化。反应时间越短则越能说明属于同一相关市场。其做法是将企业分为两组:一组内的企业相互之间都是竞争对手,另一组的企业则不是竞争对手。非竞争对手企业间的平均反应时间显著大于竞争对手之间。如果令 x_R 代表竞争对手企业之间反应时间的一个样本,$\bar{x}_R$ 是样本均值。x_U 表示两个未分类企业之间反应时间的一个样本,$\bar{x}_U$ 是样本均值。如果 $\bar{x}_U$ 显著地大于 $\bar{x}_R$,则这两个企业不是竞争对手,应界定为不同的市场。如果 $\bar{x}_U$ 不是显著地大于 $\bar{x}_R$,则这两个企业是竞争对手,应该界定为同一个相关市场。他们用该方法估计美国地方银行定期存款利率的价格反应时间的差异,得出了乐观的结论,非竞争对手银行的价格反应时间显著地大于竞争对手银行的价格反应时间。

霍洛维茨(Horovitz,1981)则是构造了一个计量模型,引入时间因素,用回归的方法估算两个产品(或同一产品在两个地区)价格之间的接近程度和趋同速度。为了方便起见,用 D_t 表示 t 期的价格差异,D_{tL} 表示长期内的(区域市场或产品市场间的)价格差异。随着时间的推移在特定市场或在合并市场之间,观测到的短期价格差会趋向于接近长期均衡价格差,即:

$$D_{tL} - D_t = \lambda(D_{tL} - D_{t-1}) \tag{7.4}$$

其中,$-1 < \lambda < 1$。这里 λ 是一个衡量调整速度的常数,λ 越接近于 0,调整速度越快;当 $\lambda = 0$ 时,这种调整是立即的;如果 $|\lambda| \geq 1$,则表明存在持续的价格差异,两产品属于不同的相关市场。

假定 t 时期的长期价格差服从正态分布,均值为 γ,随机扰动项为 ω_t,期望为 0,方差为常数(对所有的 t),于是:

$$D_{tL} = \gamma + \omega_t \tag{7.5}$$

忽略随机扰动项,则有

$$D_t = \gamma + (D_0 - \gamma)\lambda_t \tag{7.6}$$

其中 D_0 是第 0 期的价格差异。使用历史数据对上式进行 OLS 估计,λ 和 γ 两个估计值越同时接近于 0 则说明两产品属于同一相关市场。

霍洛维茨(1981)使用 1955—1977 年的年度平均价格指数,分析美国 12 个大城市地区六种肉类是否属于同一区域市场。6 种肉类是牛的后腿(Round Steak)、牛脊肉(Rib Roast)、汉堡包(Ham Burger)、牛肉片(Veal Cutlets)、连骨猪排(Pork Chops)、火腿(Ham),它们分别用 $i = 1,2,3,4,5,6$ 表示,同样的,12 个大

城市地区分别用 $j=1,2,\cdots,12$ 表示,6 种肉类、12 个地区共产生 576 个价格组合和回归方程。例如,$D_{2(5-12)t}$ 表示 t 年牛脊肉(Rib Roast)($i=2$)在底特律(Detroit)地区($j=5$)和华盛顿(Washington)地区($j=12$)的价格差异。$D_{(2-4)5t}$ 则表示 t 年底特律(Detroit)地区两种肉类:牛脊肉(Rib Roast)($i=2$)和牛肉片(Veal Cutlets)($i=4$)的价格差异。

每个变量有 23 个样本值,由于一期的滞后,每个回归中每个变量剩下 $n=22$ 个样本值。霍洛维茨得出了 576 个回归的参数估计值、标准差以及 R^2。

霍洛维茨认为,实施这些回归以及推出这些结果的目的不是为了界定特定市场,而是为了说明他的方法的可行性。对此,他做了简单的说明,例如巴尔的摩(Baltimore)和华盛顿(Washington)属于相关区域市场,在具有 20 个自由度、95% 的置信水平之上,$D_{i(1-12)t}$ 表示巴尔的摩(Baltimore)($j=1$)和华盛顿(Washington)($j=12$)两个地区 5 种肉类价格差异 $\lambda<1$,但肉类(Ham Burger)($i=3$)的价格差异 $\lambda\neq 1$,这表明,这两个城市的所有肉类产品的价格差异或者正在或者飞快趋于长期均衡,且所有产品的长期价格差异都一致地较小。类似地对其他城市的肉类价格差异进行回归时,结果表明这些城市并不构成单一区域市场,它们之间相互具有潜在的竞争。

相关产品市场界定的方法也类似。例如牛的后腿肉(Round Steak)($i=1$)和连骨猪排(Pork Chops)($i=5$)属于同一相关产品市场的假设基本成立,因为 $\gamma=0$ 的假设只在波士顿(Boston)($j=2$)和纽约(New York)($j=7$)两个地区中被拒绝。相反,连骨猪排(Pork Chops)($i=5$)和火腿(Ham)($i=6$)属于同一相关产品市场的假设明显被拒绝,这表明,这些不同产品对彼此都有竞争约束,长期价格趋于一致。

三、价格趋同及调整速度检验方法的评价

乌里、豪厄尔和里夫金(Uri,Howell and Rifkin,1985)指出霍洛维茨模型最一般的形式就是一个关于序列(p,q)的自回归移动平均过程(ARMA),即

$$(1 - b_1 B - b_2 B^2 - \cdots\cdots - b_p B^p) D_{ijt} = a_0 + (1 - c_1 B - c_2 B^2 - \cdots\cdots - c_q B^q) u_t \qquad (7.7)$$

其中,B 是滞后算子(也就是 $B^k z_t = z_{t-k}$),$b_1,b_2,\cdots\cdots,b_p,a_0,c_1,c_2,\cdots\cdots,c_q$ 是待估计的参数,由于参数可能具有移动平均趋势,从而可能会得到对参数的有偏估计 b_i^*,因此基于回归价格趋同方法,对相关市场的界定可能存在问题。

斯莱德(Slader,1986)认为,霍洛维茨的方法假设在一个冲击之后价格差别向均衡值的调整是一个特殊的动态过程,即一阶自回归过程,这一研究方向是正确的,但是限制条件过严,实际上只需要价格差异具有动态稳定性就可以进行处理。

另外,这一方法也存在一些比较严重的缺点,比如两个价格序列是自相关的,具有时间趋势或者呈现系统性的季节趋势,就会得出错误的结论。

第三节 格兰杰因果关系检验方法

一、格兰杰因果关系检验方法产生的背景及含义

前面两种相关市场的界定方法在司法实践和理论界仍然存在

种种争议,很多学者认为价格相关度检验并不能为市场界定提供有力的支持,相关关系并不能等同于因果关系,针对前两种方法存在的问题,乌里和里夫金(Uri and Rifkin,1985)及斯莱德(Slader,1986)最早提出将格兰杰(1969)和西蒙(1972)的格兰杰因果检验的方法应用于相关市场的界定,即通过检验一个地区的价格是否是另一个地区的价格的外生条件,来判断这两个地区对于给定的商品是否属于不同的区域市场。

格兰杰从预测的角度提出了对于因果关系的定义,并将这种定义下的因果关系称为格兰杰因果关系。格兰杰因果关系检验的思路是:如果两个变量 X 与 Y,使用 X 和 Y 的过去值对 Y 进行预测的效果比只单独用 Y 的过去值对 Y 进行预测的效果更好,即添加变量 X 后显著改善了回归的解释能力,则认为 X 对 Y 存在格兰杰因果关系,否则,就认为 X 对 Y 不存在格兰杰因果关系。该检验的过程如下:

原假设 $H_0: X$ 不是引起 Y 变化的格兰杰因。估计下列两个回归模型:

1. 首先建立无限制条件模型(UR),将 Y 对 Y 的滞后值以及 X 的滞后值进行回归:

$$Y_t = \sum_{i=1}^{m} \alpha_i Y_{t-i} + \sum_{j=1}^{m} \beta_j X_{t-j} + \varepsilon_t \tag{7.8}$$

2. 然后建立有限制条件模型(R),将 Y 对 Y 的滞后值进行回归:

$$Y_t = \sum_{i=1}^{m} \alpha_i Y_{t-i} + \varepsilon_t \tag{7.9}$$

3. 计算 F 统计量:

$$F = \frac{(SSE_r - SSE_u)}{SSE_u/(T-2m-1)} - F(m, T-2m-1) \tag{7.10}$$

其中，$SSEr$ 为有限制条件的残差平方和，$SSEu$ 为无限制条件的残差平方和，T 为样本容量，m 为滞后阶数。

该检验执行的内在逻辑是：如果检验回归系数 β_j 同时显著地不为零，则拒绝原假设，即 X 是引起 Y 变化的原因，同时计算 F 统计量，如果考虑 X 的情况下的残差平方和显著小于没有 X 的情况下的残差平方和，则说明 X 的存在显著提高了对 Y 的预测精度，我们就称 X 是 Y 的格兰杰因。该检验可能有以下四种结果：

(1) X 是 Y 变化的因，Y 不是 X 变化的因，则为单向因果关系；

(2) Y 是 X 变化的因，X 不是 Y 变化的因，则为单向因果关系；

(3) X 是 Y 变化的因，Y 是 X 变化的因，则为双向因果关系；

(4) X 不是 Y 变化的因，Y 不是 X 变化的因，则二者之间不存在因果关系。

二、格兰杰因果关系检验方法的运用

乌里和里夫金(1985)采用即时格兰杰因果关系的方法，研究了堪萨斯州、纽约以及洛杉矶三地从 1979 年 1 月到 1982 年 10 月每周的面粉价格。从经济学常识来说，对于同种商品，在不同地区的价格必将趋向一致，即消费者在甲地愿意支付的价格不会高于乙地的价格加上运费。他们利用了 1980 年颁布史德格铁路法案(卡特总统在于 1980 年 10 月 14 日签发)取消铁路运费管制这一事件，将价格数据分为两期，第一期从 1979 年 1 月 5 日到 1980 年 10 月 13 日，合计 93 个观察值；第二期从 1980 年 10 月 20 日到 1982 年 10 月 22 日，合计 106 个观察值，通过对两期面粉价格残差进行回归的结果表明,即时因果关系在 95% 的显著性水平上都不能被拒绝,于是可以认为三个地理区域的市场在范围上是全国的,并且在运输费用降低后,城市间价格的相关关系加强了。

斯莱德(1986)则进行了更进一步的发展,检验中考虑了外生影响因素,认为如果 P_A 是 P_B 的格兰杰因,同时 P_B 是 P_A 的格兰杰因(这种情况称为存在反馈效应),则二者属于同一相关区域市场;但是如果只存在单向的格兰杰因果关系,即 P_A 是 P_B 的格兰杰因,但 P_B 不是 P_A 的格兰杰因,或者相反,则不属于同一相关区域市场。

斯莱德研究了美国东南部几个内陆城市汽油的相关区域市场界定。采用从 1981 年 3 月 2 日到 1982 年 2 月 22 日的一整年每周价格数据,数据来源于一家私人数据收集机构"石油价格信息服务"(OPIS)每周公布的价格。

为检验对于某一商品而言,两地是否属于同一区域市场,他构造了如下模型:假设一个同质产品 Y 在两个不同地区销售,P^j 为地区 $j(j=1,2)$ 产品 Y 的价格时间序列数据。假设 P^1 和 P^2 在同期相关,建立如下方程:

$$P_t^j = \sum_{i=1}^{n_1^j} a_{ij} P_{t-i}^j + g_1^j(Z_t) + \varepsilon_t^j \tag{7.11}$$

$$P_t^j = \sum_{i=1}^{n_2^j} c_{ij} P_{t-i}^j + \sum_{i=1}^{n_3^j} d_{ij} P_{t-i}^k + g_2^j(Z_t) + \eta_t^j \tag{7.12}$$

$j=1,2, \quad k=2,1$

其中,ε^j 和 η^j 是均值为 0 的扰动项,而且在各自的方程中它们与右边的随机变量都不相关。$g_m^j(Z_t)$ 是当前的和可能滞后的外生变量的向量 Z_t 的线性函数,而共同的影响因素,例如生产所需要的相同投入品的价格,也被包含 Z_t 向量中。

假设检验的原假设为系数向量 d 是 0，即 P^k 对于决定 P^j 的系统是外生的，P^k 不是 P^j 的格兰杰因。

斯莱德选取美国东南部、东北部、西海岸三个地区，每个地区任意选取两个城市作为代表，检验得到的结论是：在东南部城市中，外生价格决定这一假设被拒绝，意味着美国的东南部内陆地区是一个相关区域市场，同时，通过类似检验，发现它与东北部沿海地区没有较紧密的联系，和西部沿海则完全处于两个不同市场。这个结论在反垄断实践具有很强的应用性，如果两家在东南部有较大市场份额的石油公司合并，即使这一结果在原油市场上是可忽略的，但其可能会在汽油市场上产生不利于竞争的结果。

此外，卡特赖特、凯默斯琴和黄（Cartwright, Kamerschen and Huang, 1989）、奥德和埃卢库（Audy and Erutku, 2005）等都曾运用格兰杰因果关系检验进行实证分析，他们指出，格兰杰因果关系检验还能给出市场效率方面的信息，统计上显著的即时因果关系表明一个地区（产品）的价格变动立即影响到另一个地区（产品）的价格，市场间不存在信息滞后，因此市场机制是有效的。在存在反馈效应的情况下，两个地区（产品）的价格调整在较短的时间间隔内完成，但是存在信息的滞后，因而市场是无效率的。

三、格兰杰因果关系检验方法的评价

与价格相关度检验和霍洛维茨的计量模型相比，格兰杰因果关系检验有两个明显改进：引入了更多的变量，避免了一个产品（或区域）市场价格的变动完全归因于另一个市场上价格的变动，在一定程度上防止了"伪相关"现象的出现，避免了高估价格之间相关性的可能；同时引入了价格的滞后期数据，从而尽可能避免低估价格间

相关性。但是格兰杰因果关系检验也存在一些缺点,首先该方法也无法避免由于共同驱动因素导致的伪相关问题,例如动态相关性可能是由于共同的价格水平效应、季节因素以及共同投入品价格的影响造成的;其次,斯莱德自己也认为格兰杰因果关系检验并非是基于经济实际因果关系的检验,是否呈因果关系需要根据理论、经验和模型来判定,因此格兰杰因果关系检验必须与对产业管理相关的经济、法律、技术和制度因素结合使用。

第四节 协整检验方法

一、协整检验方法产生的背景及含义

前面介绍的几种检验方法实际上都隐含了一个前提假设,即价格序列是平稳的,如果价格序列是非平稳的,而且不加以处理,直接采用上述的检验方法就很可能会得出错误的结论。为了解决这个问题,学者提出了协整检验方法。

协整的概念由恩格尔和格兰杰(Engel and Granger,1987)提出,所谓协整是指,如果两个或多个变量序列是非平稳的,且单整阶数相同,但是进行某种线性组合后的新序列呈平稳性,就称这些变量序列间存在协整关系,协整关系表明变量之间存在长期稳定的均衡关系。

假设随机向量 X_t 中所含分量均为 d 阶单整,记为 $X_t - I(d)$。如果存在一个非零向量 β,使得随机向量 $Y_t = \beta X_t - I(d-b)$,$b>0$,则称随机向量 X_t 和 Y_t 具有 d,b 阶协整关系,记为 $X_t - CI(d,b)$,向量 β 被称为协整向量。

特别地，y_t 和 x_t 为随机变量，并且 $y_t, x_t \sim I(1)$，当 $y_t = k_0 + k_1 x_t \sim I(0)$，则称 y_t 和 x_t 是协整的，(k_0, k_1) 称为协整系数。

协整过程是一个特殊的单位根检验过程，协整能够使得非平稳的随机序列的回归有意义，因此在实证研究中得到广泛的应用。恩格尔和格兰杰(Engle and Granger, 1987)举了几个具有这种性质的序列的例子，其中就有"同一市场上的紧密替代品"的价格序列。1989年亚德尼(Ardeni)首次提出协整方法可以用于检验长期内价格的相关性，惠伦加尔(Whalen Gary, 1990)认为"如果两个地理区域组成一个区域市场，则其价格序列应该是协整的"，并使用该方法来界定相关市场。随后协整方法被广泛应用于反垄断市场的界定，并在应用中得到不断完善。

二、协整检验方法的运用

协整方法认为第一个序列的非平稳性正是造成第二个序列的非平稳性的原因。设第一个市场中的价格 P_1 与第二个市场的价格 P_2 都是 $I(1)$，并且在每个时点都具有如下关系：

$$P_{1,t} = \beta_0 + \beta_1 P_{2,t} + \mu_t \tag{7.13}$$

即 μ_t 是具有0均值和有限方差，且服从独立同分布的随机扰动项。

如果存在一个参数向量 (β_0, β_1) 使得 μ_t 是平稳的，那么 P_1 和 P_2 就被定义为是协整的。

恩格尔和格兰杰协整检验通过两步来检验 P_1 和 P_2 的均衡关系：首先估计方程(7.13)，即表示两个价格间长期均衡的协整回归，β_1 称为协整参数；其次，用单位根检验方法检验协整回归所得残差序列的平稳性。如果残差是平稳的，就拒绝 P_1 和 P_2

间不存在协整关系的原假设,这意味着 P_2 会对 P_1 具有较好的预测作用。

如果两个价格序列不是协整的,那么 μ_t 会是非平稳的;这意味着 P_1 和 P_2 的差别会越来越大,这显然与两个价格序列属于同一市场的假设不一致,因为如果处于同一市场,套利行为的存在会使得价格差越来越小,最终成为一个有限的数值。

恩格尔和格兰杰协整检验可以检验序列间的协整关系,但是不能对协整回归的参数直接进行估计,同时该方法只是对一个方程进行协整检验,如果整个系统的价格序列是同时产生的,就无法进行处理。这一缺陷限制了恩格尔和格兰杰协整检验在实际操作中的应用。

针对以上问题,约翰森(Johansen,1988,1991)、约翰森和尤塞里斯(Johansen and Juselius,1990)提出了一个新方法,基于极大似然估计法进行协整检验,并且用似然比检验估计协整参数。约翰森的方法与恩格尔和格兰杰的有很大不同,给出了完整的向量自回归模型(VAR),不需要给定先验结构,就能刻画数据的联合分布,检验协整关系的阶数,并且推断出变量集合中协整关系的数目,经济学的假设可以当作参数约束使用似然比统计量来进行检验。当然,约翰森方法也存在一些问题:比如所需数据较多;需要假设残差服从高斯分布;经常接受零假设等。

沃尔斯(Walls,1994)采用约翰森方法对价格序列进行协整检验来界定相关市场,其具体做法如下:

在美国,联邦能源监管委员会(the Federal Energy Regulation Commission)允许天然气管道运营商担当契约承运人,帮助其他公司输送天然气。沃尔斯运用协整方法对遍及美国天然气管道网络的二十个节点的 1989—1990 天然气现货市场价格进行检验。二十个节点位于六个地理区域,数据来源于一个行业期刊——"天然气日报"(the Gas Daily),为天然气现货市场的每日观测价格。

沃尔斯首先对每个价格序列进行 ADF 检验。对于每个序列 P_t 的 ADF(ρ) 检验由下式中对 ϕ 的 t 检验给出:

$$\triangle P_t = \phi P_{t-1} + \sum_{t=1}^{\rho} \beta_i \triangle P_{t-i} + \mu_t \tag{7.14}$$

其中,$\triangle$ 是差分算子。作者给出了对于 $\rho=1$ 和 $\rho=4$ 的单位根检验的结果,检验表明,两个滞后期下任何一个价格序列都不能拒绝原假设。另外,对一阶差分进行 ADF 检验的结果表明价格序列的一阶差分是平稳的。这说明所有被分析的天然气价格序列都是 $I(1)$。

沃尔斯选取位于路易斯安那(Louisiana)地区的 ANR 管道作为参照的基本节点,原因是该节点位于主要管道网络的中心,并且接近天然气期货合同的交割点。每一组价格序列都用约翰森方法进行了协整检验。然后,在 $\beta_1=1$ 的参数约束下对于每组价格序列在 5% 的显著性水平上进行检验,结果显示,所有的市场组都拒绝了非协整的原假设。在 1% 的显著性水平上,19 个市场组中有 17 个拒绝了原假设。尽管所有的市场组都是协整的,但不是所有的市场组都满足同一相关市场的严格条件(即 $\beta_1=1$)。在 5% 的显著性水平上,19 个市场组中的 6 组,拒绝了同一相关市场($\beta_1=1$)的原假设。在原假设没有被拒绝的 13 个市场组中,P 值范围在 0.1103 到 1 之间,这说明接受原假设而犯错的可能性仍然很大。在 1% 的显著性水平,只有一个市场组能够拒绝原假设:在路易斯安那(Louisiana)的 ANR 管道和在东德克萨斯州(East Texas)的 Tennesse 管道。

以上结果表明在路易斯安那的 ANR 管道和在北德克萨斯州(North Texas)、俄克拉荷马州(Oklahoma)及路易斯安那其他市场之间有很强的联系。更进一步的观测是 ANR 管道与那些和 ANR 至少有一个管道相连接的地区的所有管道之间都有紧密的联系。这种市场连接的模式表明对于 ANR 顾客来说,把某些管道内的天然气输送到没有ANR管道的地区比较困难。实证结果证明管道网络连接着不同的现货市场,使得分散地区的天然气价格之间存在协整关系,在被检验的大部分市场组中,同一相关市场的原假设不能被拒绝。

三、协整检验方法的评价

相比以前的方法,协整检验最大的进步就是考虑到了数据的非平稳性。经济中许多时间序列,特别是宏观经济时间序列表现出增长的趋势是非平稳的,如果不加以处理,直接采用以前的检验方法就很可能会得出错误的结论。而协整检验通过检查价格序列的协整关系进行市场界定,一定程度上解决了数据非平稳性带来的问题。而且由于协整检验考察的是经济的长期均衡关系,允许价格有短时间的偏离,能够做出更准确的判断。

在使用协整检验方法时,要注意以下问题:首先,协整关系的存在仅仅是说明价格没有发生长期的相反背离,但是价格呈现这种"相关性"却不一定说明两者就共处同一个相关市场。来自成本方面的共同因素的影响可能会导致不同的市场产品价格共同上升或下降,即产生"伪协整"的问题。所以,协整关系本身并不是相关市场界定的充分条件(Walls,1994)。第二,如果对名义价格数据和实际价格数据分别使用协整检验的方法,结果有可能会存在差异,这就降低了其在市场界定中的有效性。第三,尽管协整检验使非平稳数据能够用于相关市场的判定,但是也要求序列在一阶差分后必须是平稳的,倘若价格序列不是一阶协整的,该方法将无法使用。在现实经济中,价格序列通常都不是单位根过程,这就在一定程度上影响了协整检验的实用性。

第五节 平稳性检验方法

一、平稳性检验方法产生的背景及含义

平稳性是经济学中常用的概念,如果一个时间序列在受到短期冲击后趋向于回复到稳定的长期值,则说明它是平稳的。如果冲击的效应是持久的,或者时间序列沿某个趋势变化,则该时间序列就是非平稳的。前面的方法都假定原价格序列或者价格序列经过差分后满足平稳性要求,霍洛维茨(Horowitz,1981)的价格趋同及调整速度检验实际上是一阶 DF 检验,而相关度检验和格兰杰因果关系检验都要求价格的标准值或一阶差分是联合平稳的,协整检验也要求一阶差分是联合平稳的,但在实践中,价格通常都非平稳,且不存在明显的协整关系,所以以上方法都不适用。此外,批评者认为前几种价格检验方法界定的是经济学市场而非反垄断市场。针对这些问题,福尼(Forni,2004)提出使用平稳性检验作为界定相关市场的一个必要条件。

使用平稳性检验来界定市场时,所关注的变量是相对价格

(Relative Price)——两种产品的相对价格或者两个地区的相对价格。平稳性检验的基本思想是：在单一市场上，如果由于通过交易产生两组价格，除非发生较大变化，否则我们就预期相对价格是平稳的时间序列。如果两个商品属于同一市场，一个外生冲击导致一个商品的价格相对于另一个商品价格提高只是暂时的，即是平稳的时间序列；如果两个商品不属于一个市场，外生冲击对相对价格有持久的影响，则是非平稳的时间序列。

平稳性检验通过一个严密的方法来检验相对价格回复到恒定值的趋势在统计上是否显著，以此判定相对价格运动是否服从我们所期望的单一相关市场上价格运动模式，因而用平稳性检验可以界定相关市场，它既适用于相关产品市场的界定，也适用于相关区域市场的界定。

二、平稳性检验方法的运用

在实践中，用平稳性检验来分析反垄断市场最早由雷西肯(Lexecon)公司和福尼(Forni)分别独立提出的，虽然思路相似，但也有一些区别，雷西肯的方法是直接对价格比进行单位根检验。福尼的方法是先对价格比取对数，然后同时运用 ADF 检验和 KPSS 检验来检验平稳性。ADF 检验和 KPSS 检验都依赖于所选定的参数，通常记作 ADF(P)，KPSS(w)，其中 P 是滞后期长度，w 是 Bartlett windows 值，故采取不同的值分别进行检验。另外，ADF(P)检验的原假设是序列是非平稳的，因此拒绝原假设表明平稳性；而 KPSS(w)检验的原假设是序列是平稳的，拒绝原假设表明非平稳性。综合运用两种检验，结论更可靠，简而言之，当 KPSS 检验可以拒绝平稳性假设，而 ADF 检验又不能拒绝非平稳性假设时,就可以认定这两种产品或者两个地理区域属于不同的相关市场。

雷西肯公司 2001 年的文献中曾提到,英国竞争委员会(the UK Competition Commission)在审查苏格兰大马哈鱼的案例中采用了平稳性检验,用以界定相关产品市场和区域市场。在相关产品市场界定中,主要关注苏格兰大马哈鱼与挪威大马哈鱼是否属于同一相关市场,通过对平稳性的计量检验,证明苏格兰大马哈鱼对挪威大马哈鱼的相对价格序列确实是平稳的,说明属于同一相关产品市场。在相关区域市场界定中,通过检验在英国出售的苏格兰大马哈鱼的价格与在其他两个地区(法国、欧洲其他地区)中的每一个出售价格是否存在着稳定的比率关系来进行确认,由于其结果的统计显著性,表明大马哈鱼的相关区域市场包括英国、法国及其他欧洲国家。

福尼(Forni,2004)用平稳性检验界定意大利鲜牛奶市场。价格数据来自尼耳森·斯堪克(Nielsen Scantrak)数据库,包括 13 个地区超市中出售的所有牛奶品牌共 105 个周的数据(从 1999 年 3 月 13 日到 2001 年 3 月 10 日),分别采用 KPSS(8)、KPSS(16) 以及 ADF(4)、ADF(8)检验。

对部分地区组合来说,平均滞后的值很大,平均滞后(the mean lag)即背离的价格回到其长期均衡水平上所需要的时间,如果是平稳序列,往往意味着不需要花太多时间价格就可以回到均衡状态。在用一个平稳性检验证明二者处于同一个相关市场时,如果发现平均滞后值很大,那么在解释时就应该格外注意。在样本中,特伦蒂诺-威尼托(Trentino-Veneto)和拉齐奥-威尼托(Lazio-Veneto)的平均滞后大约是 16—17 周和大约是 20 周,而在这两个地区组的 KPSS 检验中,平稳性假设都被拒绝了,可见平均滞后值的大小与平稳性具有密切的关系。

对于一个地区,如果能够拒绝它与所有相邻地区的平稳性(至少是弱拒绝),就可以得出这个地区是一个单独市场(Separate Market)的结论。在 78 个检验组中,只有 15 个(少于 20%)稳定性没有被拒绝。而其中的大多数组,非稳定性也不能被拒绝,所以无法得出稳定性的结论。一致得出稳定性结论的只有 6 个,即稳定性没有被拒绝,非稳定性被拒绝(至少是弱拒绝),由此认为相应的 6 个地区分别属于不同的区域市场,而对其他地区则不能得到确定的结论。

博肖夫(Boshoff,2007)在运用平稳性检验来进行市场界定时有了新的发展,他没有采用福尼(2004)所使用的 ADF 检验,[①]而是采用由 Ng and Perron (2001)提出的对 PP(Phillips-Perron)、B(Bhargava)和 ERS(Elliott-Rothenberg-Stock)单位根检验进行修订后的版本,其中含有四个检验统计量,分别由 MZr、MZt、MSB 和 MP$_T$ 表示。博肖夫(2007)采用 2002—2005 年的价格数据对南非南部的三个地理区域,西开普省(Western Cape)、南开普省(Southern Cape)以及东开普省(Eastern Cape)进行检验,价格数据来自一个代表南部地区大部分奶农的产业团体 SAMILCO。

从定性的角度看,牛奶持续从南方地区输入到北方工厂,而且存在南方地区之间偶尔的大规模交易,这似乎都表明相关区域市场比地区性的市场范围要大,需要对价格进行平稳性检验。他首

---

① 他认为 ADF 和 KPSS 检验存在受小样本性质影响等缺陷,故采用改进的平稳性检验方法。

先对西开普省(Western Cape)、南开普省(Southern Cape)和东开普省(Eastern Cape)三个地区的原始价格序列分别进行检验,结果显示,三个序列都包含单位根,因此可对价格比率进行平稳性检验。

上面所用的单位根检验是单变量检验(Univariate Tests),福尼使用的方法也是单变量检验,这只能检验两个地区是否属于同一相关区域市场,而无法同时检验多个地区间的关系,于是博肖夫引入面板平稳性检验,他认为面板单位根检验(Panel Unit Root Tests)为解决传统 ADF 检验范围有限的问题(the Power and Size Problems)提供了一个替代方法。这些检验的原假设是每一个序列都包含单位根,备选假设是所有序列都是平稳的(Levin, Lin and Chu, 2002)。从经济学的角度看,面板检验可以检验多个地区组成一个单一的相关市场的原假设或备选假设即每个地区单独构成一个市场。所以,可以首先使用面板单位根检验,如果拒绝了单一相关市场的原假设,就可以再用单变量检验来进一步判断是否存在两个或多个相关市场。检验单一相关市场的原假设意味着检验任何一个地区的价格是否受某种基准价格的限制,该基准价格代表假设单一市场的价格水平。构建基准价格的方法有两种:一种方法是使用一个特定地区的价格序列作基准;另一种方法,也即博肖夫(2004)文中所采用的方法是,计算所有地区的平均价格作为基准。博肖夫使用了两种面板单位根检验:Levin, Lin 和 Chu (2002)(LLC)检验以及 Im, Pesaran 和 Shin (2003) (IPS)检验。

通过面板和单变量单位根检验,结果都显著表明南部地区是一个相关区域市场。但是，共同冲击可能影响平稳性检验的结果。波索夫综合平稳性检验与定性证据，认为这三个地区属于一个相关区域市场或者两个区域市场，其中一个是西开普省、南开普省，另一个是东开普省。

三、平稳性检验方法的评价

平稳性检验具有不少优点：平稳性分析作为一种长期分析的方法，考虑了滞后影响，因为两种产品（或地域）间的价格往往并不一定即时，忽视价格滞后性影响的即时相关性检验可能会导致误判。而且，这种方法对数据要求不高，比如不像前三种方法要求两组价格的一阶差分是联合平稳的，因为实践中，价格通常都不是一阶协整，同时也不受数据度量单位及其形式的影响，由于采用的是价格比，避免了使用名义价格、实际价格或不同货币形式得到不一致结论的困境。由于平稳性检验能够克服其他几种方法在这些方面的缺陷，因此适用范围较广。另外，实际上平稳性检验与协整检验是密切相关的，如果两个价格序列对数的一阶差分是联合平稳的，则价格比值对数序列的平稳性等价于价格的对数序列是协整的且协整向量是$(1,-1)$。尽管两种方法的内在逻辑相似，但是平稳性检验更简单有效。

在应用平稳性检验的时候，非平稳性能够间接地证明潜在的市场势力。如果价格比率是非平稳的，一个商品的价格可能发生了一个巨大的永久性的变化，但是另外一个商品的价格可能对此并没有任何反应，这就意味着生产其中一种产品的可能的垄断者可以永久性地大幅提价，而不受生产另一产品企业的竞争威胁。

由此福尼（Forni,2004）认为,平稳性检验不仅与经济市场的定义相契合,而且与反垄断市场的定义也是相契合的。

平稳性检验的不足之处在于:平稳性检验考察的是相对价格长期的平稳性,即时间应当长到足以使竞争得以充分实现,但究竟应该有多长,还没有一致的明确判断标准。如果所取的时间段足够长,非平稳性基本均会被拒绝,这也就意味着它们均同属于一个反垄断市场,所以,最好的处理方式是,将平稳性检验看作是标准的反垄断研究技术的互补方法,而不是替代方法。

而且,平稳性检验方法是基于套利理论的,只有在充分套利的情况下,有替代性的商品（或地域）之间的价格才会趋同,价格比率才能在长期内稳定。然而套利有时并不容易实现,由于价格检验忽视了市场制度因素等的微观分析,有很多因素可以导致即使有替代关系的两种产品的价格也不能够同步变动,或无替代关系的两种产品的价格也会同步变动,因此界定的相关市场未必准确。

在具体操作方面,平稳性检验也存在无偏性等问题。

小　　结

本部分系统总结了相关市场界定中的价格检验方法,包括价格相关度检验、价格等同及调整速度检验、格兰杰因果关系检验、协整检验以及平稳性检验,全面介绍了各种方法的含义、提出背景、理论基础和实证案例,并分析了各种方法的优缺点。总体来说,价格检验方法属于经济学市场的范畴,但能为反垄断市场的界定提供有价值的信息,因此我们主张把价格检验作为反垄断分析中相关市场界定的方法之一,并结合其他的定性与定量方法使用,以提高我国反垄断分析的准确性。

第八章 相关区域市场的界定

在第二章通过对各国反垄断法中兼并指南对相关市场界定的分析,我们知道影响产品竞争力的因素除了产品本身的特性外,还有产品生产、销售的区域以及与此密切相关的运输成本等,比如有时即使两个经营相同产品的企业,由于空间因素的影响,他们之间也无法进行正常的竞争活动,因此执法机构通过确定与涉案产品具有竞争关系的其他相关产品的范围来界定相关产品市场,只是完成相关市场界定的第一步,相关区域市场的界定是另一个必不可少的环节。

相关区域市场是指一种产品与相同产品或与其具有密切替代关系的产品进行竞争的地理区域,在该区域中,替代产品的竞争约束使得假定垄断企业无法行使其市场支配地位。类似于相关产品市场界定,相关区域市场界定要考虑的重要因素也是竞争环境的同质性。

第一节 界定相关区域市场方法的发展

一、相关区域市场界定方法的发展过程

美国从1968年的《兼并指南》开始,几乎每个指南中都明确规

定对于每个兼并企业的产品,反垄断当局都应该对其相关区域市场进行界定。根据1992年《横向兼并指南》中对相关区域市场的相对较为成熟的定义,相关区域市场是指在不存在价格歧视、且其他地域产品的销售条件不变的前提下,如果某个假定企业是一个区域内相关产品的现在和未来唯一的生产者,且当该企业对相关产品施加一个微幅但显著且非暂时的涨价后,仍能维持盈利能力不变甚至有所提高,那么这个区域就是一个相关区域市场。相对美国而言,为了促成欧盟统一市场的建立,欧盟在相关市场界定方面更重视相关区域市场的界定。早在1989年《兼并条例》中就强调在界定相关市场时要在欧盟整体范围内考虑区域市场,1997年《欧盟委员会关于相关市场界定的通告》中指出相关区域市场界定时应综合考虑地域分销中有关产品的市场份额、价格、运输方式、进入障碍、消费者偏好等因素。

从美国一系列兼并指南的规定中可以看出,区域市场的界定与相关产品市场界定的过程基本相似,首先要确定初始市场,假定不存在价格歧视时,初始市场的确定应该以生产者的销售区域作为出发点,将参与兼并的企业所在的行政区作为初始市场;当存在价格歧视时,应该以被迫承受高价的消费者作为研究对象,将其消费区域作为初始市场。初始市场确定后,再对该区域内的相关产品的生产企业施加SSNIP检验。除了相似的界定流程外,相关产品市场界定中的最小市场原则及替代性原则也同样对相关区域市场界定适用,只是考虑到区域市场的特殊性,指南中对于价格歧视、外国企业的竞争效应以及区域替代作了特殊的规定。

1. 价格歧视

在对区域市场的一般化界定过程中,兼并指南都假定兼并企业对不同地区的消费者不存在价格歧视,并对价格歧视情况下的区域市场界定问题作了特殊的规定。2010年以前的兼并指南中都只是简单地指出,应该针对这些被施加了价格歧视的消费群体单独进行相关区域市场的界定,而2010年《横向兼并指南修订建议稿》针对价格歧视的情况,专门提出了以消费者的消费区域为出发点的相关区域市场界定方法,该方法主要适用于以下情形:

(1)存在价格歧视的情况。假定某兼并后的企业向X、Y两市销售产品,距离X市较近,距离Y市相对其他竞争对手较远,且该产品的运输成本很高,因此可以推断该产品兼并后的企业在X市的市场支配地位更高,该情况使得兼并后的企业可以对X、Y两市的消费者采用差别定价,X市的消费者受到的损害更大,这时就应该以X市的消费者为研究对象进行相关区域市场界定,而界定结果有可能并不包含该兼并企业所在的区域。

(2)存在消费限制的情况。假定美国的本土消费者只能使用美国当局许可的产品,而外国消费者的消费行为不受限制,此时应该将美国的本国消费者单独作为研究对象,进行相关区域市场界定。

2. 外国企业的竞争效应

当假定垄断企业面临来自外国企业的竞争威胁时,外国企业对假定垄断企业的提价行为的反应与本国企业大致相同,但也有其特殊性。1982年《兼并指南》就曾指出外国企业在对假定垄断企业的提价行为作出反应时,可能还面临着汇率、关税和国际政治环境等约束。而1984年《兼并指南》则专门分析了配额对于相关区域市场界定的影响,由于一般情况下,很难量化特定配额的有效性和时效性,而且很难分析没有被施加该配额的外国企业的供给对国内产品提价的反应,所以在相关市场的界定环节不需要单独考虑外国企业的竞争,而是之后将外国企业的竞争作为单独的考虑因素,来评价其对市场份额以及市场集中度的影响。除此,2010年《横向兼并指南修订建议稿》强调还要考虑语言、企业的声誉等因素的影响,并着重分析了汇率变动对国际竞争的影响。

3. 区域替代

1982年《兼并指南》中指出,反垄断当局在考虑区域替代时,应着重考虑以下因素:

(1)当相关产品在某地的价格上涨时,消费者转向另一个地区购买的消费转移;

(2)在一段时间内,相关产品在不同地区的价格变动趋势不同;

(3)运输成本;

(4)当地的分销成本;

(5)该地区之外的相关产品生产企业过剩的产出能力。

1984年《兼并指南》指出判断区域替代时,除了以上因素,还应该考虑兼并企业以及其他相关产品生产企业的货运特点。1992年《横向兼并指南》对这些因素作了较大调整,除了第一条因素不变外,其他因素都没有包括在考虑范围内,而着重指出了以下考虑因素:

(1)消费决策,特别是潜在的不同地区间的消费转移,对生产企业商业决策的影响;

(2)经销商在产出市场上所面临的竞争;

(3)更换供应商的转换成本。

2010年的《横向兼并指南修订建议稿》对1992年《横向兼并

指南》中提到的四个因素作了以下补充：

（1）不同地区间产品运输的成本和难易程度；

（2）供应商是否需要在主要顾客群体所在地区附近设置销售代表。

在以上所有因素中，运输成本直接影响经营者价格的价格决策，运输费用占产品总价格的比率与相关区域市场的范围呈反比，基于运输成本因素的考虑，从而引入了产品流检验的方法。

二、相关区域市场界定的司法实践

在相关区域市场的界定中，很多相关产品市场的界定方法也都适用，例如早期的合理可替代性方法是在区域市场界定中使用最多的方法，在早期的电子行业就曾使用该方法来界定相关区域市场，其中柯达案（Eastman Kodak Co. v. U. S.）[①]最为著名。美国反垄断执法机构分别于1921年和1954年向柯达公司颁发了限制其在彩色胶卷处理市场技术优势的禁令，该禁令禁止柯达公司销售其自有品牌胶卷。柯达公司主张在目前的市场条件下继续执行该禁令对其是不公平的，但是美国反垄断执法机构拒绝改变或终止任何禁令，因而柯达公司对美国反垄断执法机构提起撤销禁令诉讼。该案在相关区域市场界定方面争议的焦点是相关区域市场应当界定为美国境内，还是包括西欧和日本市场在内的全球市场，在审理中运用了合理可替代性方法，并具体结合了有效竞争理论。原告柯达公司认为全世界五大胶卷制造商有效竞争的地域范

---

① Eastman Kodak Co. v. U. S. (1994), 853 F. Supp. 1454, 1994—1 Trade Cases, pp. 70, 598.

围是全球范围,而且美国的消费者可以合理选择西欧和日本的胶卷制造商生产的产品来替代柯达公司生产的产品,因而相关区域市场应当界定为全球范围。而美国反垄断执法机构则认为应当以消费者选择胶卷产品时的实际可替代性为依据来界定相关区域市场,在本案中,消费者所购买的柯达胶卷的市场份额就可以证明其他制造商的产品对柯达胶卷并不具有实际的可替代性,因此应当将相关区域市场界定为美国境内。法院支持了原告的观点,以胶卷制造商有效竞争的地域范围以及消费者可选择替代产品的地域范围作为相关区域市场界定的基础,最终法院认定相关区域市场应当包括美国、西欧和日本,因而支持了原告撤销禁令的诉求。此后很多反垄断案件都采用了该方法,例如西南商业通信公司诉讼美国松下电子公司案(Southern Business Communications, Inc. v. Matsushita Elec. Corp.)[1]、电视电缆公司收购西北贝尔公司案(TV Signal Co. of Aberdeen v. American Tel. & Tel. Co.)[2]、媒体行业的行动出版公司/人参公司案(Action Publications, Inc. v. Panax Corp.)[3]、美国在线/马丁授权案(America Online, Inc. v. Great Deals. Net.)[4]、格林耐尔公司案(United States v. Grinnell Corp.)[5]等。

---

[1] Southern Business Communications, Inc. v. Matsushita Elec. Corp. (1992), 806 F. Supp. 950, 1992—2 Trade Cases, pp. 70,051.

[2] TV Signal Co. of Aberdeen v. American Tel. & Tel. Co. (1979), 465 F. Supp. 1084, 1979—1 Trade Cases, pp. 62,707.

[3] Action Publications, Inc. v. Panax Corp. (1984), F. Supp., 1984 WL 2268 (W. D. Mich.), 1986—1 Trade Cases, pp. 67,029.

[4] America Online, Inc. v. Great Deals. Net. (1999), 49 F. Supp. 2d 851, 1999—1 Trade Cases, pp. 72,534.

[5] United States v. Grinnell Corp. (1966), 384 U. S. 563[1966].

金融行业也普遍采用该方法来界定相关区域市场。例如,在美国银行领域的第一纳特银行与列克星敦信托公司兼并案(U. S. v. First Nat. Bank & Trust Co. of Lexington)[①]的审理中,相关区域市场界定争议的焦点是应当界定为美国全境还是列克星敦地区。法院认为银行竞争中地理位置的不便利因素相当于其他行业中的高额运输成本,它会影响消费者的有效选择,因此利用合理可替代性方法,可以确认本案的相关区域市场为列克星敦地区,但是结合相关产品市场的界定,法院最终还是批准了此项兼并。之后的纳特主银行案(U. S. v. Provident Nat. Bank)[②]也采用了相似的方法。

需求可替代性的方法同样适用于相关区域市场的界定,例如,伯勒斯公司(Burroughs)案。[③] 伯勒斯公司是一家位于美国圣弗朗西斯科地区从事批量数据处理业务的公司,也是一家计算机制造商。1971年3月,帕尔默数据处理公司(Palmer)认为伯勒斯公司与库比特(Cubit)公司共谋,掠夺了其子公司终端计算机公司的客户,因而对伯勒斯公司提起了反垄断诉讼。原被告双方在相关区域市场的界定中并未发生实质性争议,法院通过需求可替代性方法界定出双方展开实质竞争的相关区域市场是圣弗朗西斯科(San Francisco)地区。美国费城银行案(U. S. v. Philadelphia Nat. Bank)[④]是在金融行业使用该方法的典型性案例,除此还包

---

① U. S. v. First Nat. Bank & Trust Co. of Lexington(1964),376 U. S. 665, 84 S. Ct. 1033,12 L. Ed. 2d 1.

② U. S. v. Provident Nat. Bank(1968),280 F. Supp. 1.

③ Kaplan v. Burroughs Corp. (1980),611 F. 2d 286,1980—1 Trade Cases,pp. 63,028.

④ U. S. v. Philadelphia Nat. Bank(1963),374 U. S. 321,83 S. Ct. 1715,10 L. Ed. 2d 915.

括纽约物资企业公司/纽约电话公司案(Discon Inc. v. NYNEX Corp.)[①]等。

供给因素也是在相关区域市场的界定中考虑的必不可少的因素。例如在 CCC 信息服务公司(FTC v. CCC Holdings Inc.)[②]案件中就使用了供给替代的方法。CCC 信息服务公司、米切尔国际公司(Mitchell International)、网络村有限责任公司(Web-Est LLC)、计算机资源应用公司(Applied Computer Resources)和美国北部翱特信息公司(Audatex North America)是美国 5 家销售 Estimatics 产品的公司,其中 CCC 信息服务公司、米切尔国际公司和美国北部翱特信息公司共占据该产品市场销售份额的 99%,而且 CCC 信息服务公司和美国北部翱特信息公司还是销售 TLV 产品的两家较大的公司,而第三极光资产合作公司(Aurora Equity Partners III, L. P.)是米切尔公司大股东,2008 年 4 月 2 日,CCC 信息服务公司和第三极光资产合作公司签订了重整协议。联邦贸易委员会认为该兼并案会对 Estimatics 产品销售产生实质性的损害。法院认为尽管第三极光资产合作公司与很多境外企业之间存在竞争,但是由于 CCC 信息服务公司和米切尔国际公司仅在美国境内开展业务,并且 Estimatics 产品和 TLV 产品只能为美国汽车提供数据服务,因而从供给替代性角度来看,相关区域市场应当界定为美国境内,最终法院禁止了此项兼并。

在相关区域市场的审理过程中,除了考虑直接竞争外,还考虑

[①] Discon Inc. v. NYNEX Corp. (2000), 86 F. Supp. 2d 154, 2000—1 Trade Cases, pp. 72,892.

[②] FTC v. CCC Holdings Inc. (2009), F. Supp. 2d, 2009 WL 723031 (D. D. C.), 2009—1 Trade Cases P 76,544.

了潜在竞争的影响,同时结合合理可替代性标准。例如,美国爱达荷州第一银行案(U.S. v. Idaho First Nat. Bank)。① 美国爱达荷州第一银行(Idaho First)是爱达荷地区三大商业银行之一,其在该地区拥有50家分支机构,存款率占该地区商业、银行存款的近35%。富达银行(Fidelity)是特温福尔斯(Twin Falls County)地区成立时间最长的商业银行,虽然富达银行在爱达荷地区的26家银行中排名第七,但是其在该地区四大商业银行中排名处于第三位。1968年10月16日,这两家银行之间签订了兼并协议,尽管银行监管机构认为该兼并有利于该地区银行业的发展和居民便利,但是美国反垄断执法机构还是对该兼并案向法院提起诉讼,认为该兼并案实质减少了该地区银行业的竞争,申请法院颁布禁令。该案在相关区域市场上争议的焦点是若不存在直接竞争,是否还有界定相关区域市场的必要,如果存在潜在竞争,相关区域市场应当界定为哪些地区等。在相关区域市场界定方面所应用的方法是合理可替代性方法,原告主张,这两家银行之间是存在潜在竞争的,因而相关区域市场应当被界定为布莱恩(Blain)、卡马斯(Camas)、古丁(Goodding)、林肯(Lincoln)和米尼多卡(Minidoka)等被通称为"约翰逊"地区的区域以及特温福尔斯地区。而被告认为上述两个之间并不存在直接竞争,因而没有界定相关区域市场的必要,尽管潜在竞争是存在的,但是两家银行兼并而导致的潜在竞争的消失不会影响消费者选择的可替代性,因而也没有将特温福尔斯地区界定为相关区域市场的必要。法院在认定相关区域市场之

---

① U.S. v. Idaho First Nat. Bank (1970), Not Reported in F. Supp., 1970 WL 511 (D. Idaho), 1970 Trade Cases, pp. 73, 201.

前首先应用集群市场方法界定了相关产品市场,在此基础上再应用合理可替代性方法,认为两家涉案银行 90% 的业务都在特温福尔地区开展,因而确定特温福尔斯地区为相关区域市场,由于两家银行交叉的产品和服务占其产品和服务的比例很小,从而不会影响上述判案结果。类似的案件还包括新泽西第一国民银行(U. S. v. First Nat. State Bancorporation)[1]、SMB 案(Southwest Mississippi Bank v. Federal Deposit Ins. Corp.)[2]、农业行业的蒙福特公司案(Monfort of Colorado, Inc. v. Cargill, Inc.)[3]以及零售行业中的卡特霍利黑尔公司案(Carter Hawley Hale Stores, Inc. v. Limited, Inc.)[4]等。

随着技术创新的不断发展,知识经济的崛起,与知识多元化相适应的相关产品市场的界定方法也适用于相关区域市场的界定,尤其是"子市场"方法。例如,1958 年的帕布斯特啤酒公司案(U. S. v. Pabst Brewing Co.)[5],原告根据兼并之后两个企业之间实际竞争和潜在竞争的消失,而主要认为兼并案将会实质性地减少美国和相关区域市场范围,包括威斯康星州(Wisconsin)、伊利诺

---

[1] U. S. v. First Nat. State Bancorporation(1980), 499 F. Supp. 793, 1980—2 Trade Cases, pp. 63,445.

[2] Southwest Mississippi Bank v. Federal Deposit Ins. Corp. (1981), 499 F. Supp. 1, 1981—1 Trade Cases, pp. 63,910.

[3] Monfort of Colorado, Inc. v. Cargill, Inc. (1983), 591 F. Supp. 683, 1985—1 Trade Cases, pp. 66,575.

[4] Carter Hawley Hale Stores, Inc. v. Limited, Inc(1984), 587 F. Supp. 246, 1984—1 Trade Cases, pp. 66,046.

[5] United States v. Pabst Brewing Co. ET AL. ;384 U. S. 546;86 S. Ct. 1665; 16L. Ed. 2D 765;1966 U. S. LEXIS 2947;April 27,1966;June 13,1966.

伊州(illinois)和密歇根州(Michigan)产品市场的竞争,并且认为威斯康星州和伊利诺伊州属于相关区域市场的范围。而法院通过子市场界定方法,根据威斯康星州拥有美国境内最高的人均啤酒消费量,以及较少的啤酒市场进入量,认为具有明显的市场进入壁垒阻止潜在竞争者进入这一地区啤酒市场,因而将威斯康星州界定为独立的相关区域市场。最终法院否认了该兼并案。在1972年化工行业中的RSR案(RSR Corp. v. FTC)[①]的审理中,法院利用子市场方法将原生铅市场与再生铅市场视为整个铅生产市场中的子市场,考虑被告生产的再生铅所销往的地区以及其价格是否会相互影响,因而同意了原告将区域市场界定为全国市场的主张。最终法院否决了两家公司的兼并。

随着经济学理论的不断推进,越来越多的经济学方法被运用到相关区域市场的界定中,各种方法中的多因素分析以及多种方法的综合运用已经成为了相关区域市场界定方法的发展趋势。2002年的阿帕尼纯净水案(Apani Southwest Inc. v. Coca-Cola Enterprises Inc.)[②]就是一个典型案例,阿帕尼是拉伯克地区一家瓶装纯净水的制造商,其余城市之间属于商业合作关系,各城市允许阿帕尼在其拥有的和运营的设施内销售产品。但是在1999年8月26日,城市与CCE签订了独家销售协议,允许CCE在城市所有和运营的设施内销售非酒精饮料,而不再从其他销售商处购买

[①] RSR Corp. v. FTC(1979), 602 F. 2d 1317, 1979—1 Trade Cases, pp. 62, 450, 1979—2 Trade Cases, pp. 62, 774.

[②] Apani Southwest, Inc. v. Coca-Cola Enterprises, Inc.(2002), 300 F. 3d 620, 2002—2 Trade Cases, pp. 73, 769.

相关产品。这一协议当然就终止了城市和阿帕尼之间的销售协议。因而阿帕尼对 CCE 提出了反垄断诉讼,认为其违反了《克莱顿法》第三款的规定。该案争议的焦点是相关区域市场是否应当界定为城市所拥有的 27 家设施的地域范围。法院在本案中界定相关区域市场时应用的方法是考虑多种因素影响的合理可替代性方法。原告主张相关区域市场应当界定为城市所拥有的 27 家设施的地域范围,而法院则认为相关区域市场必须是销售商的营业地域以及消费者可以有效实现替代消费的地域,主要考察因素包括相关产品的规模、特征以及影响市场参与者行为的因素,包括竞争产品进入相关区域市场的政策限制、产品保质期以及运输壁垒等因素,而且在考察相关区域市场时不能片面的根据单一因素,而是综合考虑如人口、收入或者政治地理界线以及相关市场的竞争特征等多种因素来确定相关区域市场。法院最终认定相关区域市场不是由城市拥有的 27 家设施所组成的相关区域,而是包括拉伯克地区及周边地区在内,因为消费者在这些地区内都可以购买 Apani 产品的替代产品。最终法院未支持原告提出的禁令申请。在 2002 年 Arch 煤炭公司案(FTC v. Arch Coal Inc.)[1]中将可替代性以及需求交叉弹性方法结合起来运用,判定相关区域市场为生产者可以提供替代以及消费者可以有效地转换消费的区域,因而应当为 SPRB 地区并否决了该项兼并。这种方法的综合运用与多因素的综合,使得相关区域市场的界定变得越来越科学合理。

---

[1] FTC v. Arch Coal, Inc. (2004), 329 F. Supp. 2d 109, 2004—2 Trade Cases, pp. 74,513.

第二节 产品流检验方法

一、产品流检验方法产生的背景及含义

1. 产品流检验方法提出的背景

产品流检验(Elzinga-Hogarty,简称 E-H 检验)方法是专门用于界定相关区域市场的一种定量方法,在该方法产生之前相关区域市场的界定依据的是 1968 年美国兼并指南中对区域市场的描述。在具体的司法实践中,采用的定性方法存在一些缺陷,如依据马歇尔理论而产生的价格一致性检验认为属于同一相关区域市场的相同产品价格应该具有很强的趋同性,且其中应当包括运输费用。但是如果在界定相关区域市场的时候,只考虑价格一致性就会存在着两个缺陷:首先两个完全独立且不相关的区域市场也可能会因为巧合而呈现出相同的价格,但是这种情况可能是偶然的供求均衡,并不是因为有垄断的市场势力同时延伸到这两个市场中;其次,如果垄断企业已经控制了市场,那么垄断企业很有可能在销售范围内实行价格歧视政策,即针对不同的地域采取不同的定价政策,如果这时使用价格一致标准来判断区域市场,将会把被一个垄断势力控制的区域市场人为的划分为几个独立的区域市场,也就是说如果仅仅使用价格一致性来判断市场,那么判断出的仅仅是实际区域市场的一部分。因此,基于马歇尔理论产生的价格一致性的相关区域市场界定方法由于忽略了区域内的需求和供给因素,界定出来的市场偏离了真实的相关区域市场,若想准确地界定出相关区域市场的范围,必须同时考虑这两方面的因素,产品

流检验正是从需求方和供给方的角度出发界定相关区域市场的一种定量检验方法。

产品流检验方法是伴随着经济学研究中实证工具的出现而逐渐发展起来的。一方面一些经济学家开始试图运用历史数据来估算相关区域市场范围；另一方面在美国的司法实践中，政府也逐渐开始使用货运量(shipment data)这一指标来界定相关区域市场，但在实际操作中很多时候并没有从需求和供给两方面来考虑，如1958年帕布斯特和布拉茨(Pabst/Blatz)兼并案[①]就只考虑了需求方，从而使相关区域市场的界定出现偏差。此后为了克服其局限性，在此基础上，以货运量这一因素为核心，埃尔津加和托马斯1973年构建了产品流(或称货运量)检验方法。此后的很多反垄断司法实践都运用了这一方法界定相关区域市场。需要强调的是该方法是为界定相关区域市场而设计的，因此不能运用在相关产品市场的界定中。

2. 产品流检验方法的含义

产品流检验方法(Elzinga, Kenneth G.; Hogarty, Thomas F. 1973)是依据货运数据计算两个指标，通过考察区域之间特定产品的流动情况来判断不同地区是否属于同一个相关区域市场。

其中，一个指标是在本地消费的所有产品中由本地企业生产的比重，也称外部流入比(LIFO, little in from outside)，它衡量的是相关产品的需求状况，其计算公式为：

$$LIFO = \frac{\text{候选市场内生产并消费的相关产品数量}}{\text{候选市场内消费的相关产品数量}} \qquad (8.1)$$

---

① United States v. Pabst Brewing Co. ET AL.; 384 U. S. 546; 86 S. Ct. 1665; 16L. Ed. 2D 765; 1966 U. S. LEXIS 2947; April 27, 1966; June 13, 1966.

另一个指标是本地生产的该产品被本地消费掉的比重,也称内部流出比(LOFI, little out from inside),该指标衡量的是市场的供给状况,其计算公式为:

$$LOFI = \frac{候选市场内生产并消费的相关产品数量}{候选市场内生产的相关产品数量} \qquad (8.2)$$

其中,LIFO 关注的是需求方,通过度量要考察的区域内消费者选择该区域内所生产的某种产品占其所有消费量的比例,来考察该产品从区域外部生产企业流入本地区的程度,反映的是区域内某种产品的需求量多大程度上依赖于从区域外进口;而 LOFI 则关注供给方,通过度量要考察区域内当地生产企业的产出有多大比例被该区域内消费者消费,来考察当地生产企业的产品流出本地区的程度,反映的是区域内某种特定产品的供给量多大程度上出口到区域以外。如果这两个比例越高,则表明需求既不依赖于从区域外进口,也没有大量的流向其他区域,则这个要考察的区域越有可能成为一个单独的相关区域市场(Linda Warell,2004)。

与价格一致性检验相比较,产品流检验的两个指标涵盖了产品的需求和供给因素,并且在理论上尽可能的反映了所有的来自于要考察区域的产品流动情况,因此通过这种方法界定出的相关区域市场更接近真实的状况。

二、产品流检验方法的运用

通过产品流检验方法界定相关区域市场时,首先需要收集数据,产品流所需的数据分为两类即出口地数据和进口地数据,当数据收集完成后应该按照如下的步骤进行检验:

1. 首先确定候选市场。一般从所要考察的相关产品的最大制造商所具有的销售范围开始,将这个区域作为所要研究的候选市场。

2. 进行 LIFO 测试。如果 LIFO 指数未达到 90%,[①]则该地区不太可能是一个独立的相关市场;反之如果 LIFO 指数超过了 90%,那么这个区域内在需求上偏重于本地生产的产品,因此符合 LIFO 测试,我们将继续下一步的测试。

3. 进行 LOFI 测试。如果 LOFI 指数达到 90%以上,则根据 LIFO 和 LOFI 测试可以推断该市场是一个相关区域市场;如果 LOFI 指数没有达到 90%以上,则需要扩大候选市场的范围,然后继续进行 LIFO 和 LOFI 测试,直到两项指数都达到 90%为止,这时就可以界定出所需要的相关区域市场(Elzinga, Kenneth G.; Hogarty, Thomas F., 1973)。然而单纯利用产品流方法进行区域市场界定,往往会出现偏差,在不同的情况下可能过高或过低地估计了市场规模。为了尽量避免偏差,有学者对此提出了完善产品流方法的方案(Baker, J. B., 1988):

第一,为避免过低估计市场规模,有时特定产品提价时,消费者由于个人偏好等原因仍然选择当地产品,这时产品流的方法倾向于低估市场规模,因此应当把检验区域外的潜在竞争者纳入相关市场范围。

第二,为避免过高估计市场规模,即使出现有部分消费者选择在区域外获取商品的情况,但只要这些消费者在区域外获得的商品与当地商品质量不同,这些质量不同的区域也应当从相关区域市场中排除出去。

---

① 在 California v. Sutter 案中,法官 Maxine Chesney 明确表示,法院认为 90%水平的检验比 85%更为有效,法院已经逐渐承认了 90%临界值的检验。参考文献:California v. Sutter, 130 F Supp. 2d. 1109 (N. D. Cal. 2002)。

除此之外在应用产品流方法界定相关区域市场时还可以和其他方法结合起来使用,如:扩展半径方法(Expanding Radius Approach),即以一个点为基准,然后按照一个特定的半径来确定辐射区域,然后再应用该区域内的产品流动的数据来计算 LIFO 和 LOFI;邻近搜寻方法(Contiguous Search Approach),即以一个小区域为基准进行检验,然后依次扩张到邻近的邮政区号所能划定的范围,以获得更高的 LIFO 和 LOFI 值。

三、产品流检验方法的司法实践

产品流检验方法提出之前,货运量思想的最初应用是在煤炭市场的区域边界界定方面,在之后的司法实践中逐渐被用于其他行业的分析。例如在帕斯特啤酒案(United States v. Pabst Brewing Co.)[1]中就曾采用货运量作为判断依据,将相关区域市场界定为威斯康星州(Wisconsin),法院认为由于该州拥有全美最高的人均啤酒消费量和相对较低的啤酒进口量,因此威斯康星州的啤酒产业从地理空间的角度看相对独立。但这实际上忽略了一个基本事实,那就是威斯康星州生产的啤酒有 75% 出口到区域之外,对比此后的产品流检验方法,啤酒案中没有考虑 LOFI 指数,使得相关区域市场被人为地扩大了。

利用产品流检验方法界定相关区域市场的一个典型的案例是 DHC 有限公司诉 MCD 控股公司案(DHC limited company/MCD holding company),其中如何界定相关区域市场是本案的争议焦点之一。原告主要是通过产品流检验来提出证据,在界定上

---

[1] United States v. Pabst Brewing Co.,ET AL.,384 U.S. 546(1966).

游医疗市场时,首先衡量了被提议的区域市场中那些购买物品或服务的顾客比率,也就是"LIFO"指数;同时检验了本地生产的该产品在本地的消费比重,也就是"LOFI"指数。通过研究发现90.5%的使用住院服务的新城堡村居民使用在本地的服务,这符合 LIFO 检验;进一步还发现使用位于新城堡村的医院的人中有85%是本地居民,这基本上也可以符合 LOFI 检验,因此法院认为新城堡村可以被认为在一个上游的医疗市场上是一个独立的区域市场。然而在界定下游的家庭医疗服务相关市场时,原告提出了75.9%的 ISD 的病人是新城堡村的居民,这个数据部分符合产品流检验中的 LOFI 检验部分,但是由于原告无法提出证据证明 LIFO 指数是否符合产品流检验,所以法院没有支持原告关于新城堡村在下游医疗服务市场中是一个独立的相关区域市场的主张。

产品流检验方法在医院兼并案(Hospital Mergers Case)中得到了广泛的应用,无论是联邦贸易委员会还是法院在界定医院相关区域市场的时候都或多或少的使用了该方法。特别是 1992 年以来,司法机构在界定相关区域市场时,考虑得更加全面,不再仅将医院所在地视为区域市场,而且还考虑了患者的自主选择等多种因素,因此相对于此前界定的区域市场其范围变得更大,[1]从而导致了否决兼并的情况大幅减少。

---

[1] 在 1995 年的 Freeman 案中,相关区域市场被界定为包含医院所在 Joplin 和 Missouri 两地周围 54 英里的地区,其中包含了 17 个县;而到了 1999 年的 Tenet 案中法院认为相关区域市场应该界定为合并医院周围 65 英里的区域,并包括一家位于 145 英里之外的大医院。参考文献:FTC v. Freeman Hosp., 69 F. 3d 260 (8th Cir. 1995);FTC v. Tenet Health Care Corp., 186 F. 3d 1045, 1052—54 (8th Cir. 1999)。

四、产品流检验方法的评价

产品流检验方法的优点是应用简单,只要能取得相关的、准确的定量数据就很容易得出检验结果,而且这种方法能够很好地解释产品的流动模式,比直接研究产品更加直观,它是界定相关区域市场的一个重要方法。产品流检验方法提出后,已经在很多反垄断兼并案,特别是有关医院兼并案的审理中得到了应用,因此虽然该方法没有写入官方文件,但是在一定程度上得到了反垄断执法部门的认可和运用。

尽管利用产品流检验方法具有以上优点,但并未被法院应用到所有领域内。主要是由于该方法存在着的一些缺陷,如思路简单、数据单一等,因此很多学者指出,使用该方法可能会导致一些错误,如沃登(Werden,G.,1992)认为产品流检验方法的使用可能带来两个基本的错误是忽略相关产品的价格弹性和不能检测出候选市场中已经存在的相关市场。具体来说,有关产品流检验方法的争议主要有以下几个方面:

1. 两地间的贸易比重高,不一定意味着它们属于同一相关市场(Stigler and Sherwin,1985)。如果运输成本很低,市场内、外的卖者都可以以相似的成本相互销售相关产品,那么即使算出的产品流检验的两个指标都很大,也不能将考察地区认定为一个独立的相关市场。此外如果一个可以在两地同时销售的企业,由于两个地区需求弹性不同而实施了价格歧视,从而导致了两个地区之间价格差距很大,贸易量很大,并不能由此断定两个地区属于同一个相关区域市场。

2. 两地间的贸易比重低,不一定意味着它们不属于同一相关市场(Baker,J. B. ,1988)。产品流检验方法忽视了两个地区间存在潜在竞争情况,此时,虽然两地间没有贸易活动,但它们的生产企业之间实际上是具有竞争约束的,外部的潜在产品流动很可能影响当地企业的定价策略,因此仅仅依赖实际发生的产品流数据可能并不可靠。

3. 产品存在的异质性(Baker,J. B. ,2006)及需求方在被考察地区内外有显著不同行为时,可能会扩大相关市场的范围。(Cory S. Capps, David Dranove, Shane Greenstein and Mark Satterthwaite,2000)。一方面,对某些特定产品而言,微小的异质性可能使其需求发生很大的变化,这样就有可能把两个不具有相关性的产品划到同一相关产品市场,从而扩大相关市场范围。另一方面,当一些国家或地区的出口活动是政策导向的,不能体现要考察地区的真正需求,这时运用产品流检验方法所界定出的市场也会过于宽泛。

4. 某些数据及消费者的相关信息获取较困难,导致该方法应用具有局限性(Coate,M. B. and Fischer,J. H. ,2008)。一方面,因为产品流检验方法对数据的质量要求较高,需要获取除原被告双方以外其他企业的数据,其他被调查的企业有理由怀疑这些数据会被兼并双方得到,而对其产生竞争方面的威胁,因此往往不会向法院提供真实全面的数据资料;另一方面,该方法使用时需要知道消费者的构成,而有些行业最终特定消费者群体很难确定,因此就使得该方法的应用具有一定的局限性。

小　结

通过上述分析,知道很多相关产品市场的界定方法都可以被用于相关区域市场的界定,同时,以产品流为代表的一些区域市场的界定方法,由于区域市场的特性,不适用于对相关产品市场的界定。随着经济的发展和全球化进程的推进,产品的流动越来越频繁而便利,在司法实践中界定区域市场时更倾向于夸大相关区域市场的范围,很多时候的区域市场往往被认定在一个国家、一个区域甚至是全球的范围内。

第九章 以多元产品或服务为基础的相关市场界定

在知识经济时代,企业的多元化是企业获得核心竞争优势的关键,也是企业在市场中占据主导地位的前提。目前,在反垄断司法实践中面临着越来越多的提供多元产品或服务的企业的兼并及其在局部市场行驶垄断势力而被指控等问题,对这类案件的审理,传统的针对某一单独产品、利用其替代性来判断企业市场势力的做法已不再适用,因此,如何使用新的市场界定的方法,从整体、局部或其相关部分更全面的判断该市场的垄断状况、准确地衡量其市场势力、找到与其企业特点相一致的相关市场界定理论,对各国反垄断执法,尤其是刚刚进入反垄断司法实践的中国来说都是十分重要的。

第一节 集群市场方法

一、集群市场方法产生的背景及含义

对于提供多元产品或服务的企业,由于其多元化造成的多层次供给,以及消费者具有多方面需求等特点,在其反垄断案的审理中对相关市场进行界定时,法院需要对一组并不具有替代性的产品从

整体上考虑其市场势力,在这样的背景下产生了集群市场(cluster markets)这一有别于传统市场界定方法的新的市场界定方法。

所谓"集群市场"是指系列非替代、非捆绑的产品所形成的产品相关线,其形成的市场能够从有效竞争中同其他产品集团相隔离(Ayres,1985)。集群市场存在的前提是生产者的联合销售及消费者的联合购买,其存在的理论基础是经济学中的规模效应(scale effect,又称规模经济)和交易补偿性。规模效应保证了企业以产品群的形式出售产品或服务时的价格低于分开出售的价格;而交易补偿性使得具有多方面消费需求的消费者在向某个特定企业购买数种产品时能够明显降低其交易成本。规模效应和交易补偿性的存在,使得提供多元产品或服务的企业愿意联合销售,而消费者的购买行为也会容易地被绑定在一个企业,此时,消费者只关注整个产品或服务群而非单个产品或服务的价格和质量,只对整个产品或服务群的价格上升有反应,因此,当提供这些产品或服务群的垄断企业将其中部分产品或服务的价格提高到竞争价格水平之上时,多数消费者可能为了得到购买便利(降低交易成本),宁愿支付较高的垄断价格,也不愿转向只提供产品群中部分产品且不能轻易地提供其他剩余产品的企业(Janathan, M. R. and Joshua, S. S., 2008),这样就可能导致该企业获得垄断利润,那么这组非替代、非捆绑的产品或服务就有可能形成一个相关市场,即集群市场。因此集群市场只存在于提供多元产品或服务的企业中。

二、集群市场方法的运用

理论上,判断一组非替代、非捆绑的产品或服务是否构成一个集群市场,仍然可采用 SSNIP 检验方法,即当垄断企业将一组集群产品价格提高到竞争价格水平上时,也不会促使消费者转向其他企业购买,那么这组集群产品就可以反映企业的市场势力,因此它们就构成了一个相关市场,即集群市场。然而司法实践中,对于如何界定一个集群市场,目前并没有统一且明确的标准,一般来说,基本可以分为两个步骤(Ian Ayres,1985):

第一步,证明涉案企业提供的多元产品或服务具有交易补偿性。为了界定这种交易补偿性,法院一般从两个方面论证:一是调查消费者在进行购买时是否锁定在某单个企业,要考察这一点主要是要对消费者行为进行观察;二是考察消费者是否通过比较不同企业整个集群市场价格进行购买选择,同时考察企业是否有调整整体价格以促进产品销售的行为(Cento Veljanovski,2000)。

第二步,参考一些已经制定的标准来判断产品或服务的集群是否构成一个相关市场。但事实上,对于在司法实践中界定集群市场所采用的标准最高法院并未给予合理的解释,同时,在不同的案例审理中,所采用的界定标准也不一致:或基于贸易协会的解释,[1]或基于人口普查分类,[2]或基于功能的互补性[3]以及共同的技术、分配和市场营销[4]等,使用标准的不统一给集群市场的界定带来了

---

[1] FTC v. Lancaster Colony Corp., 434 F. Supp. 1088,1092 (S. D. N. Y. 1977);United States v. Times Mirror Co., 274 F. Supp. 606,617(C. D. Cal. 1967); Brunswick Corp.,94 F. T. C. 1174,1258(1979); British Oxygen Co.,86 F. T. C. 1241, 1312(1975).

[2] United State v. Hughes Tool Co.,415 F. Supp. 637,640(C. D. Cal. 1976); The Grand Union Co.,102 F. T. C. 812,1046 n. 31(1983).

[3] United State vs. Hughes Tool Co.,415 F. Supp. 637,641(C. D. Cal. 1976);Science Prods. Co. v. Chevron Chem. Co.,384 F. Supp. 793,797—798(N. D. Ill. 1974).

[4] United States v. Hughes Tool Co., 415 F. Supp. 637,641(C. D. Cal. 1976).

很多不确定性。原被告方双方在该方法的使用上也往往持有对立的立场,[1]一般来说,当从将一组产品或服务作为整体的角度,或从每个单独产品或服务角度考虑对消费者的影响时,两者存在显著差异,此时应采用集群市场方法来界定相关市场(Werder, G., 1983)。

尽管集群市场方法已经在司法实践中被用得很多了,但是理论上,究竟何时才能够将一组产品或服务界定为一个集群市场,仍是一个亟需解决的问题。

> **专栏:集群市场与 SSNIP 分析比较**
>
> 相对于集群市场方法,SSNIP 方法对市场界定时可能会带来一些问题。针对产品群而言,消费者是否购买考虑的是产品群的总价格,并非单个产品的价格,所以,当产品群中的某一产品价格提升并未导致产品群的总价格提升较大幅度时,消费者并非转而购买其他品牌的产品。因此,使用 SSNIP 方法只能体现消费者对于集群中所考察的部分产品的反应情况,从而将会使得市场界定的过窄。

三、集群市场方法的司法实践

集群市场的应用早于其相关理论的发展。早期反垄断司法实践中,尽管没有提到"集群市场"这一概念,但将系列非替代品认定

---

[1] 如果两个合并企业在单个产品或服务市场上拥有可能触及垄断界限的可观市场份额,而在集群市场上只拥有中等市场份额,那么通过将该特定产品纳入集群市场的方法将免除其在特定市场上面临的反垄断管制风险,使用集群市场分析使合并更加容易被通过。此时,被告倾向于采用集群市场的方法。如两个合并企业在单个产品或服务市场上拥有中等市场份额,而在集群市场上拥有较大市场份额,在这种情况下集群市场分析可能会导致合并被禁止,所以,原告希望用集群市场的界定方法。在大部分案例当中,原告多是倾向于采用集群市场方法。

为一个相关市场的做法已出现在了一些案件审理中,如在美国诉联合鞋业公司案(United States v. United Shoe Machinery Co.)中[1],法院将应用于 18 种不同工序的制鞋机械划入了同一市场。

集群市场方法主要应用于银行兼并案的审理中,其中最具典型的是费城银行案(U. S. v. Philadelphia National Bank)[2]、菲利普斯堡银行案(U. S. v. Phillipsburg National Bank)[3]和康涅狄格州银行案(Connecticut National Bank)[4],这三个案件的审理确立了判断银行兼并案是否产生反竞争效应的主要评估方法。其中 1963 年的费城银行案是集群市场方法在司法实践中的首次应用,在该案中,法院认为,与其他金融机构相比,首先,商业银行提供了一些特殊的或成本上具有优势的产品或服务,因此不受来自其他金融机构的有效竞争的影响;其次,尽管有些产品或服务在成本和价格上与其他金融机构提供的产品或服务处于自由竞争水平,但由于消费者的固定偏好,他们一般不会单独购买一个银行服务,从而使得这些产品或服务在很大程度上不受市场竞争的影响。因此,基于这种贸易现实(Trade Realities),商业银行提供的具有同质性但不具有替代性的所有产品或服务的集合明显构成一个独立市场,即"集群市场"。费城银行案并没有对集群市场界定的标准进行明确阐述,只是提供了对银行兼并案的竞争分析的主要框架,这成为后续美国对银行兼并案审理的主要参考依据,美国最高法院和一些州的地方法院依据该方法相继否决过几起银行兼并案,

---

[1] U. S. v. United Shoe Machinery Co. 247 U. S. 32(1918).
[2] U. S. v. Philadelphia National Bank et al. 374 U. S. 321(1963).
[3] U. S. v. Phillipsburg National Bank Co. et al. 386 U. S. 684(1967).
[4] U. S. v. Utah Pie Co. v. Continental Bank Co. et al. 386 U. S. 685(1967).

但同时也并不认为所有的银行兼并案都适用集群市场方法界定相关市场,因此,后续在菲利普斯堡银行案中,最高法院强调了集群市场方法只有在企业高效的生产或销售能够产生成本优势,以至于消费者都愿意只和一个企业进行交易时才能使用,因此,判定该案不适合使用集群市场的方法。①

除此之外,集群市场的方法也被用于了银行以外的一些其他兼并案的审理中,如在美国格林公司案中,将一系列不能相互转换和替代且经授权的主要车站服务,包括各种火警和盗警界定为集群市场。② 随后的联邦贸易委员会诉斯伯丁兄弟公司以及联邦贸易委员会诉大学医疗服务公司③,联邦贸易委员会诉哥伦比亚医院等案中都采用集群市场的界定方法。

四、集群市场方法的评价

1. 集群市场的优点

在很多时候集群市场方法不仅能够达到与指南中的替代分析同样的效果,而且还大量地减少了分析的复杂性,这是由于一方面,如果同样的企业销售同样的集群产品,而且在相同的地域范围内拥有同样的市场份额,那么根据指南界定出的相关市场与按照集群市场方法界定出的相关市场范围是一致的。另一方面,如果单独的市场份额的数据难以获得时,则可以利用集群市场的整体数据来评估个别产品市场的集中度,从而使分析变得

---

① Robert Pitofsky, *New Definitions of Relevant Market and the Assault on Antitrust*, Columbia Law Review, Vol. 90, No.7(Nov., 1990), pp.1805—1864.
② United States v. Grinnell Corp. 384 U.S. 563(1966).
③ FTC v. University Health, Inc. 938 F. 2d 1206,1218(11th Cir. 1991).

更加便利。

2. 集群市场存在的争议

集群市场的方法也一直存在争议，主要集中在以下几点：

(1)缺乏经济学理论支撑，缺乏明确定义。尽管法院规定了使用集群市场的概念，但是法院并没有给出把这些单独的产品市场列为集群市场的理由，集群市场分析方法也没有具体尤其是定性的经济学原理的支撑，正因为如此法院在审理相关案件时也并没有得到很具体的指标得以参考，以至于法院拥有过大的裁量权，由此界定出的市场可能出现很多偏差，因此有学者建议立法方应构建包括交易补偿性等相关方面的定量衡量标准，尤其是在如何确定方面，应该建立起一套相对可衡量的标准(Ian Azwraith, 1985)。

(2)集群市场的界定方法与指南中相关市场的含义相背离，并没有将具有替代性的产品或服务的集合划定为一个相关市场(Baker, J. B., 1988)。如企业提供的产品群只是为了保证消费者比原产品群更好地使用，而并非是为了替代原产品时，这种产品群也应该属于集群市场范围内，然而应用现有的集群市场界定方法很难将这部分内容包含在内。

(3)集群市场的方法有可能将市场界定的过程人为的复杂化。在使用集群市场界定时，更多的要从消费者的意愿出发，因而不能全面地分析产品的替代性(Adrian Goss, 2001)。

第二节　子市场方法

相对于集群市场从整体角度出发，子市场(Submarket)则是从局部考虑提供多元产品或服务的企业的市场势力。由于在利用集群市场方法界定相关市场时,有时会稀释该企业某一局部市场的集中度,忽略其市场势力,为了避免这一问题,法院在整体考虑企业市场势力的同时,也可采用子市场界定方法来判断其局部的市场势力。

一、子市场方法产生的背景及含义

1. 子市场方法产生的背景

子市场概念最早可以追溯到张伯伦和罗宾逊夫人提出的不完全竞争理论,而市场细分(Market Segmentation)的理论则是美国经济学家温德尔·史密斯(Wendell R. Smith)于 20 世纪 50 年代中期提出来的。所谓市场细分就是指从生产者的角度按照消费者欲望与需求把一个总体市场(总体市场通常太大以致企业很难为之服务)划分成若干个具有共同特征的子市场,并为这一子市场提供相应的具有特定属性和功能的一类产品(Wended Smith, 1956)。[1]

反垄断法中的子市场直接来源于《克莱顿法》第七条。该条法案强调,禁止任何可能大量减少"在任何商业线"中竞争性合并,因此,除了从整体上判断外,还要特别关注合并是否会大量减少局部产品市场(即子市场)上的竞争。为此,法院可以根据这个更小的市场中某个企业及其对手的竞争情况来判定该企业是否拥有市场控制力。该条法案在司法实践中不断运用最终发展成为子市场方

---

[1] Wendell R. Smith, Product Differentiation and Market Segmentation as Alternative Marketing Strategies, The Journal of Marketing, Vol. 21, No. 1(Jul., 1956), pp. 3—8.

法,并首次运用于著名的布朗鞋业案(Brown Shoe Co. v. United States)[①]中。

2. 子市场方法的含义

子市场的含义至今没有一个统一的界定,最简单的理解就是"相关市场中的相关市场",即指在一个较为广泛的包含具有性质、品质或价格差异的许多产品构成的相关市场中,按照多种产品不同的性质与用途、生产设备与供给商、购买者群体及其对价格变动敏感度等实际指标进一步地进行区别与细分所界定出的细分产品相关市场(Huang Jingyuan, 2006)。

二、子市场方法的运用

子市场方法界定的基本思路是从传统界定方法界定出的范围较大的相关市场出发,继续进行进一步划分,进而评估每个划分出的单独的市场对于相关市场中的消费者来说是否具有足够的特殊性,通过这种特殊性将市场进一步缩小。这种划分方法是以需求弹性为理论基础的,因为产品之间具有较高的需求弹性也就是可替代性的时候,不容易形成垄断。对于子市场来说,子市场之间应当表现为极小的可替代性,而子市场内部则应表现为较大的需求弹性。

目前子市场的方法没有一个统一的界定标准,一般来说在已经界定出的大的相关市场范围的基础上,为了进行进一步的细分,首先应当收集能够反映"行业实践、产品的性质和用途及其可交换性、价格、质量和风格"等方面的证据,将较大的市场进行细分,在

---

① Brown Shoe Co. v. United States, 370 U. S. 294(1962).

细分的过程中边界上总是无法避免的存在或多或少的竞争,如果不加以限制就可以一直细分下去。因此相关市场细分中应当以其在边界上的替代品方面是否存在显著的缺口为标准。但是这种细分的方法还是过于模糊,不利于司法实践。布朗鞋业案为子市场界定提出了7条具有指导意义的标准,这成为后来反垄断司法实践中子市场界定的主要依据。7条标准如下:

1.对价格变动的敏感程度。如果产品间对价格的敏感度不同,也就是说在价格发生变化时,需求方面的变化有明显的差别时,这些产品之间应该被界定为彼此独立的子市场。

2.不同的价格。根据差异化产品的特征、在对产品的合理可替代性进行判断时价格是一个重要的影响因素。如果两种产品在价格上相差悬殊那么反垄断执法机构一般会认定不属于同一个产品市场。

3.不同的消费者。如果存在一群特定的消费者对某类型的产品具有强烈的偏好,那么就很有可能形成一个单独的子市场。

4.产品的特有性质或用途。如果一种产品与其替代品之间在物理特性或用途上区别显著时,就可以从界定出的一个相关产品市场中划出一个更窄的子市场。

5.产业或公众对子市场作为一个独立经济实体的认同,即消费者和一般大众对于不同产品的认知情况。

6.独特的生产设备。如果生产某类产品需要与众不同的生产技术的话,那么就应该被看做是一个独立的子市场。

7.特定化的卖方。如果制造商在生产的时候明确了特定的销售对象,那么这类产品很可能成为一个独立的子市场。

除了上述布朗鞋业案界定子市场的思路之外,关于子市场的界定标准的选择问题有很多讨论和争议,也有学者认为在界定子市场时应从以下三个方面考虑:一是按照行业惯例本身是如何看待子市场划分标准的;二是对于特定产品的消费者在购买时意识中是如何划分市场的;三是竞争者是否集中于这一子市场,比如是否存在企业仅在这一子市场集中进行经营,如果存在则表明了子市场的存在。

子市场方法不仅仅用于相关产品市场界定,法院还将其用于相关区域市场的界定。很多时候,原告尤其是政府执行机构采用子市场方法界定相关市场的目的是缩小市场范围,以证明被告的兼并是非法的。

三、子市场方法的司法实践

最高法院在审理布朗鞋业案中,除了用合理可替代性或交叉弹性方法界定相关市场外,在这个市场的内部借鉴了杜邦玻璃纸案(United States v. E. I. du Pont de Nemours & Co.)[①]案中依据《克莱顿法》第七条特殊商业线的思想,首次引入子市场概念,认为在这个宽泛市场内部,可以划分出具有反垄断目的的更小的相关产品市场(子市场)(James, A. K., 1995)。

该案在产品市场界定方面争论的焦点是子市场划分的依据,政府依据他们的生产企业、消费群体以及性质的不同,把市场划分为男鞋、女鞋和童鞋三类,因为市场的范围小,所以相对来说市场份额较大,被告为了进行抗辩认定有关鞋的市场不应该进行以上细分,但是法院认为考虑到以上供给替代因素,这三类鞋在替代链

---

① United States v. E. I. du Pont de Nemours & Co. 351 U. S. 377(1956).

上存在明显的不可替代性,基于以上这些分析,最高法院认为相关市场应该界定为男鞋、女鞋和童鞋三类子市场,合并的公司在这类子市场上拥有市场势力,并以此为基础否决了合并。

在斯丹普奥斯公司案(FTC v. Staples, Inc.)[1],法院基于"有证据表明办公室超市实际上在装潢、规模、形式以及特定消费者和服务方面都与其他办公销售商存在差别",而认为存在子市场,从而驳回了斯丹普奥斯公司对另外一家大型办公文具连锁超市的收购。法院在界定子市场的过程中主要考虑消费者、专门的卖者和产品的特有性质或用途等因素。

子市场方法不仅仅用于相关产品市场界定,法院还将其用于相关区域市场的界定。很多时候,原告尤其是政府执行机构采用子市场方法界定相关市场的目的是缩小市场范围,以证明被告兼并是非法的。

四、子市场方法的评价

子市场方法是一种定性的方法,它为相关市场的界定提供了一种分类考察的思维模式,结合需求交叉弹性等方法,能够使反垄断案件中相关市场的界定更加明确与便利。尤其是它弥补了集群市场忽略局部市场集中度的问题,能够更灵活和严格地处理局部区域市场和特定产品市场上行业竞争问题。但子市场方法同时也存在很多问题:

首先,子市场界定时排除了一些对目标企业产品具有一定替代性的产品,因而容易夸大该企业的真实市场势力,造成判案结果

---

[1] FTC v. Staples, Inc., 970F. Supp. 1066(D. D. C. 1997).

不合理。另外,由于子市场界定只是关注产品的具体特性,而忽视消费者对价格的反应,从本质上看还是合理可替代性方法的思想,具有很强的主观任意性。

其次,子市场的界定缺乏必要的经济学理论支持。目前界定子市场的依据是 7 个往往会产生不一致结果的市场边界确定的定性标准,导致了司法判案结果的不合理;同时该方法也无法量化在涨价的情况下消费者转向替代产品的程度,因此在司法实践中,子市场方法很少被使用。

专栏:子市场方法与 SSNIP 方法的关系

在某些情形下,子市场与 SSNIP 检验方法所界定的市场范围是一致的。比如在消费者被划分为不同群体的情况下,即使提高某一产品的价格,消费者既不能从其他消费者手中购买产品,也不会转而购买其他替代产品,因此产品的生产企业可以以消费者唯一供给者的身份针对不同消费群体采取不一样的定价策略。

但由于子市场方法过于强调产品的具体特性却忽视消费者对产品价格变化的反映,因而具有很强的主观随意性。比如在著名的"联合商标案"(United Brands Continental BV. v. Commission of the European Communities)[①]中,子市场的界定仅仅从产品的具体特点出发,只考虑其可能会满足特定消费者群体的需要,没有考虑其在产品价格发生上涨后会有多少消费者转向购买其他的替代品,而后者正是 SSNIP 检验方法所特别强调的方面,从这个意义上看,子市场方法和 SSNIP 方法又是矛盾的。

---

① United Brands Continental BV. v. Commission of the European Communities,1978 case 27/26[1978]ECR 207.[1978],CMLR 429.

第三节 次级市场方法

在判断提供多元产品或服务的企业市场势力的时候,除了可利用集群市场方法从整体角度判断,也可利用子市场方法去判断某一局部市场的垄断状况,但是,该类企业往往在另一个市场即次级市场(Secondary Market 或 Aftermarket)上行使其垄断势力,而这种情况往往被忽略。次级市场是介于集群市场与子市场之间、按产品或服务的性质所划分的市场。

一、次级市场方法产生的背景及含义

1. 次级市场产生的背景

次级市场是相对于初级市场而提出来的概念,它并不是突然出现的,在法律没有关注之前实际上就已经存在了,只不过在开始的审查中人们没有察觉到其与初级市场之间所具有的特殊关系,而是按照传统的市场界定方法对这部分市场进行界定,这样按照传统市场的方法对次级市场进行处理的案例在之前美国司法实践中甚至超过了 20 个。

随着反垄断法的发展和反垄断审查的深入,法院在此后审理的众多次级市场案件中遭遇了大量难题。被告以经济学理论为基础进行抗辩,其认为信息完全的情况下,初级市场上的竞争结构使得企业没有能力在次级市场上进行垄断。针对这些难题,最高法院在 1987 年的柯达案中明确地使用了次级市场的概念,在此基础上提出了相关市场的界定方法。此种方法在此后的司法实践中得到大量应用。

2. 次级市场含义

所谓次级市场是指为保证初级产品的使用价值充分实现、消费者购买初级产品之后购买并与初级产品同时使用的产品和服务组成的市场，如对洗衣机而言，其本身为初级产品，与之相关的保证洗衣机正常运行的配件和服务是次级产品。次级市场有四个特征：(1)次级市场的产品不是独立存在的，是其初级产品的互补品，是为保证初级产品的使用价值充分实现的；(2)次级产品市场的产品与初级产品购买地点不同；(3)具有一定程度的沉没或者"锁定"成本，如若消费者不购买相应产品，那么会损失最初购买的成本；(4)次级市场的出现得益于消费者在自身需求的基础上所作出的选择，这是其与搭售相区别的最大不同之处，搭售源于销售者自身的强势垄断地位，不是消费者自愿的行为。

3. 理论基础

谈及次级市场方法产生的理论基础，首先明确"耐用产品"的概念，次级市场的应用一般与耐用产品相关，诸如洗衣机、相机、激光打印机等，耐用产品具有将来持续提供服务、能反复使用的特点，其价格较高，短时间内不易替换，配套产品、相关服务的购买显得极其必要，这种想象被称之为"锁定"。由此来看，次级市场方法产生的理论基础分别为：转换成本与锁定效应、生命周期和信息成本理论以及价格歧视理论。

(1) 转化成本与锁定效应

转换成本与锁定效应的存在使得涉案企业能够在次级市场上获得较高的垄断利润，对于耐用品而言，如果消费者转向其他品牌的产品，转换成本很高，其对于原有产品的投资就会损失，这使得其被锁定在某一品牌上，不得不购买与耐用品相配套的产品或者服务。

(2)生命周期和信息成本

在现今市场中,信息不对称的存在使得消费者很难掌握产品的生命周期成本,使其不能避免初级产品在次级市场上产生的高额成本。与此相对应,耐用品的销售者往往采取低价销售初级产品、高价出售次级产品及其服务的策略,从而赚取超额利润,这就使得销售者能够利用其信息优势及生命周期成本的存在,在次级市场上获得垄断势力,而不问其在初级市场上的地位如何。

(3)价格歧视理论

对于在初级市场上具有垄断力量的企业而言,其在次级市场上以同样的品牌进行经营而且在市场中亦拥有垄断力量,能够排除次级市场中的竞争者,此时,企业能够同时控制初级产品配件及服务的价格,从而能够通过更加有效地实施价格歧视,而获得超额利润。当然,若企业在初级市场上并不具有垄断地位时,其就缺乏实施价格歧视的能力,此种理论存在的基础则消失。

二、次级市场方法的运用

次级市场方法运用到相关市场的界定中,主要依据的是柯达案中所确定的生命周期成本和已存在消费者所需承担的转换成本这两个因素(Willis, P. R., 2002),有时也还要考虑次级产品价格在初级产品的价格中所占比重的大小、零部件置换的可能性的大小以及企业对其声誉的重视程度等因素(Carlton, D. W., 2001)。除此,也可以运用或综合其他市场界定方法(如需求的交叉价格弹性、SSNIP 检验或者价格相关性检验等)来考察企业在次级市场上的垄断状况,如利用 SSNIP 检验的思想,只需判断一个出售耐用品的假定垄断者,是否能够有利可图的把次级产品的价格显著的提高,即可判断其在次级市场上市场势力所达到的程度(Massey,P.,2002)。

通过上述因素考虑我们能够界定出一个反垄断相关市场,即次级市场。但是不意味着企业在该市场上一定拥有垄断势力,因此需要进一步的考察次级市场上的竞争状况。这里的竞争主要来自以下两个方面:首先,即使是对于锁定效应很强的次级市场,消费者有时候也有可能通过其他多种途径,比如二手品,私人维修等等获取次级市场的产品,这些情况的出现都会极大的降低企业获得的垄断利润;其次,如果进入服务市场的成本很低,特别是所需要的服务的技术是普遍通用的而不是某品牌特有时,竞争也会很激烈,这时候不需要从反垄断角度来进行规制。这些情况都与市场特点息息相关,因此在次级市场的反垄断审查中,必须考虑这些影响竞争的市场特征。

一般来说界定出来的次级市场可能有三种情况:一是次级产品和初级产品共同构成了一个统一的市场;二是初级产品构成一个市场,而所有品牌的次级产品构成另一个市场;三是初级产品构成一个市场,而特定品牌的次级产品分别构成一个独立市场。在前面两种情况下企业在次级产品市场上都没有垄断势力,而只有最后一种情况企业才拥有垄断势力。

三、次级市场方法的司法实践

当前有很多的反垄断诉讼案都涉及不同行业的次级市场垄断问题,尤其是在汽车、计算机,以及涉及特许经营关系或者相关的商标权关系的行业中,次级市场的垄断问题尤为突出(Bauer,J.

P. ,2007)。因此,在一些国家的反垄断案件的审理中,法院都非常关注次级市场的竞争情况,对拥有耐用品的企业,如何界定其是否在次级市场上拥有一定的垄断势力已经成为反垄断司法实践中争论的焦点。

次级市场方法运用最著名的案例是柯达案(Photo Materials Co.)[①],在该案中,柯达(Kodak)被 18 家 ISOs 指控限制向 ISOs(Independent Service Organizations)出售影印机和缩微绘图设备的零件,非法地将柯达机器的服务同零部件捆绑销售,并非法垄断和试图垄断服务市场。由于 ISOs 提供了柯达试图垄断服务市场的证据,加上法庭认为实际经济中消费者信息不完全、转换成本很高,因此,柯达被认定在其服务市场具有垄断势力,其服务市场被认定为是一个次级市场,柯达最终败诉。

之后比较典型的案例是施乐案,本案中原告 CSU 认为施乐公司试图把其在复印机初级市场的主导市场势力转移到服务方面的次级市场上。进一步 CSU 提出以柯达案中的判决为基础,这种市场势力从初级市场转移到另外一个市场的行为是非法的。然而法院并没有以此为基础对施乐的相关市场进行调查,也没有考察施乐是否存在一个市场的主导地位转移到另外一个市场的行为,而是参考了布劳恩医疗公司诉雅培制药公司案的判决,联邦巡回法院认为"在一般情况下,专利权拥有排除一个以上的反垄断市场排除竞争的权利"。施乐案的判决表明,首先进行审理的时候法院往往不会优先适用柯达案判决所采用的分析理由。因为很多法官都

---

① Photo Materials Co. , 47 S. Ct. 400, 71 L. Ed. 684 (1927), Eastman Kodak CO. v. Image Tech. Svcs. 504 U. S. 451 (1992)。

认为没有明确的经济理论来解释为何次级市场的消费者不得不面对不公平的收费,而且很多经济学家并不认为次级市场的不公平收费现象源自锁定行为。

四、次级市场方法的评价

耐用品市场中普遍存在着次级市场(Jacobs,M. S.,1993),柯达案的判决表明反垄断分析已经进入到一个"后芝加哥"(Post-Chicago)时代。利用次级市场方法进行市场分析时,法院开始意识到企业提供的次级产品所形成的市场与其他竞争性产品市场是有区别的,因此其注意力也开始转向企业声誉、消费者信息不完全等对市场势力的影响等这些经济学家所关注的企业长期利益问题,打破了最高法院以往很少使用经济学方法分析反垄断案例的传统。

随着不完全市场理论的发展,信息成本和转换成本等因素被纳入到相关市场界定的分析中,在未来的反垄断司法实践中,涉及次级市场的案件审理会越来越多。但是很多学者认为,以信息成本和转换成本为基础的不完全信息和"锁定"效应并不能成为反垄断分析中认定涉案企业存在市场势力的完整且充分的证据(Kumar,S.,1995);案件审理中对事实进行更细致的调查的要求,与反垄断法中注重行政效率的原则相矛盾(Drew,T.C.,1993)。

小　　结

对于提供多元产品和服务的企业,在其相关案件的审理中,司法机构需要根据具体情况从多角度出发。在方法选择的时候,集群市场更适用于那些由于消费需求特性而出现的提供多元化服务的企业,是从企业整体进行考量界定相关市场的方法;而子市场在界定的时候更关注的是企业生产的多元化产品中某些具有局部支配力量的相关市场;次级市场是介于两者之间,既考虑多元化企业整体的垄断势力,又关注其中部分产品的所具有的垄断势力是否构成相关市场。因此,对不同案件审理时,为使相关市场界定的更加准确,需要根据具体案件特征,正确选择上述中适合本案的方法,同时再补充其他方法。

第十章　知识产权兴起背景下的相关市场界定

随着经济的不断发展,技术和创新对于经济发展的推动作用越发明显,知识产权保护也就越来越受到人们重视,特别对于以高新技术、信息技术为特征的新经济产业来说,技术和创新是其可持续发展的主要推动力,因此在反垄断司法实践中如何保护这些产业的技术和创新不受兼并的损害成为反垄断执法机构关注的焦点。从技术和创新的视角来评估兼并对竞争的影响时,所界定的相关市场与传统的产品与区域市场并不相同,因此需要新的界定方法来对相关市场进行界定。

第一节　技术市场

一、技术市场产生的背景及含义

1. 技术市场提出的背景

知识产权是指在有限的期限内,产权所有人所享有的对其所创作的智力劳动成果专有的权利。在目前知识经济时代,伴随着新经济的发展,在许多领域特别是高科技领域出现了很多专利技术,针对专利的产品交易也就越来越多。虽然对知识产权的保护和交易有利于加速专利技术的商品化进程,促进技术进步,但是知识产权天生具有垄断性,有竞争性的专利技术联合到一起很可能造成市场的垄断进而损害消费者福利,这就要求反垄断执法机构对于市场上的知识产权交易进行规制,避免由于技术联合造成垄断现象。因而,1995 年美国司法部和联邦贸易委员会联合发布了《与知识产权许可有关的反垄断指南》(Intellectual Property Licensing the Antitrust Guide)(简称"知识产权反垄断指南"),提出了技术市场的概念,从此技术市场的界定成为审理与知识产权相关的兼并案的核心问题。

2. 技术市场的含义

事实上,早在 1988 年美国司法部签发的《国际经营中的反垄断法执行指南》(International Business Antitrust Law Enforcement Guidelines)中尽管没有明确地给出技术市场的定义,但是已把技术市场从应用和辅助的地位,提升到同产品市场并列的地位,同时在审核兼并案时除了考虑商品或服务相关市场竞争者和竞争效应以外,还把知识产权许可以及技术相关市场的竞争者和竞争效应作为分析的出发点。但是这项指南只是美国司法部所发布的,并没有联合联邦贸易委员会,并且缺乏相应的司法判例,因此该指南并不具有制定法或判例法的效力。

为了在司法实践中更好地应用技术市场的概念,在结合传统的反垄断相关市场界定原则的基础上,美国在 1995 年《知识产权反垄断指南》中首次明确了技术市场的含义。技术市场是指"由被许可的知识产权(被许可技术)及其近似替代品所构成的市场,而近似替代品是指与被许可的知识产权具有足够的替代性、能够明显地限制被许可知识产权市场势力的技术或产品。"技术市场中的技术与我们传统意义上的技术含义不同,后者是指"技术交易的场所及活动的总和",前者特指可以用于交易的知识产权。

根据指南中的定义,技术市场依据技术成熟的程度可划分为应用性技术和基础性技术。应用性技术是指那些针对已经商业化的产品的专利技术,企业通过相关的专利许可直接生产出产品,此时既存在相关技术市场,也存在相关产品市场,这种相关的技术市场又称为现有产品技术市场。基础性技术是指不存在可销售的产品时进行开发的其他技术,对于这类技术来说仅存在实际交易的技术市场,而无具体特定的相关产品市场,这种相关的技术市场又被称为未来产品技术市场。需要注意的是上述两种技术并不是绝对对立,有很多技术都同时具有以上两种特性。除了这两种专利之外,在审查中要特别注意默认许可的情况。专利默认许可是对专利侵权指控的一种抗辩,简单来说是指专利产品或者专利在被售出时,除非专利权人提出限制性条件,否则购买者被默认获得了对专利技术的使用权,专利权人不得对合法售出的专利产品再行使专利权利。这部分专利虽然也是专利交易的一部分,但是由于其实质是蕴含在商品交易中的,因此我们只需要规制包含这项专利的相关产品市场即可。

二、界定技术市场的方法

根据 1995 年《知识产权反垄断指南》中的规定,如果知识产权与使用该知识产权生产的产品分别销售时,反垄断机构就会使用技术市场来分析许可之间的交易对竞争的影响。即技术市场关注的是技术交易,技术是蕴含在知识产权当中的,界定相关技术市场的目标是为了防止专利垄断者在技术市场层面损害企业的创新积极性,最终对消费者福利产生不利影响(Werden,G.,1998)。技术市场的界定同样可以采用SSNIP检验的思想,即如果假定垄断者对专利施加一个微幅但显著且非暂时的提价时,有一定数量的消费转向购买或使用其他专利技术,使这种提价行为没有给该假定垄断者带来超额利润,目标市场就不是一个相关垄断市场;反之如果消费者的选择不会发生改变,则目标市场构成了一个相关的垄断市场。与用SSNIP方法界定产品市场相比,相关技术市场是指假想垄断企业可实施微幅但显著且非暂时的提价的最小技术及产品组合。

由于技术市场可以分为目前产品技术市场和未来产品技术市场,因此应根据各自的特点界定相关技术市场。

1. 目前产品技术市场的界定

运用SSNIP方法界定技术市场的关键是确定参考价格,对于目前产品技术市场来说,由于技术市场是一个以投入为特征的市场,因此与传统的产品价格决定于产品供需不同,技术市场中产品的价格主要由收益的预期以及预计未来所带来的竞争优势的多少有关。因此技术交易概念与股票交易类似,它的价格基于消费者未来利润的预期(Nickerson,J.A.,1996),所以技术市场上产品的价格,主要取决于该技术产品的需求方支付意愿,在进行反垄断审查时执法机构需要以此为基础综合考虑多种因素,根据产业的特点来评估以确定技术产品的价格。在确定了参考价格之后,再根据SSNIP检验思想确定最小技术及产品组合。

除了应用SSNIP方法界定技术市场之外,司法实践中也经常采用简单的经济分析方法来确定相关技术市场。具体来说如果某项技术满足以下四个条件:(1)特定企业对其的需求弹性是0;(2)

许可技术的费用只是该技术生产出的产品总成本或价格的一小部分;(3)替代技术或者没有,或者不如组成候选相关市场的技术那样充足;(4)转换成替代性技术的成本较高(Joshua A.,2000),那么这项技术单独就可以被认定为一个相关技术市场。

2. 未来产品技术市场的界定

相比于目前产品技术市场的界定,未来产品技术市场在界定时不存在现有的产品,因此在评估专利技术的价格时,只需要考虑专利技术转化为最终产品的效率,并在此基础上综合考虑各种因素来确定。在确定转化效率时,执法机构应尽可能收集资料,考察该技术在商业化推广两年后的市场接受度。获得观察数据后采取与目前产品技术市场界定相似的方法界定最小技术及产品组合。

三、界定技术市场的司法实践

在技术市场概念被正式提出之前,早期司法实践相关案件的审理中就已经涉及了技术市场的思想,其中比较具有代表性的是美国和哈特福德-帝国案(Hartford-Empire Co. v. United States)、沃克装备和食品机械以及化学公司案(Walker Process Equipment, Inc. v. Food Machinery & Chemical Corp.)[①]。在哈特福德-帝国案的具体分析中,法院指出把技术本身的市场势力与使用该技术生产出来的产品或服务的市场势力区分开来是十分必要的,并且指出被告的产品市场势力是从对上游具有专利权的技术(玻璃器具制造设备)的占有中衍生出来的。在沃克装备和食品机械以及化学公司案中,最

---

① Walker Process Equipment, Inc. v. Food Machinery & Chemical Corp., 392 U.S. 172,177(1965).

高法院采用产品生产中使用的专利技术及其可能的替代技术,作为界定相关产品市场的依据,虽然法院在研究和评估专利对相关产品市场的支配能力的前提下,认为该专利技术及其替代品不构成一个单独的相关产品市场,但是本案给出了一个将相关产品市场和技术市场分开的分析思路。

自从 1995 年《知识产权反垄断指南》中对技术市场的概念加以明确之后,司法实践中越来越广泛的涉及技术市场的界定问题。比如在 Globespanvirata 和德克萨斯州案(Globespanvirata, Inc., Plaintiff, v. Texas Instrument, Inc.)[①]中,原告 Globespanvirata 是从事与数字用户线路相关的集成电路生产、软件及系统设计的产品。被告德克萨斯州(Texas)拥有与非对称数字用户线路 ADSL 相关的多种专利技术,其中的很多专利是国家和国际 ADSL 标准认可的。在审理过程中,法院将 ADSL 技术市场(包括 ADSL 标准技术和 ADSL 非标准技术)视为一个整体。但是因为无法计算出被告在 ADSL 技术市场的市场份额,而且也没有关于竞争者和消费者特征以及市场价格行为等其他资料,法院认为原告没有足够的证据证明被告在 ADSL 技术市场拥有垄断力量。所以法院最终没有认定被告在 ADSL 技术市场上的垄断地位。除此之外在 Hynix/Rambus 案(Hynix Semiconductor Inc. v. Rambus Inc., 2008)[②]中,制造商 Hynix 等指控 Rambus 垄断或者试图垄断高性能 DRAMs(计算机主存器)接口技术市场。

---

① Globespanvirata, Inc., Plaintiff, v. Texas Instrument, Inc., Not Reported in F. Supp. 2d, 2006 WL 543155 (D. N. J.), 2006—1 Trade Cases P 75,229.

② Hynix Semiconductor Inc. v. Rambus Inc., Defendont; 2008 U. S. Dist. LEXIS 79178; September 5, 2008.

法院在界定技术市场时认为需要考虑两种技术间的功能相似性以及经济替代性，通过调查专利许可费来确定不同技术之间经济替代性，具有替代性的技术构成相关技术市场，即使在没有专利许可费用的情况下，只要能证明技术间的经济替代性，也可以进行技术市场界定。而制造商 Hynix 等也通过专家证人提供的证据足以证明相关技术间的替代性，并且法院的经济学分析结果也验证了上述结果，因此法院支持了制造商以及 Dr. Gilbert 的主张。

除了以上这些针对现有产品技术市场的案例之外，对于未来产品技术市场也有成功界定案例，如汽巴嘉基(Ciba-Geigy)/山德士(Sandoz)案[①]。在该案中因为在兼并提交申请时还没有任何基因治疗产品被食品药物管理局(FDA)所批准销售，所以该"基因治疗技术"市场应该被划分为"未来产品"技术，在界定相关的技术市场时，联邦贸易委员会认为，基因治疗技术市场应由其知识产权（对该知识产权的需求来源于对未来将实现商业化的基因治疗产品预先需求）组成。因此如果两者兼并，将会控制基因治疗产品的关键性技术，且该兼并创造了一个无法取代的知识产权资产（该资产组合对基因治疗产品的商业化是必要的）组合，因而如果进行兼并就会对技术市场的竞争造成不良的影响。

但是"目前产品"与"未来产品"技术市场的界限并不总是那么明显的，而且在有些案例的技术市场分析中可能同时包含两种情况。比如在对 Summit /VISX. 案中，联邦贸易委员会起诉两公司

---

① Ciba-Geigy Corp. v. Sandoz Ltd. ;Civic Action No:92—4491(MLP);1993 U. S. Dist. LEXIS 21044.

专利联营,认为通过联营两公司实现了对激光光学角膜切削术技术许可市场的垄断。本案的特殊之处在于:联邦贸易委员会指控被告的联营行为开始于1992年,虽然该技术当时已经有了相当广泛的临床试验,但是直到1995年FDA才批准并允许在市场上销售。因此对于在1992年到1995年期间,PRK技术许可的市场应是一个"未来产品"市场。在1995年随着FDA对该技术的批准,该市场变成了一个"目前产品"技术市场。

四、界定技术市场的方法评价

技术市场的方法在实践中可能会碰到很多问题,从而导致界定不准确,主要有如下几个方面:

第一,对于技术市场界定问题,知识产权指南采用与传统产品市场相同的分析法,因为在知识产权领域市场价格的敏感度与一般产品市场的未必相同,因此运用同样的分析方法可能会出现偏差(Gotts, L. K. and Fogt, H. W. , 1995)。

第二,由于技术实质上是以信息为导向,信息的流动性明显强于一般的产品市场,因此在涉及技术因素时很难准确地界定参与者和各方的市场份额(Aziz, A. H. , 1995—1996)。

第三,由于专利技术本身为具有排他性,单纯取得许可并不代表被许可人积极地行使该权利,这是因为专利的许可有着多种形式,因此将许可技术与其他近似替代技术的价格进行比较时,要全面考虑行使替代技术时的许可成本,否则将高估替代技术所能形成的替代效应(黄靖元,2005)。

第四,当不存在与许可技术相关的最终产品,或者是只利用最终产品市场无法准确反映许可协议对竞争的影响时,因为很难获得替代品及其许可成本的信息,所以使用技术市场分析可能很难获得准确的结果(Newbery, J. A., 2000—2001;Aziz, A. H., 1995—1996)。

1995年《知识产权反垄断指南》中确定的相关市场一共有三类——即产品市场、技术市场和创新市场。某种程度上它们有所重合,比如"未来产品"技术市场(用于不存在现实商品的知识产权的市场)和创新市场(由针对新型的或改进的商品或方法的研究与开发组成的市场)之间的界限就不是很清晰(Landman, L. B., 1998)。因为创新市场中包含对某些技术及其替代技术的研发活动,这当中极有可能包含可交易的技术。不同于技术市场,创新市场还包含了那些不可交易的创新活动,它们无法用技术市场的分析思路来界定,因此需要引入创新市场的分析框架。

第二节 创新市场

一、创新市场产生的背景及含义

1. 创新市场产生的背景

新古典经济学认为,在完全竞争的市场条件下,资源配置效率可以实现最大化,它强调的是以帕累托效率[Pareto Efficiency,又称帕累托最优(Pareto Optimality)]为代表的均衡效率,忽略了增长效率。因此,新古典经济学中所提到的效率更像是一种静态而非动态的效率。动态效率是指各种创新中的适当的投资水平,引入新产品的速度,以及对现有产品的生产技术改造的速度(唐要家,唐春晖,2004)。构建的动态效率分析框架是奥地利学派的代表人物熊彼特(Schum Peter,1942),他认为从长期来看,技术创新或技术进步这种动态效率对经济增长的贡献要比资源配置效率对经济增长的贡献大得多,只有经济增长才能实现消费者长期福利的最大化。此后很多经济学家(如 Solow,R. M.,1957 等)在研究影响经济增长因素的时候,越来越多的发现教育、研发等对创新有影响的因素对经济增长的促进作用远远高于资本及人力等因素所起到的促进作用。波特(Porter,2001)从国家竞争力的角度也提出,生产力水平的提高是衡量动态效率的标准。只有提高生产力水平,才能促进一个国家国民生产总值的增加,消费者的长期福利才能得到保证。而提高生产力水平关键靠创新而非降低价格成本差(Price-Cost Margin),因此,他主张修改美国的反垄断法律,鼓励企业进行基于创新的竞争而非仅仅基于降低价格成本差的竞争,正是因为创新对于经济发展的重要作用,所以创新这一因素在反垄断的司法实践中越来越引人关注。

20 世纪 80 年代以来,随着后芝加哥学派兴起的影响,反垄断的经济学分析思想也发生了变化,相比于传统的新古典经济学的静态分析,后芝加哥学派抓住信息不对称等市场不完善的特点,认为市场机制本身是存在缺陷的,在分析市场的时候应更注重效率和公平两者的平衡,并运用多种分析工具,同时注重从实用主义的角度出发进行反垄断规制,特别是近年来由于科技的快速发展,新经济产业促使市场不断变化,更需要在芝加哥学派的基础上进行更语境化的经济分析,创新市场正是这些分析当中一种重要的思路。

同时监管机构和普通大众也都开始认识到创新因素在反垄断审查中的重要作用。在反垄断司法实践中,美国司法部反垄断局的前任局长认为创新对社会产生的作用越来越重要,在激励经济增长、保护创新中扮演着越来越重要的角色。另一个反垄断机构的高级官员认为:"就像价格竞争对我们很重要一样,维护创新的竞争也同等重要"(Kramer,R.,1999)。这说明在具体的反垄断执法中,反垄断官员已经开始把研发看做是市场势力的重要表现之一。除此,普通大众也开始意识到反垄断不仅仅应保护价格、产量等,产业是否能够持续进步也是它需要考虑的重要方面,比如《商业周刊》在2000年5月15日刊登的一篇文章中就指出"创新是(反垄断机构)首要考虑的因素",该文中提到:从惯例上讲,监管者只关注那些企业是否会人为地骤然提高价格或减少产出,而现在,他们似乎越来越注重衡量这些企业的行为对创新的作用。创新市场正是在这样的大背景下应运而生。

2. 创新市场的含义

早期学者的研究认为,在兼并案的审理过程中只需考虑兼并是否会损害创新,而不一定需要通过界定创新市场的方式来实现,然而在长期的司法实践中只是抽象的阐述兼并对创新的损害,不便于实际操作,因此需要对创新市场的概念给予明确的界定(Katz,M. L. and Shelanski, H. A.,2006)。

创新市场的概念最早是由美国1995年的《知识产权反垄断指南》正式提出的。而事实上在此之前,创新市场的思想就已经在美国的反垄断立法及司法实践中得到应用。例如1988年颁布的《国际运营中的反垄断执行指南》中,司法部在分析案例时就曾指出,评估合资研发时除了分析技术市场与下游产品市场之外,还将针对兼并的合法性问题采用界定"相关研发市场"(Relevant R&D Market)的方法,把有能力和动机进行合资研发或近似活动的企业界定到一个市场中,将他们都认定成为创新市场的参与者。

在1992年《横向兼并指南》中虽然没有明确的提出创新市场的概念,但是已把研发作为可能会影响经济效率的因素纳入到了反垄断审查中考虑。1995年《知识产权反垄断指南》正式提出创新市场概念,指出"创新市场主要有两种类型的企业构成,一种是正在进行新产品或性能更高的产品开发的企业,另外一种是有类似可替代性开发的企业。替代性的开发是指其他企业进行的、可以限制兼并企业运用市场势力的研发、技术或者产品上的创新。一个典型的例子是其他企业的研发往往会降低兼并企业的垄断势力,从而使得兼并企业的研发速度不会降低。"因此创新市场是指把研发某种未来产品的实际和潜在的企业都包括进来的市场(Katz, M. L. and Shelanski, H. A., 2007)。

不同于美国,欧盟并没有采用创新市场这一概念,而是通过考察研发单位之间的竞争,或者是正在研发的产品在未来市场上的竞争来分析相关的兼并案件,其分析的结果大都与美国的结果完全一致。但区别在于欧盟委员会往往偏好短期的、实用的、具体的和能立竿见影的技术创新,主要分析兼并行为对于涉案企业技术创新的能力和动机的影响(Gilbert, R. J., 2004)。

创新市场的界定是一种从动态的角度来考虑兼并问题的新思路。它要求监管者充分认识到创新作为一种非价格竞争手段在社会福利改进方面的作用,并用此来阻止垄断对创新的消极影响。创新市场作为一个新的概念,同传统产品市场相比有着鲜明的特点,主要是有如下几个方面:

(1) 不具有交易行为

相比由现实商品构成的产品市场和由知识产权所构成的技术

市场,创新市场本身不具有交易行为(Davis,R.W.,2003)。创新市场关注的是企业在市场中的创新活动,这些活动是为了在将来销售创新产品、进而在未来竞争中获得优势地位而采取的竞争行为,这些行为本身不能产生可以交易的产品,因此传统的市场界定方法很难在创新市场的界定中起到作用。

(2) 追求投入最大化

相对于传统产品市场,创新活动更加复杂,其投入产出机制不明了,从而导致最优投资水平难以确定,最终导致企业对创新所采取的策略常常是追求最大的投入(Davis,R.W.,2003)。但是这样做也有一定的弊端,正如阿尔文·勤(Alvin R. Chin,1997)所提到的,创新市场分析注重资源投入水平而不是创新产出,这样会带来效率的损失,所以在界定的时候要尽量对这一点进行修正。

(3) 不关注市场份额

正是由于创新市场的最佳投资水平难以确定,在规制的时候往往不关注市场份额。

(4) 单边效应

由于创新的复杂性,不太可能出现像产品市场上那种价格上的反向一致的情况。因此相比于传统产品市场,创新市场界定中更关注单边效应(Davis,R.W.,2003)。

(5) 难以确定最优的创新市场结构

创新市场上技术变革飞速,今天在创新市场上具有垄断势力的企业随着技术的迅速变化,可能在很短的时间内就会失去垄断势力,因而创新活动的高度集中不一定会损害消费者利益(Woan,S.,2008),但是究竟什么样的市场政策或者市场结构更能够促进创新,目前还不十分确定。

(6)知识外溢

创新活动具有很强的流动性,使得各种研发活动能彼此影响,从而导致知识外溢。所谓知识外溢是指包括信息、技术、管理经验在内的各种知识通过交易或非交易的方式流出原先拥有知识的主体。知识外溢源于知识本身的稀缺性、流动性和扩散性,所以企业的研发活动即使有垄断势力,但是随着时间的发展,创新所带来的知识还是会最终造福其他企业,进而促进整个社会发展(Woan, S.,2008)。

二、界定创新市场的方法

1. 理论依据

综上所述,创新市场作为一个新兴的市场具有自身的特点,所以创新市场的界定需要根据自身特点来制定新的方法,而这种方法主要是以潜在竞争者理论为基础发展起来的。

潜在竞争理论起源于美国20世纪60年代的判例法,被1968年《兼并指南》所确定,该理论关注的问题是:如果没有这个兼并,参与兼并的企业在未来是否可能作为竞争者进入这个相关市场,而企业的创新性活动正是企业能否进入相关市场的一个关键因素。从另一个角度看,创新对于企业活动的影响主要体现在其对未来竞争的影响上,所以在考察企业兼并时加入创新因素,主要是由于兼并对创新造成的伤害可能导致对未来竞争的伤害,因此从这个角度看,有学者认为创新市场的提出是对潜在竞争者理论的一种复兴,因为创新市场与潜在竞争者理论一样,所关注的都不是对现实产品市场的影响,而是对未来产品市场的影响。但由于潜在竞争者理论适用上具有局限性,仅适用于市场结构高度集中、已处于独占地位或具有集中化趋势、且仅存少数能够满足进入门槛的市场外的潜在竞争者,因此单独使用潜在竞争者理论无法识别受影响的全部市场,即使能够识别,如果兼并的企业既不是竞争者也不存在纵向关系,则传统的竞争效应分析也可能无法做出准确判断,因此,为了能在更广泛的范围内考察兼并行为对创新市场的影响,创新市场的各种界定方法被提了出来。

2. 具体方法

如果兼并发生在仅存的几个进行研发活动的企业之间,那么这样的兼并很可能会对企业的创新活动产生影响。若兼并双方拥有竞争性的研究项目,这样并购者在兼并完成后会取消被兼并者原有的研究项目;另外一种情况是拥有市场的一方会兼并掉正在研究新产品的企业,并在兼并完成后取消掉新产品的研究。

很多学者都提出了界定创新市场的方法,因为创新市场更多的是从定性的角度出发,所以这些方法也呈现出不同的特点。

(1) 吉尔伯特和尚夏尔(Gilbert and Sunshine)

吉尔伯特和尚夏尔在1995年提出了创新市场的界定方法。由于吉尔伯特是1995年《知识产权反垄断指南》起草小组的负责人,尚夏尔也是当时起草小组的成员之一,因此他们所提出的界定方法某种程度上也反映了1995年指南的内涵,这种方法的影响力相对来说也比较大。吉尔伯特和尚夏尔所提出界定创新市场的方法与1992的《横向兼并指南》中的SSNIP检验方法大致相同,差异之处仅在于产品市场分析的是微幅但显著且非暂时的价格上升,创新市场则分析微幅但显著且非暂时的创新投入的削减。在具体操作中他们把企业所占有的、用来直接产生某种用于特定的新产品或者新工序以及其替代产品的资产定义为研发费用和资产。

在具体方法上,吉尔伯特和尚夏尔在界定创新市场的时候分具体三个步骤:

第一,界定企业间重叠的研发活动。具体来说可以分为两个步骤,先是要判断进行兼并的企业现在正在进行的研发活动,然后进一步判断这些研发活动将要开发的产品或制造过程是否会在未来产品市场中相互竞争,是否会影响未来产品市场中产品的质量或价格。

第二,寻找重叠的研发活动的可替代研发活动。即在第一步的基础上界定是否存在"合理可替代的其他研发活动",判断什么是"合理可替代的其他研发活动"时,主要采用1992年《横向兼并指南》中评估市场"是否存在符合购买者需求的其他替代品"的概念。具体来说包括现有的竞争者和将来可能在创新市场中参与竞争的企业,即考量创新市场中可能的供给替代和潜在竞争者。

如果界定出的替代研发单位很多,那么可以认为该创新市场竞争激烈,因此不需要从创新市场角度否定兼并。同时还要注意两点:1)如果这项研究活动进入门槛很低,很多企业都可以进入的话,那么这个创新市场上竞争会很激烈,因此不需要在创新市场的层面上审查兼并,2)在判断替代性时,企业必须在合理的短时间内取得进行相关研究所需要的必要资产,为了确保界定市场时不将合理的短时间延伸过长,应采用与兼并指南一致的标准,即将范围限于在2年内。

第三,如果具有替代性的研发单位较少,则应考察这项研发活动所针对的下游市场竞争程度。当一垄断者投入研发时,便有机会扩张其在下游产品市场的占有率并增加获利,如果在下游市场竞争激烈的情况下,企业如果削减研发很可能带来下游市场上利润的损失,使得削减研发方面所获得利益可能无法完全弥补,因此企业也不会选择减少研发。所以在这种情况下也不会否定竞争。

执行完以上步骤之后,创新市场的范围已经被界定出来。如果这当中企业的数量不够多,那么就需要进一步观察上述研发单位的集中度和动机,重复上述步骤直到能够确认兼并是否会影响创新。

这种界定创新市场的方法虽清晰明了、易操作,但也存在很多问题,首先在创新市场中还没有具体的证据证明,研发活动的削减一定会造成创新的削减;其次由于创新不是以消费者的反应为基础的,除非企业已经从中获益,否则很难取得相关竞争者的信息;最后由于研发活动经常涉及商业秘密,相关资料诸如市场占有率等很难获取,而且也很难确定界定市场时所需要使用的研发资产的范围(黄靖元,2005)。

(2)阿提·莱(Arti K. Rai)

在 GS 框架里把公司所占有的、用来直接产生某种用于特定的新产品或者新工序以及其替代产品的资产定义为研发费用和资产,这样的界定方法只能包括对已有产品的研发,当不存在现有的产品市场以及研发方法不确定时,创新市场很难确定,因为技术创新的潜在资源会产生产品市场,这个产品本身可能并不确定。阿提·莱在 2001 年从该角度提出在界定创新市场时要考虑到两种情况:

第一,考察兼并对于已有产品创新活动的影响时,使用创新市场的分析方法确定性比较高。这时兼并对于创新市场的影响主要体现在以下两个方面：一方面是研发费用会随着兼并而受到影响；另一方面其研发产出的产品之间本来可能形成竞争。

第二，使用创新市场分析兼并对"未来产品"市场的影响时存在较大的不确定性。一般来说，研发进行得越深入，所界定的市场确定性就越高。如果兼并企业间的某项技术可能影响某种尚未出现的市场中的产品的话，那么对整个社会的创新也是会产生影响的，但是因为不能确定这种尚未出现的产品最终因何而产生，因此比起界定针对已有产品的创新活动，这种情况具有很大的不确定性。

事实上在之后的许多相关讨论中，很多学者并没有直接通过界定创新市场来判断兼并是否影响创新，而是从不同的角度、用不同的方法直接来判断兼并对创新的影响。

（3）卡茨和西莱克斯（Katz Shelanski）

卡茨和西莱克斯在 2007 年进一步完善了吉尔伯特和尚夏尔的方法，并建议反垄断机构在审查对创新起重要作用的兼并案时，应遵循以下几步：

第一，检验正在进行的创新是否可能影响相关产品市场的竞争，并解释可能的效应。比如，参与兼并的一方正在进行的创新如果足以使兼并后的企业具有更强的市场势力，那么该兼并将减少可能的产品市场竞争。但是，如果两家竞争者进行兼并，而第三方的创新会使其能够成为相关市场的新进入者，则兼并的负面影响会比较小。如果兼并具有降低潜在竞争的可能性，就会被假定为兼并对创新具有危害性。

第二，确认兼并对创新本身可能产生的影响。即通过对事实进行密集型调查，论证减少特定研发中参与竞争的企业数量是否会损害创新。

第三,在确定了兼并对产品市场竞争和创新的影响后,需要进一步确定如果批准该兼并对消费者福利的影响。某些兼并案的产品市场竞争效应和创新效应是一致的,因而提高福利的行动也就比较明确。而在另外一些案件审理中,需要对静态和动态利益做出权衡,这种情况下一般都会建议执行机构对兼并中不同成本和收益的相对概率和价值进行细致分析考虑是否可能发生损害。

(4)桑尼·沃(Sunny Woan)

桑尼·沃认为在考察兼并是否会损害创新时,首先根据安全区理论先划定一个区域,在此区域内的兼并都不受反垄断法的规制,这样可以提高反垄断法适用效率。在具体实践中如果两家企业在相关技术或者创新市场的总共份额不超过20%,且协议表面上不妨碍竞争,那么基本上,政府部门不会质疑该协议。其次,如果不在上述范围内,政府部门就会考察该兼并是否会单方面减缓创新的速度,兼并企业必须证明自己有能力和动机不减缓创新速度。在确定该能力和减缓动机时,一般分三步检验:

第一步,政府部门首先考量两家兼并企业是否具有其他企业所没有的、用于研发的特殊资产。

第二步,必须进行实质调查并有证据显示研发企业有减缓研发的动机。

第三步,政府部门必须证明其他企业不能取得与两家兼并企业一样的资产。

如果上述三步均被证明,那么该兼并就会被起诉。安全地带的应用,可以提高审查效率,该方法避开了计算市场集中度和份额等数据难以获得等问题。

三、界定创新市场的司法实践

美国法院的判例中对创新和研发的关注可以追溯到1945年美国铝公司案(United States v. Aluminum Co. of America)[①],在此案中除了考察价格竞争、最大化产出之外,法院第一次明确将兼并是否抑制"产业进步"纳入考虑范畴,其中上诉法院法官勒尼德·汉德明确地指出反垄断规制推崇用竞争行为促进行业进步。其后在一些兼并案件的审理中,创新和研发受到关注。1969年,加州地方法院在审理一件汽车案(United States v. Automobile Mfrs. Ass'n)[②]时也提出要关注研发中的竞争状况;1977年通用发动机(General Dynamics)案中,尽管与产品创新无关,但是在审理中强调了兼并分析应是动态的而非静态的;在同年的Babcock/Wilcox案(Babcock & Wilcox Co. v. United Technologies Corp.)[③]中,法院曾假设出一个"发电设备的研发市场"来作为判决的依据。然而在1981年—1992年,反垄断判例中对创新市场的应用受到了很大的质疑(Davis,R. W.,2003),例如在1981年的SCM/Xerox案[④]中,上诉法院拒绝以创新为理由强制Xerox公司做出进行专

---

① United States v. Aluminum Co. of America., 148 F. 2d 416, 427 (2d Cir. 1945). @Did Congress Actually Create Innovation Markets 1996.
② United States v. Automobile Mfrs. Ass'n, 307 F. Supp. 617 (C. D. Cal. 1969).
③ Babcock & Wilcox Co. v. United Technologies Corp., 435 F. Supp. 1249, 1276—77(N. D. Ohio 1977).
④ SCM Corp. v. Xerox Corp.,645 F. 2d 1195(2d Cir. 1981).

利许可。

而在 1990 年罗氏·霍尔丁(Roche Holding)对基因泰克(Genentech)的并购案[1]中,研发和创新成为了影响法院界定相关市场考虑的主要因素。在此案中,联邦贸易委员会提起审查的理由是二者研发活动的兼并会影响未来的产品市场并减缓创新的速度,采用的是相关产品市场的分析方法,但关注的焦点不再是现有产品的市场竞争,而是产品的研发竞争,因此将相关产品市场界定为"针对维生素 C、荷尔蒙缺乏等的疗法,基于 CD—4 的对 AIDS 和 HIV 的疗法"的研究、开发、生产和营销,并认为该兼并会影响这些领域新产品的研发竞争。

最早应用创新市场的判决是在 1993 年美国诉通用汽车案[2]中,通用汽车公司准备将它的阿里森运输车部门出售给德国的 ZF 公司,这两家公司是世界上客运车和大型卡车自动传动装置的主要生产者,他们的产量占全球市场的 85%。虽然两家公司在欧洲市场上是激烈的竞争对手,但在因为北美的产品市场是 GM 公司为主导,所以两家公司并没有在产品市场上相互竞争,因此法院认为静态效率分析在此案中显得并不那么重要。在具体审查过程中,联邦贸易委员会认为:即使 ZF 在这种装置的美国市场上既不是现在的、也不是未来的销售者,美国消费者也会因为创新市场竞争的减弱而受到损害。在分析的过程中,联邦贸易委员会把创新市场界定为一个全球范围内客运车和大型卡车自动传送装置的系列技术,并认为此项资产交易对运输车创新市场的影响要远甚于

---

[1] Roche Holding Ltd., 113 FTC 1086(consent order final, 1990).
[2] United States v. General Motors Corp., Civ. No. 93—950 (D. Del. filed Now. 16, 1993).

这两家公司发生在美国境内的十分有限的现在产品市场的竞争。这说明美国反垄断机构在作出判决时,开始考察涉案企业的研发能力,并认为竞争者内在的创新能力决定了其在产品或服务方面的外在竞争力,并将其作为审核兼并的重要依据(Landman, L. B. ,1998)。

随着1995年《知识产权反垄断指南》的颁布,随后越来越多的案例开始使用创新市场的概念。例如联邦贸易委员会在分析汽巴－嘉基(Ciba-Geigy)和山德士(Sandoz)的兼并案[①]时,联邦贸易委员会没有对研发市场作出分析,而是指出将来会出现一个基因疗法产品的研发市场(包括体内和体外的基因疗法),具体包括了四个特定的基因治疗未来商品市场:(1)单疱疹病毒—治疗癌症的胸苷激酶基因疗法;(2)治疗移植物抗宿主体的胸苷激酶基因疗法;(3)治疗血友病的基因疗法;(4)抗药性基因疗法。在具体审查过程中,在基因疗法领域的联合专利地位会使得它阻止其他竞争者参与到和该疗法相关的研发中来(并最终阻止他们生产出有竞争力的基因疗法产品)。

在1995年的孟山都农(Monsanto)/迪卡尔布(Dekalb Genetics)案[②]中,迪卡尔布宣称拥有玉米转基因专利,而孟山都农拥有与细菌方法有关的知识产权,该方法也可以实现同样的转基因。在审理中法院认为孟山都农和迪卡尔布的技术有一部分是重叠的,这一部分重叠的技术可能对未来出现的转基因玉米市场产生影响,因此把这部分重叠的技术界定为一个创新市场。同年,先讯美资和克隆

[①] Ciba-Geigy Corp. v. Sandoz Ltd. ,Civic Action No. 92—4491 (MLP);1993 U. S. Dist. LEXIS 21044

[②] Monsanto v. Dekalb Genetics, 59 Fed. Reg. 60,807(FTC 1995).

格(Sensormatic/Knogo)案①中,先讯美资提出收购克隆格公司北美市场之外的资产,以及在北美区域有关制造商安装的一次性防盗防窃标签的知识产权,该产品属于尚未存在的新一代产品,且这两个公司都有相应的研发项目。在本案中FTC将有关制造商安装的一次性防盗防窃标签的研发活动界定为一个创新市场,联邦贸易委员会认为该兼并将对创新市场造成影响,并以此否决了该兼并。

由于创新市场界定方法一直以来存在争议,在大多数案例中创新只是作为考虑的因素被纳入兼并审查中,很多案例并没有运用创新市场的概念,而是用了诸如潜在竞争者理论和考察未来产品的方法来考察创新,比如在瑞特医疗技术公司(Wright Medical Technology)案中应用了潜在竞争者理论,法院在审查时主要的考虑是随着技术的发展,未来还会有很多公司进入这一手部整形技术领域,但由于无法准确考量究竟有多少公司能够进入这一竞争领域,法院最终没有以这个理由来否决兼并。

四、界定创新市场的方法评价

虽然上述运用了经济学理论对创新市场进行了界定,但实际上对于创新如何影响竞争,其机制依旧缺乏透明性,因此难以进行进一步的定量分析(Woan,S.,2008),因此,对于创新市场的合理性一直都存在很大的争议,并且究竟什么样的市场结构更有利于创新目前也还没有定论(Davis,R.W.,2003),所以在界定创新市场时使用什么样的标准会带来什么样的后果很难预料。同时指南

---

① Sensormatic Elec. Corp., 119 FTC 520 (1995); see also Analysis to Aid Public Comment,60Fed. Reg. 5428(Jan. 27, 1995).

中也没有明确阐述反垄断机构应如何分析兼并对创新和竞争的影响(Tucker, D. S. and Sayyed, B. , 2006),更加剧了通过界定创新市场来判断兼并对创新以至于竞争的影响的结果的不可预测性。同时我们所要衡量的创新市场实际上是一个很抽象的创新过程,而创新过程实际上是思想性的创造,而且充满很大的不确定性,同样的,科技创新和研发行为也充满了各种不确定性,有时候一个突然的灵感可能使得企业取得某项技术,从这个角度看,我们不可能通过创新市场界定出所有参与创新市场竞争的人(Carrier, M. A. , 2008)。

有些学者认为,根据创新市场的概念,我们想要关注的创新市场是研发的过程,然而现有的分析框架下所探讨的更多的是兼并对发生在未来市场上产品之间的竞争的影响,而非创新本身。因此可以在针对行为损害本身,是否影响相互竞争的角度出发采取反垄断的行动,不需要创新市场这个概念,即使不界定创新市场,单单考察未来产品市场的竞争状况也可以审查兼并对于创新的影响(Whalley, J. , 1994—1995)。

在探讨创新市场的时候,很多学者认为由于创新所具有的流动性,创新市场的区域界限应当界定为全球范围内。但是创新市场的区域范围是否总是全球等(Whalley, J. , 1995)其实是没有定论的,在很多情况下可能会出现各种限制,比如有的国家会对技术引进做出各种限制产品。

小 结

技术市场与传统产品市场相比有着很多相同点,首先技术市场的基本概念与传统产品市场并无差异,唯一的不同是在于技术市场进行交易的客体为知识产权,而不是实体产品。根据上述 IP 指南的规定,当该知识产权与使用该知识产权生产的产品分别销售时,执法机构将使用技术市场分析其反竞争效应。其次技术某种程度上可以完全体现在市场上销售的产品中(比如,当创新产生的技术改进了家用电器或其他机器的性能)或者其本身也可以在市场上销售,又或者作为一种投入品整合到其所销售的产品中(比如,一项生物技术专利的发明者可以把专利转让给药品公司,而药品公司可以把这项发明用在药品上并把药品卖给消费者),而可单独销售的技术由于其可以具有可以交易的特性,因此与传统的产品十分类似。

但需要注意的是单独的将技术市场作为一个新的市场主要是考虑到这样做有利于突出创新的重要性,能够更好地把执法注意力集中到由研发带来的产品、而不只是生产或直接的服务供应的产品。此外,技术市场体现出以下这些与传统的产品市场有很大区别的特点:技术市场的生产通常是高度不确定性的;它是中间产品市场并且存在很强的纵向关联;其产出品是信息,其边际成本跟平均成本(或第一个的成本)比起来非常小;由于技术的流动性,技术市场的地域范围常常是全球;而且技术市场更新变化十分迅速;同时技术市场具有网络效应。这些都表明技术市场与产品市场虽然界定方法相似,但还是有很多不同之处(Michael L. Katz; Howard A. Shelanskl,2007)。

虽然技术市场已经有所创新,但是其只能通过其销售的成果来衡量研发活动,包含的仅仅是那些可以销售的专利技术,并不涵盖研发过程中可销售的技术,以及大量厂商为内部而不是为市场消费所研发的技术。并且技术市场所规制的往往是相互之间具有竞争替代性的专利技术，不包括互补性的专利。因而引入创新市场是十分必要的。

随着创新市场的引入，反垄断执法机构近些年对特定兼并和企业行为对创新的影响表现出越来越多的关注。1990—1994年间，司法部和联邦贸易委员会审查了135起兼并案，其中只有四个案例中提到对创新的负面影响，而1995—1999年间，执法机构以创新效应为考察重点审理了47例兼并案。相比之下，2000—2003年间，审理了109起兼并案中有41起提到了创新效应。尽管执法机构基于对创新的影响，裁决了大量兼并以及非兼并案，但这并不意味着这些执法行为就开启了创新市场的新时代，创新因素只是在极少的案件审理中起决定性作用，被指控可能影响创新的案件也常常以对现有的产品或服务市场产生不利影响为由被起诉。有时，创新因素的引入也可能会导致创新市场管制过于宽松。目前以创新为核心的兼并案例正在顺利地进行，并且在少数产品更新极快的新型产业，创新已经作为独立因素纳入反垄断案例的审理中。

第十一章 非横向兼并中的相关市场界定

在长期的反垄断司法实践中,各国的反垄断执法机构只关注横向兼并,而不把非横向兼并即纵向兼并(Vertical Merger)和混合兼并(Conglomeration)列为反垄断审查的范围。但是近年来大规模的非横向兼并对竞争造成了越来越大的影响,反垄断执法机构也将关注的焦点转向非横向兼并。自美国1984年的《兼并指南》第一次将非横向兼并列入司法审查范围后,美国于1985年正式出台了《限制纵向协议指南》,随后欧盟也于2000年和2007年分别颁布了《纵向兼并指南》(the Vertical Merger Guidelines)和《非横向兼并指南》(The Horizontal Mergers Guidelines)。根据上述指南,相关市场界定也成为非横向兼并反垄断审查的核心环节,但这些指南并未明确给出非横向兼并中相关市场的定义及界定方法,而传统的依赖于考察产品替代性界定相关市场的方法对此已不再适用,一直以来,对非横向兼并中的相关市场界定也并没有构建出一致的标准,而只是局限于不成熟的理论探讨。本章就非横向兼并,尤其是纵向兼并及产品间具有互补性的混合兼并问题分别进行了较详细的阐述。

第一节 非横向兼并产生的背景及含义

一、非横向兼并的含义

在反垄断司法实践中,兼并主要是指两个或两个以上独立的企业重新构成一个新的企业。根据参与兼并的各方主体之间的市场关系,兼并可区分为横向兼并和非横向兼并(Non-horizontal merger)。横向兼并是指竞争者之间进行的兼并,参与兼并的各方通常处于同一相关市场,具有直接竞争关系。非横向兼并是与横向兼并相对应的概念,按照参与兼并的企业间的不同关系,其可分为纵向兼并和混合兼并,纵向兼并又称垂直兼并,是指处于生产经营不同阶段的、同一产业内的上、下游企业之间的兼并(Underlines on the Assessment of Non,2008),主要是企业向原料生产、加工及产品销售各阶段的纵向延伸。混合兼并是除了横向兼并和纵向兼并之外的其他所有形式的兼并。美国联邦交易委员会将混合兼并又进一步划分为三类:产品扩张型兼并(Mergers About Product Expansion),即产品功能具有互补关系的企业间的兼并;市场扩张型兼并(Mergers About Market Expansion),即从事同一阶段的同种经济活动,但市场区域或顾客对象不同的企业间的兼并;纯粹混合兼并(Pure Mixed Mergers),即生产和经营上毫无关联的企业间的兼并,该兼并实施的主要动机在于实现范围经济和分散经营风险。由于纯粹混合兼并通常不会对竞争产生影响,因此美国和欧盟的兼并指南主要关注的是前两种类型的混合兼并。

在混合兼并中,产品扩张型兼并主要有三种形式:第一,由德特和萨伦特(Gaudet and Salant,1992)提出的有 n 种产品互补,但需要共同消费的情形,也就是不存在生产任何两个互补产品企业之间的竞争;第二,伊科诺米和沙洛普(Economides and Salop,1992)描述的生产相互之间可兼容的两个互补品的企业之间的竞争;第三,金和西门(Kim and Shin,2002)描述的企业生产三个互补产品 A、B、C,产品间不存在兼容性,但是企业 1 生产 A、B,企业 2 生产 B、C,即两个企业在产品 B 的市场上存在竞争。由于后两种情形除了纵向兼并外还包含一定程度的横向兼并,因此本章只讨论简化的第一种情形,即只有两个商品 X、Y 且之间存在互补性的情况,如果增加商品 X 的销售,那么商品 Y 的销售也会随之增加,反之亦然。而存在需求互补性的产品主要存在于电信、银行、IT 产业以及银行卡交易的双边市场等,这些产业产品的共性是都具有多个子产品或服务,例如我们可以将汽车看成由车轮、座位、反光镜等组成的产品束,固定电话是由接入(Access)、呼叫源(Call Origination)、本地呼叫终端(Local Call Termination)、长途呼叫源(Long Distance Call Origination)、查号服务(Directory Services)等子服务组成的服务束(张昕竹,2008)。

二、非横向兼并的提出

与横向兼并指南类似,非横向兼并指南也是伴随着经济学理论的发展而产生的。关于非横向兼并对竞争的影响,经济学家的认识大概分为两个阶段。早期的芝加哥学派的认识相对片面,认为纵向一体化主要是为了减少交易成本,提高效率等,除非是极特殊的情况,一般不会带来排除竞争的问题。因此在早期的司法实践中,只有关于替代品的反垄断市场界定,而没有关于互补品的反垄断市场界定,这一漏洞经常被涉案利益方所利用,一般来说,原告通常通过缩小相关市场的范围来证明被告的兼并行为有损竞争,而被告则尽可能提供证据扩大相关市场的范围。而后芝加哥学派对非横向兼并的认识较为全面,认为非横向兼并对竞争有双重影响:第一,非横向兼并可以促进竞争。首先,参与非横向兼并的企业并不能像参与横向兼并的企业一样是事实上或者潜在的竞争者,因此非横向兼并不会改变市场集中度;其次,非横向兼并有助于提高效率,通过将交易变成新企业内部的协调,参与兼并的企业能够降低兼并前的部分交易环节,从而节省交易费用;同时,对于那些位于同一地理区域、具有同样顾客群的产品来说,非横向兼并便于消费者进行整体采购,从而增进消费者福利。第二,非横向兼并也可能通过封锁效应(Foreclosure)和共谋效应(Coordinated Effects)阻碍竞争,但相对于横向兼并,其对有效竞争的妨碍作用一般较小。具体而言,在生产的上游环节,兼并主体可以通过提高原材料的售价或者延迟甚至拒绝供货等方式,限制下游竞争企业以市场公平价格获得原材料的能力,增加下游竞争企业的生产成本,提高自己的竞争优势。在生产的下游环节,兼并主体可以通过拒绝购买上游竞争企业的原材料而降低其市场份额,同时,由于降低了原材料的总供给,下游企业获得原材料的平均价格提高,最终加重了消费者的负担。

早在 20 世纪 50 年代,美国的司法部门就开始关注产业链上不同生产阶段的企业之间的兼并问题,最早关于纵向兼并的监管出现于 1950 年《克莱顿法》中,在该法的指导下,美国最高法院对杜邦公司玻璃纸案(United States v. E. I, du Pont de Nemours & Co.)[1]和布朗鞋业案(Brown Shoe Co. v. United States)[2]审理过程中显

---

[1] United States v. E. I. du Pont de Nemours & Co., 351 U.S. 377(1956).
[2] Brown Shoe Co. v. United States., 370 U.S. 294(1962).

示出美国司法部在早期处理纵向兼并案时,很少考虑到提高效率等纵向兼并对竞争的正面影响,而是采取了过于苛刻的态度。在1960年至1970年期间,美国关于纵向兼并的司法实践较少,但是司法部依然采取了严格的监管措施,1968年修订的《兼并指南》中甚至明确规定,在纵向兼并案中,只要上游企业的市场份额超过10%或者其购并的下游企业的市场份额超过6%,就会对竞争产生负面影响,兼并行为应该被制止。70年代晚期,受前芝加哥学派的影响,司法部开始重视纵向兼并对竞争的正面影响,其在1982年和1984年颁布的《横向兼并指南》中都对纵向兼并采取了较为宽容的态度,由于1992年和1997年的兼并指南中并没有涉及纵向兼并的监管问题,而且1985年的《纵向兼并指南》在后期被取缔,因此1982和1984年颁布的《横向兼并指南》仍然是现在纵向兼并司法实践的标准。近几年,受后芝加哥学派的影响,及大量涌现的纵向兼并对竞争的负面影响,美国司法部倾向于对纵向兼并采取了相对严格的监管措施。而由于理论界和司法界关于纵向兼并对竞争的影响问题没有一致的衡量方法和判断标准,而且相关的案件数量有限,还不能形成可靠的经验,因此目前在对纵向兼并的案例分析时更多的是依赖于对单个案件中特定因素的具体分析。

第二节 纵向兼并中相关市场的界定

一、《纵向兼并指南》中关于相关市场界定的阐述

欧盟在2000年颁布的《关于纵向限制的指南通告》中将集体豁免条款(Block Exemption Regulation)作为衡量纵向兼并是否

合法的重要依据,根据该条款的规定,当兼并方在相关市场中的份额超过30%时,才有必要对兼并采取制裁措施。为了合理地确定市场份额,相关市场界定成为纵向兼并司法实践的首要前提。

纵向兼并是产业链中不同环节的企业间的兼并,依据标准的生产流程,完整的产业链可以划分为原料提供商、产品生产企业、产品经销商和消费者等上下游环节。在不同环节的市场界定中,同横向兼并的市场界定相同,替代性依然是划分相关市场的关键依据,而关于替代性的衡量标准,不同的市场有所不同。

对生产企业而言,在上游原材料市场,生产企业对原材料的选择不会影响消费者的购买决策,因此市场范围取决于生产企业的偏好,而与消费者无关。在下游产品市场,一方面,生产企业的销售行为会涉及产品,也会涉及与此有关的品牌,因此销售行为实际成为一种商业运营手段,其竞争者不仅包括同类产品的生产企业,还包括采用类似商业手段的运营方,因此相关产品市场应该涵盖该品牌所有特许经营商的销售市场。另一方面,有些生产企业不仅生产最终产品而且还生产该产品的零部件,有时这些零部件具有排他性,因此相关产品市场不仅应该包括主体产品生产企业,也应该包括由主体产品的零部件及相关服务所组成的售后市场,但是售后市场是否应当被包含在相关产品市场之内还取决于很多因素,如零部件的排他性、产品的使用寿命、产品的置换和维修成本等。更特殊的情况下,当该生产企业同时销售原材料时,相关产品市场还应包括原材料的消费市场。

对经销商而言,在上游产品市场,市场的界定需要取决于经销商和消费者的双重偏好,而且最终消费者的类型也会影响相关市场的界定范围,当最终消费者是专业的大型购买方而非个人时,相关市场的界定范围会更广。

二、纵向兼并中相关市场界定的方法

纵向兼并由于涉及上下游两个企业,因此需要对上下游分别进行市场界定,横向兼并中相关市场的界定方法在纵向兼并中普遍适用,但是由于纵向兼并的市场结构及产品间关系都十分复杂,因此在使用传统方法时,需要在考虑上下游企业关系并依此对相关市场的界定方法做适当调整。下面分别阐述 SSNIP 检验和剩余需求弹性方法在纵向兼并的相关市场界定中的应用。

1. SSNIP 检验在纵向兼并相关市场界定中的应用

假设上游市场有 m 个企业生产同质产品,每单位产出的边际成本为 k,市场的出清价格为 c,下游有 n 个企业,生产异质性的产品,加工成本为 0,单位产出的边际成本为 c。

下游消费者的效用函数为:

$$U(q,I)=a\sum_{i=1}^{n}q_i-\frac{1}{2}(\sum_{i=1}^{n}q_i^2+2\gamma\sum_{j\neq 1}q_iq_j)+I \qquad (11.1)$$

上式表明,产品 q 的需求函数为二次函数,其他产品 I 的需求函数为线性函数,参数 $\gamma\in[0,1]$ 是用来衡量产品的差异化程度,如果 $\gamma=0$,则表明产品间是完全差异化的,每个企业都具有垄断势力,若 $\gamma=1$,则表明产品间完全替代。消费者的预算约束为 $\sum p_iq_i+I\leqslant S$,其中 S 表示收入,产品的价格标准化为 1。

通过对效用函数一阶求导,可以得到消费品 Z 的最优消费量:

$$\frac{\partial U}{\partial q_z}=a-q_z-\gamma\sum_{j\neq z}q_j-p_z=0$$

$$p_z = a - q_z - \gamma \sum_{j \neq z} q_j \qquad (11.2)$$

在 SSNIP 的分析框架下,我们假设参与共谋的 n 个企业组成的市场为初始市场,共谋前所有企业的均衡价格为 P^*,假定垄断企业在此基础上提价 γ^*,可以实现利润最大化,而其他非共谋的企业对该提价的最优反应价格为 P^C。参与共谋的企业通过选择共谋的产出水平来实现利润最大化,因此通过对其利润函数 $\pi^c = (p^c - c)q^c$ 求导,并将(11.2)式带入,假定最优市场界定范围为 n^c,可以得到最优价格和最优产出为:

$$q^c = \frac{m(a-k)[\gamma(n^c-1)+2]}{2(m+1)[\gamma(n-1)+2][\gamma(n^c-1)+1]} \qquad (11.3)$$

$$q^c = \frac{a[\gamma(m(n^c-1)+2(n-1)+2(m+2)]+km[\gamma(2n-n^c-1)+2]}{2(m+1)[\gamma(n-1)+2]}$$

联立以上两式,可以得到相关市场的界定范围 n^c:

$$n^c = \frac{2(\lambda^*-1)[a(\gamma(n-1)+m+2)+km(\gamma n+1)+\gamma m(a-k(2\lambda^*-1))]}{\gamma m(a-k)}$$

$$(11.4)$$

2. 剩余需求弹性方法在纵向兼并相关市场界定中的应用

希金斯和兰迪大卫(Higgins and Shughart,1989)提出使用剩余需求弹性对纵向兼并的相关市场进行界定。为了研究下游市场中产品的替代性及其对上游市场界定的影响,首先对上游市场中单个企业面临的剩余需求弹性进行估计。假设买方市场在投入品上没有可替代性,同时也忽略卖方市场的可替代性,整个生产链只有上下游两个阶段,而且,在上游市场中,一个投入品直接被用来生产单一的最终产品。上游为完全垄断市场,唯一的要素生产企业是本土企业,且上游的产品(要素 X)为多家生产最终产品 Q 的企业所使用。最终产量的需求函数为 $Q_d^d = Q_D^d(p)$,最终产量与生产要素的进口量之间的函数关系为 $Q_M^s = Q_M^s(p)$，为了简便，假设 $X/Q=k$，从而生产 Q 的边际成本为 $MC(Q)=f(Q)+kP_x$，其中 p_x 是投入要素 X 的价格，更进一步假设下游市场是完全竞争市场，产品 Q 的本国供给函数为 $Q_D^s = Q_D^s(p, p_x)$。

生产要素 X 的需求函数为 $X_D^d = kQ_d^s(p, p_x)$，其中，Q_D^s 是所有产品 Q 的生产者的边际成本函数的水平加总，当 $p = f(Q_i) + kp_x$ 时，有 $Q_{Di}^s(p, p_x)$，因此，$Q_D^s = \sum Q_{Di}^s(p, p_x)$，其中 D_i 表示本国产品 Q 的供给者 i。

根据 $Q_D^d(p) = Q_M^s(p) + Q_D^s(p, p_x)$ 可得均衡状态下的 p 为 $p^* = p^*(p_x)$，带入 $X_D^d = kQ_D^s(p, p_x)$，从而得到产品 Q 的剩余需求函数为：$X_D^{Rd}(p_x) = X_D^d[p_x, p^*(p_x)]$，则其剩余需求弹性 $\eta_{p_x}^{X_D^{Rd}}$ 为：

$$\eta_{p_x}^{X_D^{Rd}} = (\partial X_D^d / \partial p_x)(p_x / X_D^d) + (\partial X_D^d / \partial p)(\partial p^* / \partial p_x)(p_x / X_D^d)$$
$$= (k\partial X_D^s / \partial p_x)(p_x / k\partial X_D^s) + (k\partial X_D^s / \partial p)(\partial p^* / \partial p_x)(p_x / kX_D^{sd})$$
$$= -(p_x X / pQ_D^s)\eta_p^{Q_D^s}(\partial p^* / \partial_x) \quad (11.5)$$

又因为 $\eta_{p_x}^{X_D^{Rd}} = -(P_x X / pQ_D^s)\eta_p^{Q_D^s}$，因此有：

$$\eta_{p_x}^{X_D^{Rd}} = -(p_x X / pQ_D^s)\eta_p^{Q_D^s}\{1 + [S_D(\eta_p^{Q_D^s})/(\eta_p^{Q_D^d} - S_M \eta_M^{Q_M^s} - S_D \eta_{Dp}^{Q_s})]\}$$
$$= (p_x X / pQ_D^s)\eta_p^{Q_D^s}\{1 + [\eta_p^{Q_D^s}/(\eta_p^{Q_D^{Rd}} - \eta_p^{Q_D^s})]\} \quad (11.6)$$

其中，S_M 和 S_D 分别是国内外生产企业的生产份额，$\eta_p^{Q_D^{Rd}}$ 表示 Q 的剩余需求弹性，11.6 式表明 X 的剩余需求弹性依赖于 X 在生产中的重要程度，即 $P_x X / pQ_D^s$、本国 Q 的供给弹性，以及本国对于 Q 的需求弹性和 Q 的进口供给弹性。

由于 $\eta_p^{Q_D^d}/(\eta_p^{Q_D^{Rd}} - \eta_p^{Q_D^d})$ 在 -1 和 0 之间取值，因此 $\eta_{px}^{Q_D^{Rd}}$ 界于 0 和 $-(p_x X / pQ_D^s)\eta_p^{Q_D^s}$ 之间。例如，产品 Q 存在国际贸易，那么进口供

给曲线是水平的，即 $\eta_{p}^{Q^{Rd}_D}=\infty$，于是有 $\eta_{p}^{Q^{Rd}_D}=-(p_xX/pQ^d_D)\eta_p^{Q^d_D}$。在这种情况下，使用剩余需求弹性界定要素 x 的相关市场时，要同时考虑 x 重要性、p_xX/pQ^d_D 和 $1/\eta_p^{Q^d_D}$ 的大小，由于计算得到的剩余需求弹性是基于其他条件不变的假设，因此忽略了下游产品价格的影响，使得估计的剩余需求弹性相对于实际值偏大，是对市场界定的一个保守的标准，换言之，如果 $-\eta_{p_x}^{x^d_D}<10$ 或者 $-\eta_{p_x}^{x^d_D}<5$ 由价格测试来决定，这时 X 具有显著的市场支配地位，但是即使 $-\eta_{p_x}^{x^d_D}>10$，X 可能仍然具有显著的市场支配地位，需要进一步考虑 $-\eta_p^{Q^d_D}/(\eta_p^{Q^{Rd}_D}-\eta_p^{Q^d_D})$ 的大小。

其次，基于 SSNIP 检验的思想，使用剩余需求弹性方法对纵向兼并中的产品市场进行界定。

假设投入要素 X 的生产企业对生产产品 Q 的生产企业进行纵向兼并，兼并之后，当垄断者提高 X 的价格，其在上游市场获得的部分利润将被下游市场的损失抵消，如果 X 的剩余需求弹性足够小，使价格能提高 10%，增加的额外成本会阻止垄断者增加任何的价格。则兼并之后，垄断者提高价格 10% 后的总利润为：

$$TG=X^c[1+(0.1)\eta_{p_x}^{x^{Rd}_D}](0.1p_x^c)=TG^c+TG^p-sTB^p \quad (11.7)$$

其中，TG 是全部利润，TG^p 是下游产品市场的利润，TG^c 是上游原料市场的利润，TB^p 是提价造成的产品市场的总损失，这里的 S 是垄断者在本国 Q 的市场份额。

通过非横向兼并，当 $s\geqslant(TG^p+TG^c)/TB^p\equiv TG/TB^p$，垄断者提价 10% 将无利可图，又因为 $TB^p=X^c(0.1)p_x^c(\eta_{p_x}^{Rd}/\eta_p^{x^d_D})(1+0.05\eta_{p_x}^{x^{Rd}_D})$，因此

$$s\geqslant[1+(0.1)\eta_{p_x}^{x^{Rd}_D}]/(\eta_{p_x}^{Rd}/\eta_p^{x^d_D})(1+0.05\eta_p^{x^{Rd}_D})$$

该市场份额就是产品市场与 SSNIP 价格检验标准相对应的相关市场界定的市场份额,通过比较该市场份额与假定垄断企业的市场份额,就可以判断出相关市场界定的范围是否合理。如果 S 大于假定垄断企业的市场份额,则相关市场界定的范围偏大,应该去掉某个次优替代品,缩小相关市场的范围,相反,如果 S 小于假定垄断企业的市场份额,则相关市场界定的范围偏小。

尽管上述两个角度可以从理论上界定纵向兼并中相关市场的范围,但是实践中,由于纵向产品供应市场的竞争是不完全的,而且纵向市场结构中可能会出现不止一家的潜在垄断者,很难通过观察相关数据或者供应链中各个企业的市场势力来判断垄断存在与否,因此纵向兼并中相关市场的界定一直都没有明确的标准。另外判断纵向兼并的依据是供给关系存在与否,但实际上任何两个产业之间,都存在直接或间接的投入产出关系,因此有学者(Fan,J. P. H. and Goyal,U. K. ,2006)提出应该制定一个客观标准,比如产业链之间投入产出关系强度的门槛值,通过比较投入产出关系的紧密程度,来判断某个兼并是否为纵向兼并(张昕竹,2008)。

三、纵向兼并中相关市场界定的司法实践

在纵向兼并中最著名的是雅马哈和 ABC 公司案(Yamaha Intern. Corp. v. ABC Intl. Traders, Inc.)。[1] 被告 ABC 对原告雅马哈对其授权经销商 Nippon-Gakki 的纵向非价格限制行为提起了诉讼,认为原告通过该限制,固定了雅马哈产品的价格,拒绝进

---

[1] Yamaha Intern. Corp. of Am. , Et al. , Petitioners v. ABC Intl. Traders, Intc. , Et al. 502 U. S. 1097; 112 S. Ct. 1177, 117 L. ed. 2d 422, 1992 US. Lexis 875.

行交易或者迫使供给上拒绝与 ABC 进行交易,具有试图垄断或者垄断的行为,违反了《谢尔曼法》。法院最终驳回了 ABC 公司的诉讼,其争议的焦点在于相关市场的界定。

ABC 将音频组件和乐器的相关产品市场界定为:(1)调频数字频率合成器;(2)电子鼓机;(3)数字延迟;(4)家用音频产品。因为这些产品都是采用大规模集成硅芯片制造的,而这也是所谓的行业标准。在界定较宽的相关产品市场之后,ABC 主张将雅马哈的产品界定为单独的子市场,且在该子市场中,认为雅马哈的授权经销商 Nippon-Gakki 基于其适用于这些产品的特殊性、Nippon-Gakki 的研发以及先进技术的适用使得雅马哈在这些产品市场上获得了高额的市场份额。

基于子市场分析理论,法院认为 ABC 并没有解释为什么 Nippon-Gakki 和雅马哈的产品具有特殊性,以及为什么这些产品与其他产品之间不具有合理可替代性。ABC 提供的仅有证据是 Nippon-Gakki 采用大规模集成硅芯片技术,同时,ABC 又说明采用这类芯片是一般的行业标准,也就是说其他制造商也会采用同种类型的芯片。如果其他制造商采用相似的技术发展产品,那么法院就不能判定存在雅马哈产品构成的单一子市场,由于缺少其他的相应证据来证明雅马哈产品的特殊性,如公众将其认知为单一的经济实体,产品的特殊姓,特定的消费者等因素。因此,法院最终驳回了 ABC 的对相关市场界定的主张。

第三节 混合兼并中相关市场的界定

互补品的相关市场界定第一次在哈罗德诉巴菲特(Harold's

v. Dillard's)案①中被提出。原告哈罗德是西南部一家十分重要的高端女装零售商,这家女装零售商以其对裙子的独特设计和材质而在高端服装市场和定制服装市场十分出名。原告的经济学家认为相关市场的范围不仅仅包括哈罗德品牌、巴菲特品牌以及其他品牌的裙子,而且还包括专门为女性设计的运动裙;而被告却认为只有高端的女性服装及其附属品才能被界定为相关市场。

一、混合兼并的理论探讨

混合兼并与其他兼并的关键区别是参与兼并企业的产品间存在互补性,因此相关市场界定的核心问题也相应地转化成如何对互补性的处理问题,如何根据互补性的强弱,来进行相关产品界定对反垄断当局而言是一大难题,理论界对此进行了定性和定量两方面的讨论。

方法一:兰德斯和波斯纳扩展模型

鲍尔(Lindsay Bower,1986)针对美国电报公司诉IBM公司案(Telex Corp. v. IBM Corp.)②中法院对两维背景下相关市场界定提出了一个定性的分析模型,即兰德斯和波斯纳扩展模型。

假设上下游市场的外部条件是:(1)有两个或两个以上的有良好定义的系统组件;(2)该产品须与组合产品一起使用,否则没有价值;(3)购买者仅仅在意系统的总价格。据此考察存在上下游企业时的横向和纵向相关产品市场的界定程序,构建了该情形下衡量被告人市场支配地位的模型。

---

① Harold's Stores, Inc. v. Dillard Department Stores, Inc. CIV—93—1212—R (W. D. Okla. 1993). On appeal, 82 F. 3d 1533 (10th Cir. 1996).

② Telex Corp. v. IBM Corp., 367 F. Supp. 258 (N. D. Okla. 1973), rev'd, 510 F. 2d 894 (10th Cir. 1975), cert. dismissed, 423 U. S. 809 1975.

该模型认为一个企业将系统组件的价格提高至竞争水平以上的能力取决于以下五个因素:标准市场份额;供给弹性变量;由该产品及其互补品组成的组合产品需求弹性;相关市场销售量和系统产品销售量之比;组合商品的供给弹性。在某些情况下,还存在第六个因素,即该产品和其互补品之间的替代弹性。该模型不仅可以定量地衡量一个系统元件的需求弹性,也为法院提供了一个了解要素市场中竞争本质的概念框架,从而为衡量上下游企业的市场支配地位提供了一个定性的方法。戴维·埃文斯(David Evans,2008)在双边市场环境下对相关市场界定和市场支配地位的分析就是应用该模型的一个特例。

方法二:产品线分析法和集群市场

霍尔迪瓜尔(Gual,J.,2003)认为出现需求互补性产品的兼并时,可采取两种处理方法。一种方法是:在界定相关市场阶段,不需要考虑需求互补性,将消费者所享受的服务产品束分解为独立的服务,在后面的竞争分析中,将这种因素考虑进来,即产品线分析方法(the Method of Product Line)。在有关的银行兼并案中,产品线(the Product Line)指的是由商业银行提供的具有同质性的产品或服务系列,如活期存款、短期贷款等,这种方法避免了很多实际操作的困难。但是在1963年的美国诉费城国民银行案(United States v. Philadelphia National Bank)[1]中,美国高等法院认为客户从银行购买的不是单个的金融产品或金融产品系列,而是若干个产品系列的组合,也就是产品束,并因此提出了第二种相关市场分析方法——集群市场法(Gaudet and Salant,1992)。所

---

[1] United States v. Philadelphia National Bank, 374 U.S. 321 (1963).

谓"集群市场"就是把由较多子服务（比如客户能够直接和主要从银行买到的产品线的组合，如活期存款和支票账户的组合、活期存款和长、短期贷款的组合等）组成的服务束看作相关产品市场而不进行分割，本质是在界定相关市场时考虑需求互补性因素。美国食品与药品监督委员会在耐能诉贝尔公司案（NYNEX/Bell）中也指出，在某种程度上消费者对服务束的需求将迫使营运商提供这样的服务束。由于 SSNIP 带来的实际市场份额损失增大，利用简单的临界损失分析可知，产品束分析方法将会界定出相对较大的相关市场。

有时以上两种处理方式在实践中都不可行。以电信行业服务为例，假定有一特殊产品独立存在（如呼叫终端），并由企业独立供给，如果采用第一种处理方式，我们将其看成界定相关产品市场的起始，但由于与其他电信服务存在较强的互补性，一方面这些子服务有时并不被独立地消费，例如消费者不可能只是进入电信网络而不使用它；另一方面，这种处理方式倾向于将市场范围界定得偏小，这是因为互补性导致独立服务的转换成本增大，从而减少了该独立服务的自有价格弹性，也就是如果互补性服务的价格不变的话，该服务的价格上升将不会导致对该服务的需求有较大程度的减少，换句话说服务间互补性的存在将导致需求弹性上升。如果同时呼叫终端的企业提供者数量较少，消费者重新选择的范围将会受到限制。因此使用第一种处理方式分析这种情形就会得到较大市场支配地位的结论。而如果采用第二种处理方式，即将互补性的服务如接入、呼叫源等并入，一方面，实践中没有对这样的服务束的范围的明确界定，如汽车，把汽车看成一产品束，那么汽车的空调或者透雾灯是否也包含进去；另一方面，这种处理方式将使得企业面临的剩余需求弹性变得富有弹性,从而将相关市场界定的较大。

二、混合兼并的司法实践

1968年,美国最大汽车制造商巴德(Budd)公司试图兼并为卡车和飞机生产挂车等配备的制造商莘蒂(Gindy),该案例受到联邦贸易委员会的诉讼,并成为最早的运用《克莱顿法》的混合兼并案。一审和二审对该案例做出了两种截然不同的审判,其关键分歧在于相关市场的界定,在一审中,联邦贸易委员会认为莘蒂公司的两种主要产品:"闭盖的干燥型货仓"和"敞盖的挂车"分属不同的产业,并且拥有不同的最终用途和价格,因此应当属于相关的两个子市场,虽然莘蒂公司在整个市场中的市场份额仅为8.4%,但是其在"敞盖的挂车"市场中的市场份额为16%,在"闭盖的干燥型货仓"市场中的市场份额也超过了10%,因此该法庭认为该兼并损害了竞争,违反了《克莱顿法》中关于10%市场份额的"基本法则"。但是在之后的二审判决中,法院关于市场界定的依据采用了生产可替代分析,虽然莘蒂公司的两种主要产品的最终用途和价格不同,但是其生产流程都是使用相同的设备和相同的销售渠道,因此这两种产品的生产企业能够很容易地从一种产品的生产转向另一种产品。基于以上分析,二审法院做出了一个包含这两种产品的较广的相关市场的界定,重新对相关市场界定后,莘蒂公司在相关市场中的份额不足10%,因此认为该兼并不应该受到阻扰。

小　　结

纵向兼并和混合兼并的反垄断分析基本沿用了横向兼并的分

析框架,这使得相关市场界定也成为这两种兼并类型的关键环节。但是鉴于纵向兼并和混合兼并中存在的产品间的复杂关系,以及这两种兼并类型对竞争的双重影响,关于如何界定相关市场,并因此判定这两种兼并对竞争的影响,理论界和司法界一直都难以达成共识,现有的关于市场界定的方法一般集中于理论上的探讨,在司法实践中的可行性多存在质疑。另外由于相关的司法案例有限,即使在美国等判例法国家,也难以找到可靠的经验依据,现有的纵向兼并和混合兼并的相关市场界定和反垄断竞争分析都需要根据个案中的具体情况进行分析。因此构建科学有效的非横向兼并中相关市场界定方法,对目前世界各国反垄断司法实践意义重大。

下编 应用篇

第十二章 合理可替代性方法

第一节 首次案例【玉米产品深加工案】

美国纽约州地区法院
美国诉玉米深加工公司
(UNITED STATES v. CORN PRODUCTS
REFINING CO. ET AL.)
〔District Court, S.D. New York〕
234 F. 964;〔1916〕U.S. Dist. LEXIS 1532
June 24,1916,Decided

一、案情简介

1906 年被告美国玉米深加工公司(Corn Products Refining Co.)成立,该公司兼营淀粉和葡萄产品及其副产品。

原告美国政府起诉被告违反了《谢尔曼法》第一部分,原因是被告成立了一个能够影响淀粉和葡萄糖产品生产及销售的公司。

法院发现,被告意图垄断,其合并行为是违法的,合并的目的是抑制国内外的该领域商业贸易,如果不事先制止,被告会继续这种不公平的交易方式。因此,法院要求提交一份针对被告的禁令,并要求联邦贸易委员会提交一份解体计划。

二、相关市场的界定及其争议焦点

相关区域市场被界定为美国。

相关产品市场界定的不同观点:1)相关产品市场是由玉米深加工产品淀粉和葡萄糖以及那些有淀粉和葡萄糖成分的终端产品的竞争产品构成的;2)相关产品市场是由玉米深加工产品淀粉和葡萄糖构成的。

三、审判过程中相关市场界定的各方争辩

【被告的观点】

被告认为,法院在考察该公司对市场控制程度时应该把所有的相关产品考虑进来,不仅仅是淀粉或葡萄糖产品,还包括有淀粉和葡萄糖成分的终端产品的竞争产品,因此被告要求相关市场包括颗粒及粉状淀粉,以及酿造业碾磨的粗砂干玉米、由其他原料制作的糊精和口香糖。

被告进一步陈述,在碾磨交易中,与玉米淀粉竞争的有西米、木薯粉、马铃薯粉、小麦淀粉;与葡萄糖含量高达85%到90%的糖浆竞争的有那些葡萄糖含量低的产品;糖果的葡萄糖含量各不相同。因此,被告答辩,为公平起见,在考虑玉米产品深加工公司的市场占有率时,上述所有这些行业都应该考虑进来。

【法院的观点】

法院并不认同被告方的观点,认为只有非常有限的产品能够划进相关市场。

西米、木薯粉、马铃薯粉、小麦淀粉并不都是玉米淀粉的替代品,因为上述这些产品有其独特的价值与用途,且生产成本更高。只能说这些产品对玉米淀粉的价格起到一定的潜在约束作用,因为如果价格高到一定程度,这些产品就会起到替代作用。就像其他任何垄断一样,甚至是合法的垄断,价格存在一个极限,突破了这个极限,更便宜的替代品就会取代垄断产品。

提到糖浆及糖果,区别就更清晰,也不能划进玉米加工出的葡萄糖的相关产品市场。含有 90% 或 85% 葡萄糖的糖浆和含有 40% 葡萄糖的糖浆是不同的产品,糖果也是一样。如果毫无区别地销售这些产品,那么购买者就会知道其中的差别。如果大多数公众偏好低葡萄糖含量的糖浆,这种糖浆在多数国家价格更高一些,那么那些销售高葡萄糖含量的糖浆的厂家为了弥补这种偏好上的劣势就不得不降价,从而他们的利润就会下降。大众的口味常常会限制企业的利润,然而在这种限制范围内就应该考虑垄断问题,不考虑低葡萄糖含量的糖浆产品。

政府制定标准时必须谨慎地考虑上述限制。同时,他们能明确被告产品在总产品中所占的比例。企业可以在国内和国外市场同时销售产品,因此政府应制定同样的标准。被告也以此理由为依据抗辩解体。

另外一个应该考虑的因素是产品的同质特性。例如葡萄糖(Grape Sugar)、糊精、袋装淀粉和糖浆。这些是湿磨机控制的原料的终端产品,应该视为一个行业。

当然,这些产品可能存在替代品,例如混合粮浆。然而,这种分支行业可能被视为是独立的。比如被告控制的这些分支行业的百分比,不应该与原料行业所占百分比相混淆。

综上，法院认为应该较窄地认定相关产品市场，仅包括玉米深加工产品淀粉和葡萄糖市场。

四、判决结果

对于争论的焦点，地方法院的法官认为相关产品市场只应包括深玉米加工淀粉和葡萄糖产品。法院论证其有垄断地位时作了解释：被告价格不合理，并且已有足够多的证据表明被告相信自己能够操纵产品的价格，法院认定被告控制了淀粉、葡萄糖贸易，违反了《谢尔曼法》。最终，法院判决被告合并违法，要求联邦贸易委员会提交一份解体计划。

第二节 经典案例【布朗兹联合公司案】

欧共体法院

布朗兹联合公司诉欧共体委员会

（UNITED BRANDS COMPANY AND UNITED BRANDS CONTINENTAlBV V. COMMISSION OF THE EUROPEAN COMMUNITIES）

1978 ecr 00207；1978 ecj eur-lex LEXIS 6

February 14,1978,Decided

一、案情简介

1975年，布朗兹联合公司（United Brands Co.）是世界上最大的香蕉销售商。该公司在比利时、卢森堡、丹麦、德国、爱尔兰和荷兰六个欧共体成员国香蕉市场中所占市场份额高达40%—45%，其经营香蕉的主要品牌是"彻姬塔"(Chiquita)。欧共体委员会认为布朗兹公司在市场中占有并滥用了市场支配地位，违反了欧盟反垄断相关法律，因此开出了罚单。布朗兹联合公司对此不服，于1976年3月15日上诉至欧共体法院，请求法院将委员会1975年12月17日作出的决定废止。最后，欧共体法院撤销了欧共体委员会对于该公司过高定价方面的部分处罚，将罚款数额从100万欧元[①]降到了85万欧元。[②]

二、相关市场的界定及其争议焦点

相关区域市场被界定为德国、丹麦、爱尔兰、荷兰这几个国家构成的区域范围。

相关产品市场界定的不同观点：(1)相关产品市场是整个新鲜水果市场；(2)相关产品市场是香蕉市场。

三、审判过程中相关市场界定的各方争辩

【布朗兹联合公司的观点】

布朗兹联合公司认为香蕉市场是新鲜水果市场的一部分，因为它们与其他种类的水果，如苹果、橘子、葡萄、桃子、草莓等具有替代性。

香蕉和其他新鲜水果在同样的商店里竞争，放在同样的架子上，有着可比的价格，满足同样的需求——被当做甜点或在进餐之

[①] 该数值为荷兰盾折算值，1荷兰盾折算为3.62欧元。
[②] 同上。

间吃；有数据显示，消费者花在香蕉上的开销在六月和十二月之间最少，这正是国内水果供应充足的时候；食品和农业组织的研究表明（特别是 1975 年），香蕉价格在夏天相对便宜，举例来说，在德国，苹果的价格对于香蕉的销售有明显的影响；研究还显示，当年底橘子上架时，香蕉价格降低；别的种类的水果在季节性的高峰期时，对香蕉不仅在价格上有影响，而且在销量上、最终在进口额上都有影响。

综上所述，布朗兹联合公司认为，由于香蕉与其他水果具有合理的可替代性，且在该市场上其他水果对香蕉的价格、销售等都会产生影响，因此香蕉和其他新鲜水果一起组成了一个相关产品市场。

【欧共体委员会的观点】

欧共体委员会认为香蕉市场是独立的相关产品市场。这是因为香蕉的需求与其他水果不同，特别是当香蕉是社会特定人群的非常重要的日常饮食的一部分时。香蕉的独特品质影响消费者的偏好，使得消费者不愿意接受其他水果作为替代品。委员会从布朗兹公司援引的研究结果中得出的结论是：某一水果的价格、该价格可购买到的香蕉量和该价格可购买到的其他水果量这三种因素对香蕉需求的影响很小。这种影响是时间、而且只有短暂和间歇性，不能得出香蕉与其他水果在与香蕉在同一种相关市场上，或者其他水果不是香蕉的替代品。

【法院的观点】

法院认为，如果香蕉市场被视为与其他水果不在同一产品市场，它必须有足以和其他水果区分的特殊性能，与其他水果相互替代的程度很有限而且这种竞争很难被察觉。

香蕉全年成熟,所以不用考虑什么季节因素。全年中香蕉的产量都大于需求,可以在任何时候满足需求,因为这种特性,它的产量和销售不受其他水果可知并且可计量代季节性变动影响,因为消费者可以在全年获得香蕉;不存在季节性替代因素的影响。既然香蕉总是充足供应的,所以它能不能被其他水果替代取决于全年里香蕉和其他水果的竞争程度。法庭上的研究结果表明,在之后的市场,只有香蕉和其他两种水果之间(桃子和葡萄)在相关区域市场中的一个国家存在长期的交叉价格弹性。考虑两个全年都有的水果的例子(橘子和苹果):第一个例子中橘子与香蕉不能替代,第二个例子中苹果与香蕉只有相对程度上的可替代性,这种小程度的可替代性是由香蕉的特定特点和其他可影响消费者选择的特点造成的。此外,香蕉有特定的特点:外观,味道,柔软度,无子,好拿,它是一种可以满足人群中的年轻人、老人、病人持久需求的产品;在研究结果中显示,香蕉价格只被其他水果(只有桃子和葡萄)在夏天(主要是七月)的降价所影响,而且这种影响不会超过20%。

虽然不能否认在年末的一段时期内,香蕉面临着和其他水果的竞争,其进口量和相关区域市场被运用灵活的方式进行了调整,这说明竞争的条件受到了极大的限制,同时由于水果的供给量是足够的,因此调整价格也是轻而易举的。大量消费者对香蕉的持续的需求不再明显或者随着其他水果进入市场被减弱。从可替代性的角度看,即使是个人最需要的时候,香蕉所起的作用也只是在很短一段时间内和相对很小的范围内有影响。

综上所述,香蕉市场是一个与其他新鲜水果市场相区别的单独的相关产品市场。

四、判决结果

在本案中欧共体法院最终认定产品的相关市场是香蕉市场,通过在这个市场上进行调查,欧共体法院发现由于布朗兹公司的香蕉价格只比其竞争对手高出 7% 左右,尽管根据其他数据仍认定布朗兹公司存在一定的滥用市场势力的情况,但欧共体法院也撤销了欧共体委员会对于过高定价方面的部分处罚,特别是将罚款数额从 100 万欧元降到了 85 万欧元。

第十三章　供给替代性方法

第一节　首次案例【哥伦比亚钢铁公司案】

美国最高法院

美国诉哥伦比亚钢铁公司等

(UNITED STATES v. COLUMBIA STEEL CO. ET AL.)

第 461 号 NO. 461

334 U. S. 495；68 S. Ct. 1107；92 L. Ed. 1533；1948

U. S. LEXIS 2714；1948 Trade Cas. (CCH) P62,260

April 29—30,1948,Argued

June 7,1948,Decided

一、案情简介

1946 年 12 月 14 日,被告哥伦比亚钢铁公司与西海岸最大的钢铁公司统一钢铁公司签订并购合同,以 80 万美元购买其所有财产和 4 个子公司。哥伦比亚钢铁公司是美国钢铁公司的全资子公司,特拉华州美国钢铁公司(United States Steel Corporation of Delaware)也是美国钢铁公司的子公司,为美国钢铁公司及其子公司提供技术支持并控制其商业政策。

1947年2月,原告美国政府根据《谢尔曼法》向特拉华州地区法院提起诉讼,禁止这项并购。原告列出了4个被告:哥伦比亚钢铁公司、统一钢铁公司、美国钢铁公司、特拉华州美国钢铁公司。原告指出,这项买卖违反了《谢尔曼法》第一条和第二条。如果美国钢铁公司和统一钢铁公司之间按照协议完成了并购,那么钢材产品市场和钢筋产品市场的竞争都会遭到抑制,这份协议预示着美国钢铁公司意图垄断钢筋产品市场。

地方法院判决被告无罪,政府直接将此案上诉至最高法院。

最高法院判决:维持地方法院的判决。

二、相关市场的界定及其争议焦点

相关区域市场界定的不同观点:1)相关区域市场是整个美国;2)相关区域市场是统一钢铁公司的产品销售的11个州的范围[以下称为统一市场(Consolidated Market)]。

相关产品市场界定的不同观点:1)相关产品市场是钢材和型钢产品市场;2)相关产品市场是所有钢材产品的市场。

三、审判过程中相关市场界定的各方争辩

(一)关于相关区域市场范围及性质的界定争议

【政府观点】

政府认为市场范围必须缩小,相关市场应该是统一市场这11个州的范围。如果把统一市场内所有钢材产品的销售考虑进来,那么统一钢铁公司购买两千万吨就是稍高于总市场份额的3%。如果相关市场进一步缩小,并且把产品限制为统一市场的钢板和

型钢,这个数字也没有什么明显的不同。1937年的数据暗示着统一钢铁公司对钢板和型钢的消费是总消费的13%。

美国钢铁公司在竞标日内瓦工厂时估计西部7个州的战后市场每年会有27000吨钢板和213000吨型钢,而1946年统一钢铁公司的购买量是107128吨钢板和43770吨型钢。除了用于估计消费的数据仅仅包括7个州而不是统一市场的11个州,统一钢铁公司在1946年的购买基本上是为了完成战争合同。用于估计消费量的数据基于这样一个假设,消费水平会低于战争时期。政府认识到被告关于钢材产品是在全国范围内销售的这个论点,因此试图证明在非战争时期统一钢铁公司80%的消费量是在西海岸生产的。

【被告观点】

被告认为,对大多数生产者来说,钢材产品是在全国范围内销售的,因此应该把整个美国看作是一个相关市场。

【地方法院观点】

地方法院认为不管接受政府或者是统一钢铁公司的论点,都对案件判决的意义不大。

(二)关于钢板和型钢所在的市场能否被看成是一个独立相关产品市场的争议

【法院观点】

法院认为记录的供给并不能证明钢板和型钢能够被看成是一个独立相关市场。如果钢材产品生产企业能够轻易生产钢板和型钢,则判断统一钢铁公司对钢板和型钢需求所造成的影响时,就不应该仅仅考虑对钢板和型钢市场的单一影响,而是要考虑其对所有的相关钢材产品市场的影响。而钢材生产企业能够生产其他可与钢板和型钢互换的产品,因此法院认为在衡量潜在竞争损害时,不能只考虑型钢和钢板的需求,而是要比较统一钢铁公司对钢材产品的总需求和统一市场地区对钢材产品的总需求。

法院并不接受相关市场要限制在统一市场内的钢板和型钢这一说法,而是接受政府的说法,认为相关市场应该限制为11个州对钢材产品的总需求的范围。在此基础上,审判法院发现统一钢铁公司对钢材的需求仅仅是统一市场地区总需求的"一小部分",对所有在钢材产品上与美国钢铁公司竞争的销售者来说,统一市场地区并不是一个"潜在市场",对统一钢铁公司的并购不会损害任何美国钢铁公司的竞争对手。

在检验统一钢铁公司撤出钢材产品消费市场对竞争造成的损害时,法院一直把对统一钢铁公司的并购视为美国钢铁公司纵向联合的一个步骤。然而,消费者是钢铁制成品而非钢材产品的消费者,对统一钢铁公司的并购也许应该被视为横向联合,因为美国钢铁公司会通过这项并购拓展其制成品的制造。在判定统一钢铁公司和与美国钢铁公司竞争的两个建筑产品销售公司在销售终端钢铁产品上的竞争关系时,法院认为必须再一次判定两个公司参与竞争的市场范围。当事人同意美国钢铁公司没有生产钢板,并且竞争限制在对建筑钢铁产品和钢管的制造上。统一钢铁公司通过弯曲和焊接钢板来制造钢管,而国家管道公司(美国钢铁公司的一个竞争对手)制造的是无缝合线的钢管。

考虑建筑钢材市场,被告声称建筑钢材制造商在全国范围内销售,统一钢铁公司的产品必须同其他建筑产品制造商们的产品区别开来。统一钢铁公司作为一个建筑钢材生产者的证据是它在1937到1942年间由美国钢铁建筑机构登记和报告。在那段时期内,全国的建筑钢材总登记数将近1000万吨,统一钢铁公司所占份额仅为84533吨。政府却认为竞争必须在统一钢铁公司销售其产品的11个州的范围内衡量。从这个角度来看,6年来该地区总登记量为1665698吨,美国钢铁公司的份额为17%,统一钢铁公司的份额为5%。政府声称统一钢铁公司从那个时期开始已经变成一个重要的因素,并且声称1946年在统一市场地区登记的有90个制造商,美国钢铁公司占13%,统一钢铁公司和伯利恒钢铁公司(Bethlehem Steel)各占11%。接下来的建筑制造者占总量的9%、6%和3%。尽管被告质疑政府1946年的数据,并且地方法院也没有采用这些数据,最高法院却对这些数据予以采纳。政府依赖的那些数据证明至少过去的建筑钢材产品竞争的范围是全国。十个建筑制造者中有五个的规模大于统一市场地区,包括美国钢铁公司和伯利恒钢铁公司。建筑产品的购买者可以从在全国范围内的投标中获得保护,因此展现美国钢铁公司和统一钢铁公司在建筑产品总消费中所占的份额的数据在检验两者合并以降低竞争程度从而带给消费者损害方面没有什么价值。

四、判决结果

在本案中法院认为界定相关区域市场对于本案审理意义不大,而相关产品市场则被界定为所有钢材产品的市场。在进行了界定相关市场的基础上,法院认定政府无法证明美国钢铁公司并购统一钢铁公司会对市场造成不合理影响。因为美国钢铁公司会销售总建筑钢铁产品的13%,统一钢铁公司会销售11%,统一钢铁公司和国家钢管公司之间降低的竞争并不构成对交易的不合理抑制。所以法院认定政府没有充分证明美国钢铁公司的并购行为有垄断的意图。因此最高法院判决，维持地方法院的判决，被告没有违反《谢尔曼法》的规定。

第二节 经典案例【Telex 公司诉 IBM 案】

美国第十巡回法院

特莱克斯公司诉国际商务机械公司

（THE TELEX CORPORATION, TELEX COMPUTER PRODUCTS, INC. v. INTERNATIONAL BUSINESS MACHINES CORPORATION）

510 F. 2d 894；1975 U. S. App. LEXIS 16395；

184 U. S. P. Q. (BNA) 521；1975—1 Trade Cas.

(CCH) P60,127

January 28,1975,Decided

一、案情简介

IBM 公司（International Business Machines Corporation）是一个办公室电子设备的生产企业，在 20 世纪 50 年代早期涉足电子数据处理行业。特莱克斯公司（Telex Computer Products Inc.）和一些其他公司是 IBM 公司的插入兼容产品的主要制造商。当其他制造商进入 IBM 公司的插入兼容市场之后，IBM 公司的市场份额受到了实质性的损害，于是在 1971 年，IBM 公司发布了"固定期限计划（Fixed Term Plan）"和"长期租赁项目"。

1973年,特莱克斯公司起诉IBM公司,声称IBM公司发布"固定期限计划"和"长期租赁项目"违反《谢尔曼法》第一条、第二条和《克莱顿法案》第二条,因为IBM公司垄断并且意图垄断电子数据处理设备的制造、销售和出租行业。后来特莱克斯公司又将诉由改为IBM公司在更具体的形式上垄断制造、销售和出租电插头产品,这些产品与IBM公司中心处理设备相关。

IBM公司对特莱克斯公司提出反诉,声称后者不公平竞争、盗窃商业机密、侵害版权,违反了国家法律。特莱克斯公司补充提交了一份诉求,起诉IBM公司违反了《谢尔曼法》第二条,因为IBM公司宣布它对设备租赁的"固定期限计划"和"延长期限计划"。特莱克斯公司随后再一次起诉IBM公司,意图阻止IBM公司一体化内存和磁盘控制线路,并希望使IBM公司降低内存价格。

美国第十巡回法院在1975年1月28日判决,复审于1975年3月27日被拒绝。

二、相关市场的界定及其争议焦点

相关区域市场被界定为美国。

相关产品市场界定的不同观点:1)相关产品市场是与IBM公司处理设备兼容的可插入设备市场;2)相关产品市场是所有系统制造商所制造的外部设备市场。

三、审判过程中相关市场界定的各方争辩

【初审法院的观点】

初审法院认为,存在一个与IBM公司处理设备兼容的外部设

备相关市场。法院进一步发现,每个特殊型号的外部设备存在独立的子市场。

初审法院将相关市场界定为与 IBM 公司系统兼容的可插入外部设备以及一些特殊产品子市场,包括磁带产品、直接存储产品、内存产品、机打式打印机产品和通讯管理器等所有这些与 IBM 公司 CPU 兼容的可插入设备。与国际商务机械公司电脑兼容的可插入外部设备仅包括特莱克斯公司和其他兼容可插入设备制造者所制造的部分外部设备。

法院重点研究以下产品:磁带、磁盘、打印机、内存和通讯控制,发现它们每一个都是一个子市场。尽管法院认为内存不属于外部产品,但是内存也被视为一个子市场。

初审法院解决这个问题的初始方法仅仅局限于考虑市场是否"可能被实质性地细分为 1969—1972 年的时间段以重点关注这些与 IBM 公司系统相容的产品,而不是所有那些有类似功能的外部产品"。法院认识到,因为每个制造商(至少在一开始)对它的产品有 100% 的占有份额,包括外部产品,所以在这个领域要发现垄断力量是更受限制的。

初审法院还认识到,将外部产品安装到其他系统的 CPU 上的成本对每个系统来说几乎都是一样的,也就是说,用于某个操作系统的外部设备用于其他系统的接口的成本基本上是一样的。但是实际转换的可能性并没有阻止法院得出这样的结论:事实上产品市场被抑制了。一个影响初审法院的因素是,特莱克斯公司许诺统计与 IBM 公司系统兼容的可插入外部产品。法院显然忽视了除了 IBM 公司之外的其他公司生产的外部产品之间的可转换的一面。

初审法院认识到产品使用的可转换性和需求的交叉弹性的存在。然而这些因素的存在无关紧要。

【IBM公司的观点】

IBM公司认为相关产品市场包括电子数据处理系统和这些系统的部分产品,而且相关产品市场不仅仅局限于这些当前与IBM公司系统兼容的可插入外部产品,还应该包括除IBM公司之外的其他系统制造商所制造的外部设备。

尽管法院发现计算机用户可以在打印机、终端设备和计算机输出装置中相互替换,但是这并不表示这些应该包括在打印机子市场中。IBM公司认为初审法院在界定市场时逻辑不连贯。

【巡回法院的观点】

巡回法院认为,除非发现了界定的重要错误,界定市场一般不容易被推翻。巡回法院对初审法院将除IBM公司以外的系统的外部产品排除在相关市场外的判决提出质疑。这一点是很关键的,外部产品构成了整个数据处理系统的大部分,在50到75个百分点之间。

因为IBM公司对数据处理市场的占有率不足以判断其是否存在市场势力。如果将上述产品排除在相关市场之外,这对法院判决有至关重要的影响。

巡回法院必须决定初审法院的市场界定是否合理,重点考虑以下几点:

1. 是否应该把那些与IBM公司系统不兼容的可插入外部产

品包括到相关产品市场中来？因为这些产品可以很容易地转换成与 IBM 公司系统兼容的可插入外部产品。

2. 是否应该把那些与除 IBM 公司系统之外的系统相兼容的可插入外部产品归入相关产品市场中？因为系统制造者之间通过系统障碍存在竞争，而外部产品是系统的重要部分。

在处理这些问题时，初审法院声称 IBM 公司的外部产品和其他系统制造商的外部产品之间没有直接竞争。然而，这个发现与其他发现不相符。设计不同系统的外部设备之间的转换接口对法庭来说显然很麻烦，这个麻烦在法庭作出决定之后仍在继续。在 1973 年 10 月 17 日的诉前庭审中，这个问题仍在继续。法院关于这个问题的最后答复是："我已经到了边缘，并且我认为我能做到的是将这件事推进到最终决定。如果我在市场界定这个问题上出错了，那么你有权做些什么"。事实上，证人说，发展这种转换接口的工程成本是很小的，他支持修改接口，这样特莱克斯公司产品就可以用在除 IBM 公司系统之外的其他系统上。转换接口设计比较简单的另一个例子是 RCA 决定抛弃计算机系统业务，把业务交给 Univac。特莱克斯公司认识到一个市场机遇并且开始推广它的 6420 磁带一个既可以和 IBM 公司系统兼容又可以和 RCA CPU 兼容的外部产品。文件强调了用 RCA 系统来使用专门为 IBM 公司系统设计的外部产品的简单程度。

惠勒应特莱克斯公司经理的要求写了一封信发送给系统制造商。他在信中向 CPU 制造商推销可插入兼容外部设备，并特别指出 6420 磁带可以和 IBM 公司的 CPU 兼容。惠勒在信中说，特莱克斯公司愿意为购买者无偿转换接口。

外部设备的制造商的产品不仅仅局限于那些与IBM公司CPU兼容的可插入外部设备,这些制造商通过接口转换可以轻易使他们的产品和非IBM公司系统兼容。系统制造商可以制造接口,这样他们自己的外部产品可以插入IBM公司的CPU。事实上,存在这样的其他CPU制造商的外部产品,它们可以和IBM公司外部产品和除IBM公司之外的外部产品通过接口转换而相兼容。

特莱克斯公司制造与国际商务机械公司的CPU兼容的外部产品这个事实,以及与IBM公司外部设备相竞争的产品不能作为决定产品市场的控制标准,因为法律标准是产品是否具有合理可替代性。这个标准由最高法院在著名的美国诉杜邦案中制定。

显然,合理可替代性已经在本案中得到证实,市场不仅仅应该包括与IBM公司系统兼容的可插入外部设备,而是应该包括所有外部产品,那些不仅和IBM公司系统兼容,而且和非IBM公司系统兼容的设备。这完全是公正的,因为记录显示这些产品,尽管并不是替代品,但是可以以极小的成本完全相互转换,因此这些产品之间存在交叉弹性。

初审法院过小地界定了相关产品市场,这是错误的。

四、判决结果

最高法院的判决推翻了初审法院对于相关市场的界定,将相关产品市场界定为所有系统制造商所制造的外部设备市场。法院在将相关市场界定在这个范围的基础上,反垄断执法机构在考虑到市场竞争、市场占有率的基础上,将对特莱克斯公司的判决中的罚金降低到1750万美元。关于特莱克斯公司提出的对IBM公司的申诉，对IBM公司判决中的罚金降低到100万美元。

第十四章　需求的交叉价格弹性方法

第一节　首次案例【时代公司案】

美国最高法院

时代公司诉美国

(TIMES-PICAYUNE PUBLISHING CO.
ET AL. v. UNITED STATES)

345 U. S. 594

APPEC FROM EAST COURT OF LOUISIANA

NO. 374

March 11,1953,Argued

March 25,1953,Decided

一、案情简介

在新奥尔良，上诉人时代出版公司（Times-Picayune Publishing Co.）拥有并且出版时代（Times-Picayun）晨报和国家（States）晚报，在日报行业它唯一竞争对手是另一份独立的晚报艾腾（Item）。时代晨报、国家晚报和艾腾晚报是为新奥尔良地区居民提供新闻和广告的仅有的三家的报纸媒体。1950年后，时代公司出版物的广告客户无法单独在时代晨报或国家晚报上刊登广告，而是必须同时购买日报和晚报的版面来插入广告内容。

1952年，被上诉人纽约州政府对时代公司提出了公诉，认为这种"捆绑"合约是一种对于商品交易的不合理的限制，违反了《谢尔曼法》第一条，而且因为有垄断贸易的企图，同时也触犯了第二条。地方法院认定被告同时触犯了《谢尔曼法》的几个章节的规定，同时判决禁止这家出版公司对"捆绑"销售策略的使用以及与之相关的广告空间的营销安排。1953年，时代出版公司对于地方法院的判决提出上诉，政府也希望法院减轻判决的力度。

最高法院判决：这个案例没有触犯《谢尔曼法》的第一条和第二条。基于这个案例中政府举证不充分，地方法院的判决必须被推翻。

二、相关市场的界定及其争议焦点

相关区域市场被界定为新奥尔良。

相关产品市场界定的不同观点：1）相关产品市场是由所有大众传媒构成的；2）相关产品市场是由当地报纸业构成的。

三、审判过程中相关市场界定的各方争辩

【时代公司的观点】

时代公司认为收音机、电视等大众传媒对报纸有替代作用，相关市场应为包括所有大众传媒，因此，时代公司的行为并不会造成垄断势力，没有违背《谢尔曼法》。

【地方法院的观点】

初审的地方法院仅把相关市场认定为当地报纸业，且把报纸在读者群中的地位作为确定市场份额的标准。

【最高法院的观点】

最高法院表示,"对于每种产品,替代品均存在。但相关市场包含无限范围是没有意义的",该范围必须窄到能够排除一些其他产品,直到价格产生合理变动时,只有有限数量的买者会发生转移时才能对相关市场作出界定。

最高法院否定了时代公司关于"报纸、收音机及电视广告之间存在着显著竞争关系,属于同一相关市场"的主张。但法院认定,晨报广告的相关市场包括晚报广告市场。

最高法院认为,时代公司在广告市场上的市场地位,而不是在读者群中的地位是判断公司"搭售"销售行为是否具有合法性的关键。时代公司在新奥尔良市场上占据了主导地位,作为这个地区的唯一的日报销售者,它在发行量、页数还有广告量上远远超过竞争对手。但是,在不同的市场上,每个报纸商都具有双重身份。最高法院同意地方法院的认定,即尽管同属于一家出版公司,时代晨报和国家晚报是两份不同的报纸。但是读者有意识地区分这两种出版物并不意味着广告客户在两份报纸上刊登的广告是不同的。广告客户之所以这样做是出于支出的考虑,而不是出于覆盖消费者的考虑。尽管时代晨报作为新奥尔良地区的唯一日报,它的广告空间对于本地读者的覆盖至关重要,但是证据表明广告客户把日报和晚报的读者看成是可以相互替代的读者群体。因此,通过在时代晨报上做广告而赢得的读者群体同在国家晚报或是艾腾晚报上做广告是一样的。

以上事实将这个案例同典型的"捆绑"销售案例区别开来。因为在这个案例中,虽然两份报纸同属于一家出版公司,但对于广告客户来说是同质产品,没有搭售行为中的主导产品存在。一个市场杠杆作用并没有驱逐另一个市场的销售者,因为现在看来,产品是同质的而且市场是一样的。

四、判决结果

最终最高法院在界定相关市场的时候,将相关产品市场界定为由当地报纸业构成的,这个报纸业包括了日报和晚报。在界定相关市场之后,最高法院的法官还就垄断目的等展开了论证,并认定时代公司并没有市场支配力,因而并不存在违法情形,法院最终判定时代公司被指控的行为并未违背反垄断法。

第二节 经典案例【杜邦玻璃纸案】

美国联邦最高法院
美国诉杜邦公司
(UNITED STATES V. E. I. DU PONT DE NEMOURS & CO.)
NO. 5
SUPREME COURT OF THE UNITED STATES
351 U. S. 377;76 S. Ct. 994;100 L. Ed. 1264;
1956 U. S. LEXIS 1628;
1956 Trade Cas. (CCH) P68,369
October 11,1995,Argued
June 11,1956,Decided

一、案情简介

从 20 世纪 20 年代起,依靠排他性交易和合谋协议,杜邦公司(E. I. du Pont de Nemours & Co.)在美国玻璃纸市场中所占的市场份额越来越高,到三四十年代,该公司售出的玻璃纸总量已占美国市场 70% 以上。鉴于此,1947 年 12 月 13 日,司法部对杜邦公司提出指控,认为该公司垄断了玻璃纸的销售,违反了《谢尔曼法》第二条的规定。

1953 年,特拉华州地区法院做出判决。该判决认为尽管杜邦公司销售的玻璃纸确实占有了美国超过 3/4 的玻璃纸市场份额,但杜邦公司并没有垄断玻璃纸在州际间的交易。因而,地区法院驳回了司法部对杜邦公司涉嫌垄断玻璃纸市场销售的指控。

司法部提出上诉。1954 年,最高法院做出了对本案的最终判决。最高法院认定,玻璃纸所属相关市场应为有伸缩性的包装材料市场,在该市场中,杜邦公司玻璃纸的销售只占不到 20% 的份额,因而没有垄断该市场的销售,也就没有违背《谢尔曼法》第二条的规定。

二、相关市场的界定及其争议焦点

相关区域市场被界定为美国。

相关产品市场界定的不同观点:(1)相关产品市场是有伸缩性包装材料的市场;(2)相关产品市场是玻璃纸市场。

三、审判过程中相关市场界定的各方争辩

【地区法院的观点】

地区法院认为玻璃纸在其各种用途方面都面临着来自许多其

他产品的强有力竞争，因而地区法院认定，用来决定杜邦公司市场控制程度的相关市场应该是有伸缩性包装材料的市场。这一市场的竞争性影响迫使杜邦公司降低玻璃纸的价格，从而无法行使市场支配力。

【原告的观点】

原告认为，玻璃纸与其他包装材料不仅替代性不显著，而且定价也不近似。因而，他们认为其他包装材料的市场不同于玻璃纸市场，其他材料对玻璃纸造成的竞争性影响不足以作为判定杜邦公司是否有垄断势力的依据。因此，原告提出通过"显著可替代性(Substantially Fungible)"来检验，认定只有替代性达到一定的显著性程度才能被认为是存在替代性的。

【最高法院观点】

最高法院认为，市场界定对于判断被指控的垄断者是否违背了《谢尔曼法》第二条是非常必要市场的。最终的决定是要考虑被告在受指控垄断的交易中是否操纵了市场的价格和竞争。每家制造商都是它所生产的特定产品的唯一经营者，但是究竟它是否控制了其产品的相关市场，则取决于对买方而言替代产品的可获得性，即玻璃纸和其他包装材料之间是否存在需求交叉弹性。这种可交换性主要是根据有相似用途的竞争性产品的购买情况来度量，当然还要考虑竞争性产品的价格、特性和适应性等因素。

在此基础上，法院认为，相关市场界定将决定杜邦公司是否拥有垄断势力，如果玻璃纸的相关市场是杜邦公司拥有支配力的市场，则它在那个市场中就具有垄断势力了。这实际上揭示了市场界定和市场势力的本质关系——市场是为评估市场势力而界定的。如果某个市场中即便对垄断者而言,因为市场外部有良好替代品,企业也不能拥有显著市场势力,则再去考虑垄断就没有意义了。

在界定相关市场时,法院拒绝了司法部提出的"显著可替代性(Substantially Fungible)"检验,认为并不仅仅因为独家经营某种不同于其他产品的产品就存在垄断。

接着,法院提出了另外两种检验:

第一种检验是需求交叉弹性。法院认为,如果玻璃纸价格稍微有所下降就会导致大量其他包装材料的消费者转向玻璃纸,就表明玻璃纸和其他包装材料之间存在很高的需求交叉弹性,从而这些产品就同属一个市场。

第二种检验是合理可替代性。法院认为,在界定相关市场时,把对消费者而言具有相同用途的、有合理可替代性的产品归于一个相关市场是最明确的规则了。这一规则下,相关市场由那些在价格、用途和质量方面有合理可替代性的产品构成。该检验实际上提出了一个复杂的现实问题:如果产品具有不同的属性和价格,就必须认真分析这些差别的影响。以价格为例,具有相似用途和不同特性的产品售价可能不同,从而既可能是价格低廉的产品的将价格高昂的产品逐出市场,也可能质优价高的产品在市场中更有优势。

法院随后检验了地区法院提供的一些事实性材料,认定尽管玻璃纸具有优势,但它在每一用途中都面临来自其他包装材料的竞争,而且,这些产品之间功能上存在相当程度的可替代性。玻璃纸和其他包装材料的可替代性足以使其成为有伸缩性包装材料市场的一部分。

四、判决结果

最高法院最终判定,玻璃纸所属相关市场应为有伸缩性包装材料市场,在该市场中,杜邦公司玻璃纸的销售只占不到 20% 的份额,因而没有垄断该市场的销售,也就没有违背《谢尔曼法》第二条的规定。

第十五章 剩余需求弹性方法

第一节 【速食早餐麦片市场的案例分析】[①]

(1)模型以及相关数据和变量

凯默斯琴和科勒基本上完全沿用了贝克和布雷斯纳汉(1985)的方法,他们重新把贝克和布雷斯纳汉的模型推导了一遍,最后得出的部分剩余需求曲线如下:

$$P_1 = pr_{10} + pr_{11}q_1 + pr_{12}q_2 + a_1 y + \beta_1 w + \nu \quad (15.1)$$

$$P_2 = pr_{20} + pr_{22}q_2 + pr_{21}q_1 + a_2 y + \beta_2 w + u \quad (15.2)$$

这两个式子和式(6.19)、(6.20)本质上是一样的。然后他们

---

① FIC v. Kellog et al.,docket No. 8883(April 26,1972).
背景资料:1972年4月,美国联邦贸易委员会根据联邦贸易委员法案第五节起诉当时美国最大的四家速食麦片生产企业:Kellog,Gencal mills,General Foods 和 Quaker oats,通过产品品牌扩散的手段造成产品差异占据市场份额以排除其他生产企业的进入。被告方(kellog公司等)辩称,其采用作广告的形式只是为了创造新的产品品牌,是合理竞争手段,不属于反垄断范畴。1978年,Quarer Oats 公司被撤销诉讼,经过一系列听审程序,联邦委员会最终于1981年撤销了该案,法官认为 kellog 等公司的行为并不构成不正当竞争。
对该案凯默斯琴和科勒运用剩余需求弹性的方法对国家企业所在的该速食麦片市场作了分析,得出了与法官同样的结果。

以美国的速食早餐麦片行业为例,来说明剩余需求分析是如何被用于反垄断诉讼来界定相关市场的。

美国的麦片市场是一个高度集中的寡头市场。以销售麦片的重量计,1982年4个最大企业的市场份额分别为:Kellogg公司占39%,General Mills公司占21%,Gerneral Foods占16%,Quaker Oats占9.0%集中度高达84.5%。其广告投入巨大,几乎要花费总收入的10%左右。资本利润率在1958到1970年之间平均是19.8,而同期所有制造商的平均水平为8.9%。在20世纪60年代广告占了销售额的20%。价格—成本盈余(price-cost margin)大约是50%。1972年,上述四家公司被指控借用广告费用为该行业其他新公司的进入设置壁垒、通过品牌扩散(Brand Proliferation[①])造成产品差异来占据食品市场以阻止其他企业进入,从而导致"共同垄断(Shared Monopoly)"。[②] 但是这场诉讼最终以有利于麦片企业的结果告终,部分原因是当时缺乏正确地衡量市场势力的技术。

凯默斯琴和科勒分析了3个最大的企业Kellogg(KEL)、Gerneral Mills(GM)和Gerneral Foods(GF)。样本是1968—1985年共18年的年度数据。和贝克和布雷斯纳汉(1985)的做法一样,他们假设在这三家企业两两合并以及三家一起合并这两种状况下,用两阶段最小二乘法估计出它们的部分剩余需求曲线与供给曲线,再把合并之前的弹性 pr_{ij} 和合并之后的弹性 $pr_{11}+pr_{12}$、$pr_{22}+pr_{21}$ 相比较,来判断每次合并对市场势力的影响。

---

① 也译为"品牌泛滥","品牌繁衍"或"品牌繁殖"等。
② 也译为"共享垄断"。

影响行业成本的变量 w 包括生产中所使用的所有要素的实际价格,即麦片行业的实际工资率和所有农业投入品的价格,这都体现在短期平均可变成本曲线 AVC 中,AVC 等于总有可变成本除以所产麦片的磅数。在所有回归中都假设 AVC 是外生的,这样的优点在于节约自由度。

影响需求的变量 γ 包括:1)人均可支配收入 Income;2)年度虚拟变量 Time,它描述消费者的口味和影响企业需求曲线的移动的所有其他外生因素的变化。它还描述了被省略的人口统计学变量对于估计的影响;3)几个人口统计学变量(Demographic Variables),后来它们因为总是不显著而被剔除;4)广告费/销售额之比 ADV,并用各企业广告费总额除以销售总额来校准。广告数据由于只县名义值而不是实际值,凯默斯琴和科勒选用了 GNP 平减指数对广告投入进行修正。

广告支出作为一个独立的变量仅仅出现在每一个企业的反剩余需求等式的需求方,用 ADV 表示。在成本方,广告支出被包含在 AVC 中。在成本方加入一个独立的人均广告变量并不会增加模型的预测性反而会使得多重共线性问题更加严重。使用真实平均收入作为企业价格的估计可能会使得回归结果产生偏误,这种偏误倾向于否定市场势力的存在。但是在速食早餐麦片市场中,这个偏误会很小,原因在于收入与企业平均收入相关性很大。所以,使用旗舰品牌代替企业平均可以得到非常相似的结果。此外,用 Quantity 表示一个企业出售的麦片的总磅数,Price 表示实际总收益除以 Quantity。

在公式(15.1)和公式(15.2)中的 q_1 和 q_2 选取工具变量的问

题上,凯默斯琴和科勒认为,这些工具变量 w 必须和单一企业的 MC 相关,但是不能或者说仅能和其他企业的 MC 有一点相关,贝克和布雷斯纳汉(1985)采用的工具变量——超额生产能力——不好,因为即使在短期,超额生产能力也很可能是内生的。工具变量越是不能消除产量对于误差项的依赖,得出的对于弹性的估计就会产生越大的偏误。这个偏误倾向于否认市场势力。因此,工具变量越差,那么得到的估计值也就和对公式(15.1)和公式(15.2)应用最小二乘法(OLS)得到的估计值越相似。如果研究者完全没有使用工具变量,那么供给方程也就等于需求方程并且后者并没有被估计出来,那么在这种情况下,就只能使用 OLS 估计。

凯默斯琴和科勒认为,鉴于麦片市场的产品差异化本质,可以采用要素价格作为数量的工具变量。例如,其中的一个公司在预加糖(Presweetened)的麦片市场中有很大的市场份额,糖的相对价格的上升会对这个企业的 MC 有很大的直接影响。预加糖的价格对这个企业的影响比其他企业要大得多,所以就可以使用糖的价格作为这个企业自身产量的一个估计变量。再例如,在 1974 年糖的价格从每磅 9 美分上升到 58 美分,销售预加糖麦片的企业经历了非常大的 MC 上涨。糖的价格就被用于 Kellogg 的供给方程中,因为它销售的 72% 的麦片都是高糖品牌,大概每盎司麦片加糖 7 克。同样的,位于不同地理位置的企业的工资差异可以作为单个企业的成本变量。如果一个地理区域的工资是独立变化的,而一个企业在这里生产了大部分产品的话,就可以把工资率作为这个企业自身产量的工具变量。不同种类谷物的价格也可以作为工具变量。在一些案例中,两种工具变量可以同时用于一个企业。

(2)估计的结果

表 15-1：Kellogg(KEL)和 General Food(GF)合并前的部分剩余需求弹性(n=18)

自变量	因变量	
	Kellogg 的价格	General Food 的价格
截距	-7.78	2.89
	(-1.22)	(0.65)
Kellogg 的产量	0.53	0.01
	(-1.08)	(0.03)
General Food 的产量	0.06	-0.10
	(0.31)	(-0.69)
ADV	0.24	-0.03
	(2.54)	(-0.53)
时间	0.01	0.03
	(1.31)	(4.21)
收入	0.47	-0.23
	(0.76)	(0.76)
AVC	0.21	0.03
	(1.02)	(0.02)
R^2	0.84	0.95

表 15-1 说明了对于 KEL 和 GF 的部分剩余需求函数的反函数的估计结果。除了 GF 需求函数中的广告和收入变量的系数以外，其他估计出的系数均有与期望结果一致的符号。自价格弹性是负的而交叉价格弹性是正的。需求弹性的倒数越大，企业所拥有的市场势力也越大。在完全竞争情况下，需求弹性的倒数等于 0。

拥有最大市场份额的 KEL 享有相对高的市场势力，而作为第三大生产企业的 GF 对于价格仅仅有较小的控制力。但是因为麦片市场的市场集中度非常大，这些弹性本来应该更高。但是由于使用平均收入作为因变量,产生的偏误会倾向于低估市场势力。当使用每个特定品牌的数据时,得出的估计值会高于把企业作为一个整体对待时得出的估计值。但是,这些单一品牌的估计值并不能告诉我们整个企业市场势力的大小。

总的来说,这些估计值提供了很好的对于速食麦片市场竞争情况的描述。对于完全竞争结果的显著的偏离可以被归结为这个产业中存在很大的产品差异化。另外一个显著影响企业对价格控制权的因素是销售者在整个产业中的集中程度。但是,我们不能得出市场势力产生的原因是 KEL 和 GF 共谋。KEL 的需求曲线比 GF 的要陡峭得多,表明了他们两者之间并不存在共谋。另外,GF 和 KEL 的价格的较小的相关性并不支持二者存在共谋的假说。

另一方面,KEL 比 GF 和 GM 均大得多的市场势力与产业中存在心照不宣的共谋相一致。KEL 作为左右效率的企业对价格有着最大的影响力。这个结果可以被卡特尔模型很好地预测出来。但是很不幸的是不能证明心照不宣的共谋的存在。而且,不存在共谋的证据要比存在共谋的证据要多。

凯默斯琴和科勒的结果使用的是 1968 年到 1985 年的年度数据,许多估计的结果缺乏统计显著性。虽然凯默斯琴和科勒认为显著性的缺乏主要是搜集数据的时间不够长,但是也可能还有一系列其他的影响因素。几乎所有的弹性估计值在 10% 的水平上都是显著的。对于自弹性来说尤其如此。R^2 在所有的回归中都很高,表明了对于模型的设定是合理的。

部分需求函数曲线中的其他系数并没有一个明确的解释。他们可能既反映了对于企业需求的直接影响,又反映了通过其他企业的调节产生的间接影响。GF 剩余需求方程中的负的收入弹性并不意味着它的产品是劣等产品。当有信息可以排除收入变化对 GF 需求方程的间接影响的时候,我们才可以绝对肯定 GF 的麦片是劣等产品。

时间变量的系数是正的,尤其是在 GF 的方程中是非常显著的。这对于其他所有估计出来的需求曲线也同样正确。被省略的人口统计学变量,尤其是消费者口味随着时间的改变可能是出现这种情况的原因。

表 15—2:Kellogg(KEL)和 General Mill(GM)合并前的
部分剩余需求弹性(n=18)

自变量	因变量	
	KEL 的价格	GM 的价格
截距	−7.32	−0.93
	(−1.02)	(0.07)
KEL 的产量	−0.56	−0.07
	(−1.13)	(0.09)
GM 的产量	0.03	−0.13
	(0.14)	(−0.35)
ADV	0.23	−0.06
	(2.28)	(−0.64)
时间	0.09	0.03
	(1.1)	(4.89)
收入	0.52	−0.03
	(0.75)	(0.02)
AVC	0.25	0.05
	(1.09)	(0.14)
R^2	0.82	0.95

表 15—2 说明了 KEL 和 GM 的部分反剩余需求曲线的估计结果。KEL 面对一条相对平缓的剩余需求曲线,GM 的剩余需求

曲线很陡峭意味着拥有很小的经济力量。KEL 面对一条向下倾斜的剩余需求曲线,意味着它出售的产品有非常明显的特色。GM 的需求方程的交叉弹性有错误的符号并且数值十分大。对这种结果并没有一个明确的解释。一个可能的原因是 KEL 和 GM 生产的产品对消费者来说是互补品。但是这种解释和我们的直觉相违背。一种可能的原因是因为这个产业中存在产品差异化,所以交叉弹性就会很低。这就很有可能得到交叉弹性是负的结果,原因在于数据的误差或模型的特定形式。所有其他的系数都和预期的相一致。广告变量在 KEL 的方程中又是很显著的,表明 KEL 可以通过大幅度的广告来使得需求曲线向外移动。

表 15-3:GF 和 GM 合并前的部分剩余需求弹性(n=18)

自变量	因变量	
	GF 的价格	GM 的价格
截距	−2.64	−0.93
	(−0.98)	(0.07)
GF 的产量	−0.17	−0.07
	(−2.31)	(0.09)
General Mill 的产量	0.01	−0.13
	(0.19)	(−1.44)
ADV	0.05	−0.003
	(1.52)	(−0.05)
时间	0.02	0.02
	(6.22)	(3.73)
收入	0.20	−0.06
	(1.44)	(0.64)
AVC	0.06	0.22
	(0.03)	(1.03)
R^2	0.93	0.89

表 15—3 说明了 GF 和 GM 的部分反剩余需求曲线的估计结果。没有一个企业拥有显著的经济力量,这表明了这两个企业对彼此施加的价格约束并不十分显著。但是,为了确定两个企业在合并之后市场势力发生的变化,我们需要估计剩余需求函数。加总一个企业的交叉价格弹性(与它的合作伙伴之间的)和自需求弹性,并把这个合并以前的弹性与合并前的剩余需求弹性相比,我们可以得到由于合并造成的市场势力的增加。合并的收益用经济力量增加的百分比来表示,而这个值可以通过简单地把合并前和合并后的剩余需求弹性相比而得到。

估计剩余需求曲线与部分剩余需求曲线十分相似。唯一的不同是竞争者的产量在回归中不是一个独立的变量,而是由产业水平的成本和需求变量来表示。对于 3 个速食早餐麦片企业的剩余需求弹性的估计可以在表 15—4 中看到。

表 15—4:合并前 KEL、GF 和 GM 三家企业的剩余需求弹性

自变量	因变量		
	KEL 的价格	GM 的价格	GF 的价格
截距	−6.81 (−1.01)	−1.78 (−0.91)	−3.96 (−1.52)
KEL 的数量	−0.52 (−0.99)		
GM 的数量		−0.17 (0.09)	
GF 的数量			−0.08 (−0.51)

ADV	0.22 (2.15)	0.23 (1.95)	−0.01 (−0.91)
时间	0.09 (1.44)	0.02 (2.44)	0.01 (3.51)
收入	0.47 (0.66)	0.19 (1.12)	0.15 (1.85)
AVC	0.23 (1.05)	0.09 (1.15)	0.04 (0.98)
R^2	0.89	0.87	0.91

估计值显示出 KEL 单独行动的结果是剩余需求曲线利率相当大，而 GF 和 GM 的需求曲线却相对来说十分平缓。

凯默斯琴和科勒提出了一个重要且十分有趣的对于剩余需求弹性的解释。速食麦片市场的特性决定了企业的剩余需求弹性 RR_i 可以被理解为企业在完全竞争水平基础上的提价是多少。因此，KEL 的价格弹性为 −0.52 意味着它的要价可以超过成本的 52％。GM 和 GF 分别可以要价超过假设竞争水平价格的 17％ 和 8％。因此，由合并带来的剩余需求弹性的增加可以很简单的被转化为 3 个企业的提价幅度。这个信息对于法庭判断是否占有很大的市场势力，因为这种可能的价格提升而不是弹性的增加是反垄断关注的核心问题。

最后一个任务就是计算合并以后这三个企业的需求弹性，并把它同表 15−4 中的数据作比较。合并后的弹性可以很简单的根据公式(15.1)和公式(15.2)计算出来，他们的值分别为 pr_{11} 和 pr_{12}。表 15−5 中包括了这些弹性的数据。

表 15—5：合并前与合并后的剩余需求弹性

合并前		合并后	
(1) KEL 和 GF 合并			
KEL	−0.52	−0.47	(−0.94)
GF	−0.08	−0.09	(−3.21)
(2) KEL 和 GM 合并			
KEL	−0.52	−0.53	(−0.82)
GM	−0.17	−0.20	(−0.96)
(3) GF 和 GM 合并			
GM	−0.17	−0.16	(−1.56)
GF	−0.08	−0.08	(−1.00)

把这些弹性与合并前剩余需求的弹性（如表 15—4 所示）相比，可以发现一些有趣的结果。如果 KEL 和 GF 合并，则只有 GF 获利，但是其市场势力的增长很小；KEL 不仅一无所获，还会丧失一定的市场势力。在一个像麦片市场这样如此集中的行业中，这是非常奇怪的结果。如果 KEL 和 GM 合并，则两个企业都获利，但是都不超过 5%。这也是一个没有预计到的结果。如果 GM 和 GF 合并的话，双方的市场势力都不会提高。如果计量分析是正确的，数据是可靠的，这则说明这 3 家企业的产品处于不同的反垄断市场。

贝克、布雷斯纳汉（1985）、谢夫曼和斯皮勒（1987）认为可以从计量结果推断出市场范围（the Extent of The Market）。凯默斯琴和科勒则认为，在没有关于行业行为的信息时，不能进行如此推断。贝克和布雷斯纳汉认为，如果计算出合并会提高市场势力的话，就说明企业现在没有串谋；反之说明企业已经串谋。凯默斯琴和科勒则认为，如果计算出合并不能提高市场势力，部分原因可能是企业在不同的市场上销售不同的产品，而不能推断出是否发生了串谋。

基于上述观点,凯默斯琴和科勒建议,如果合并能够导致市场势力提高,则司法部门应对合并提出质疑,然后进一步进行审查。但是如果计算发现合并不能提高市场势力,也不能就此推断出企业已经发生串谋,从而要把大公司肢解成小公司。这一建议在对3个早餐麦片企业的庭审时就提出来了。为法官作出最终有利于该三家公司的认定提供了支持的方法论依据。

第二节 【西北航空公司与共和航空公司的合并案】

1. 背景和方法介绍

1978年美国颁布的《放松航空管制法(Airline Deregulation Act of 1978)》。促使航空公司相互合并,形成枢电辐射航线系统,但是航空枢纽站(hub)可能会让一个航空公司支配它的本地机场(home airport),使该公司有能力把机票价格提到完全竞争的价格水平之上,这种市场势力的提高可能有损社会福利。

在1986年西北航空公司与共和航空公司合并之前,它们都在明尼阿波利斯/圣保罗(Minneapolis-St. Paul)设有枢纽站。合并后又获得了在底特律(Detroit)和孟菲斯(Memphis)的枢纽站,加强了其在美国的航线体系。1993年又同荷兰皇家航空公司结成联盟,1996年与大陆航空宣布成立联盟。目前西北航空是世界第四大航空公司。

比特尔和麦克布赖德(Beutel and Mcbride,1992)采用贝克和布雷斯纳汉(1985)的方法,使用合并前的数据来估计西北和共和的合并对明尼阿波利斯-圣保罗的枢纽站的市场势力的影响(当初美国司法部和交通部争论的焦点就在这个枢纽站上)。他们认为,一个航空市场的竞争,即两个城市之间的直接或者间接航线的竞争,可以看作一个两期博弈。在第一期,航空公司通过选择飞机类型和航班时间表来设定运输能力;在第二期,进行差异化产品的贝特朗竞争(Bertrand competition)。这是因为在任何两市之间,不同航空公司的票价、起飞时间、飞行路程、座位空间和行李间空间、飞行的舒适程度、是否会中停以及终点站可供选择的交通工具种类等方面都是不同的。另外,两个航空公司在两个城市之间提供的服务是近似替代品(close substitutes)。因此两个企业合并或串谋,会使它们的市场势力提高,并有很大动机把价格提升到竞争水平以上。举例来说,只有 A 或 B 航空公司可以满足某些消费者的出行需求,当 A 的票价提高的时候,消费者可以通过选择 B 的航线来进行替代;但 AB 合并之后,这一部分消费者就别无选择,只能继续选择合并以后的航线。合并造成了一部分消费者被捕获,从而提高了合并企业的市场势力。这意味着合并使每个航空公司的剩余需求曲线外移(shift outward),更接近市场需求(closer to market demand),并且降低了弹性(become less elastic)。

比特尔和麦克布赖德所使用的单个企业的反剩余需求曲线如下:

$$p_1 = \eta_1 + \eta'_1 q_1 + \Gamma_1 y + \triangle_1 w_{-1} + v_1 \qquad (15.3)$$

$$p_2 = \eta_2 + \eta'_2 q_2 + \Gamma_2 y + \triangle_2 w_{-2} + v_2 \qquad (15.4)$$

其实就是双对数形式,其中 w_{-1} 是影响其他 $n-1$ 个企业的成本的变量。部分剩余需求曲线则是式(6.19)和(6.20)。他们对市场势力提升的检验分为两步:

第一步,假设其他 $n-1$ 个企业的行为都是独立的,估计每个企业的反剩余需求曲线,得到剩余需求弹性的倒数,然后直接用勒纳指数(Lerner Index)来检验市场势力。剩余需求弹性越大,则估计得到的弹性倒数和勒纳指数越小,企业对价格的控制就越小。

第二步,假设其他 $n-2$ 个企业的行为是独立的,估计要合并的那两个公司各自的部分剩余需求曲线。假设这两个企业都同比例地消减自己的产量,估计合并后的公司的市场势力(使用部分剩余需求),然后把得到的价格涨幅和从每个企业的剩余需求估计得到的涨幅相比较。使用这种方法不能确切得出价格究竟会上升多少,但可以发现合并后的公司是否有动力把价格提到高于合并前的水平,进而可以推知合并本身是否有损社会福利。

比特尔和麦克布赖德对贝克和布雷斯纳汉的方法进行了两个重要的调整。(1)后者使用了工具变量方法来计算(6.19)和(6.20)式中的 w 变量,他们则使用具体企业的成本来计算。(2)他们控制了公司的自选择(self-selection)。无论是估计部分剩余需求还是剩余需求函数都会出现两个计量经济学的问题:联立性和选择性偏差。他们没有考虑式(6.19)和(6.20)中由 q_1 和 q_2 的内生性引起的同时性偏差(simultaneity bias),但是对选择性偏差(selectivity bias)进行了校正。选择性偏差产生的原因在于他们仅仅观察了那些已经服务于以明尼阿波利斯-圣保罗作为一个终点站的市场的那些企业的价格和数量。Heckman 提供了一个程序来对这种偏差进行校正。首先,估计一个企业 j 在市场 i 中的概率模型,用来预测这个企业在每一个市场中提供服务的可能性。这个估计出的概率模型会提供一个修正因子 λ,这个修正因子会被添加到每一个企业 j 的需求方程中,并且仅仅使用这个企业提供服务的市场的数据。这个二阶模型可以被理解为以企业在每个市场中的参与程度为条件的期望价格。每一个企业 j 的概率模型均采用以下的形式：

$$D_i = a_i + \beta_i y + \triangle_i w^l + \varepsilon_i$$

如果企业 j 在市场 i 中提供服务，那么 D_i 为 1，需求移动变量 y 与用于需求方程的 y 是一样的，w^l 衡量了整个行业的成本水平。

此外还存在一个计量经济学的问题：存在这样的市场，参与合并的两家公司中仅仅有一家为其提供服务。这也就是说，当估计企业 k 的部分剩余需求时，企业 j 的数量可能是 0。例如，在估计西北航空的价格方程的时候，共和航空公司在那些它没有提供服务的市场上的产出将是零。如果采用对数到对数的模型，那么有一些共和航空的观察值就会缺失数据，所以在估计西北航空的需求函数的时候就必须把这些观察值去掉。避免将这些观察值去掉的一个方法就是对那些不明确的数据赋予一个任意小的值。此外还可以对这些观察赋值为 0 并在方程中加入一个虚拟变量，当企业 j 并不参与那个市场的时候，其取值为 1。布泰尔和麦克布莱德采取了后一种方法。

2. 数据和变量

为了估计合并之前的市场势力，比特尔和麦克布赖德使用了以明尼阿波利斯-圣保罗为终点的前 55 个最大的市场（即航线）从 1985 年 1 季度以来的数据。机票和价格数据来自美国交通部 1985 年一季度进行的出发地和目的地调查（Origin and Destination Survey）组成的 1A 数据库（Databank 1A，DB1A）。DB1A 是以美国国内航空公司售出的所有机票为总体，随机抽取 10% 所形成的数据库。人口统计学数据(需求移动因子 y)是从1983年的城市乡村数据表(1983 City Country Data Book)中得到的。成本变量 w 的来源有两个:(1)从1985年一月、二月和三月的官方航空指南(Official Airline Guide,OAG)中可以得到每家航空公司在每一条明尼阿波利斯-圣保罗枢纽站有关的航线上的飞行频率,同时注明参与飞行的飞机种类以及计划的飞行时间;(2)从航空日报(Aviation Daily)中可以得到每家航空公司所使用的不同种类飞机的飞行成本;(3)综合这两组数据来源,可以得到对于没订的每一种飞机,每家航空公司在任何一条航线中飞行一个时间段的成本。

为了确定部分剩余需求函数(6.19)和(6.20),所用的变量及其预期符号如下:

P_1, P_2:产品价格。把西北航空和共和航空在每对出发地和目的地城市(OD pair)之间每 Coupon Mile 的平均收益的对数分别记为 P_{nw}, P_{rc}。由于同时考虑到了乘客的数量以及飞行的距离,P_{nw}, P_{rc} 衡量了已实现的平均价格(Realized Average Price)。

Q_1, Q_2:特定企业的产出。对西北航空和共和航空在每对城市之间航线的 Coupon Miles 的数量取对数得到,分别记为 q_{nw}, q_{rc}。它们解释了乘客数目和旅行距离。预期自价格弹性的倒数 η_{12}^{nw} 和 η_{22}^{rc} 符号非正,如果它们为0,说明对于价格没有控制权(完全弹性或水平的剩余需求函数),如果它们的符号是负的,也就意味着存在着价格控制(向下倾斜的相对缺乏弹性的剩余需求)。如果交叉价格弹性的倒数 η_{12}^{nw} 和 η_{22}^{rc} 的符号为负,说明两家公司提供的服务线路是互补的,为正则说明是相互替代的。

y:可能影响市场中所有 N 个公司的需求的因素。所有的 OD

组合均以明尼阿波利斯-圣保罗作为一个终点站。需求中的那些"具有代表性的不同"是由终点站的其他特点造成的。布泰尔和麦克布莱德引入了其中的一些,比如(1)目的地城市人均收入的对数 PCI;(2)目的地城市的人口的对数 POP。由于收入和人口的增加会使得市场需求和特定企业的剩余需求增加,所以预期它们的符号都是正的。

w:影响其他 $n-2$ 个公司成本的因素,它们可能会使得西北航空和共和航空面临的部分剩余需求曲线发生移动。包括:(1)除西北航空和共和航空外,短期平均可变成本的对数 $SRVC$,预期其符号为正;(2)除西北航空和共和航空外,短期资本成本的对数 $SRPK$;(3)除西北航空和共和航空外,所有公司在 OD 组合之间的超额生产能力的对数 $EXCAP$,预期其符号为负,原因在于当其他企业的超额生产能力上升的时候,由于竞争对手准入的约束降低,西北航空和共和航空的票价很可能会降低。

3. 实证结果

表 15—6:西北和共和航空公司的部分剩余需求:明尼阿波利斯-圣保罗枢纽站

因变量	自变量	P_{nw}	P_{rc}
截距		6.100	10.1193
		(3.467)	(4.428)
q_{nw}	Coupon miles 的对数——西北航空	−0.2364	−0.2515
		(−5.188)	(−3.971)
q_{re}	Coupon miles 的对数——共和航空	0.0147	0.0363
		(0.303)	(−0.851)
PCI	目的地城市人均收入的对数	0.1057	−0.3250
		(0.445)	(−1.181)
POP	目的地城市的人口的对数	0.0924	0.1381
		(2.487)	(3.366)

EXCAP	除西北航空和共和航空外,所有公司在 OD 组合之间的超额生产能力的对数	0.1202 (1.289)	0.0565 (0.598)
SRPK	除西北航空和共和航空外,短期资本成本的对数	0.1561 (1.260)	0.3479 (2.133)
SRVC	除西北航空和共和航空外,短期平均可变成本的对数	1.1662 (5.271)	1.4570 (6.690)
λ_{nw}	Heckman 选择性——西北航空	−0.5370 (−1.683)	
λ_{rc}	Heckman 选择性——共和航空		−0.0018 (−0.010)
D_{nw}	虚拟变量=1,如果 $q_{nw}=0$		−3.1049 (−3.549)
D_{rc}	虚拟变量=1,如果 $q_{rc}=0$	0.1852 (0.275)	
R^2		0.8905	0.8706
#观察值		36	39

表 15−6 显示了在修正了选择性偏差以后对于部分需求函数的反函数的估计,也就是对于公式(6.19)和公式(6.20)的估计。从估计结果可知:

(1)各个系数的符号都符合预期。

(2)西北航空的自价格弹性显著为负,说明该公司对价格有一定的控制力。共和航空的自价格弹性不显著,说明它对价格没有控制力。

(3)从交叉价格弹性看,共和航空对西北航空的剩余需求没有影响,西北航空则对共和航空的航线提供了补充。

(4)影响需求的变量的符号都是正的。但是只有 POP 这个变量是显著的。

(5)三个影响成本的变量的符号都符合预期,短期可变成本 SRVC 显著为正,说明如果其他公司的可变成本提高,则西北航空和联合航空都有动力提高价格。

(6)Heckman 选择性修正项(selectivity corrections)是负的,但只在西北航空的部分剩余需求曲线中才是显著的,说明无条件预期的价格,将高于(西北航空存在时)有条件估计的价格。

表 15—7:西北航空和共和航空的剩余需求曲线:明尼阿波利斯-圣保罗枢纽站

因变量	自变量	P_{nw}	P_{rc}
截距		8.9209 (2.798)	13.1274 (3.220)
q_{nw}	Coupon miles 的对数——西北航空	−0.2363 (−5.194)	
q_{rc}	Coupon miles 的对数——共和航空		0.0307 (−0.461)
PCI	目的地城市人均收入的对数	0.0431 (0.132)	−0.1882 (−0.418)
POP	目的地城市的人口的对数	0.0375 (0.823)	−0.0035 (−0.061)
$EXCAP_i$	除第 i 个企业外(西北航空或共和航空),所有公司在 OD 组合之间的超额生产能力的对数	0.1161 (0.981)	0.0763 (0.471)
$SRPK_i$	除第 i 个企业外(西北航空或共和航空),短期资本成本的对数	0.0166 (0.060)	0.3386 (−1.190)
$SRVC_i$	除第 i 个企业外(西北航空或共和航空),短期平均可变成本的对数	1.0733 (2.736)	1.8060 (5.477)
λ_{nw}	Heckman 选择性——西北航空	−0.7731 (−1.735)	

λ_{π}	Heckman 选择性——共和航空		−0.0271
			(−0.093)
R^2		0.7544	0.6489
# 观察值		38	42

表 15-7 显示了对于单个企业的反剩余需求方程估计的结果,也就是对于公式(15.3)和公式(15.4)的估计。因为这些方程假定对于一个企业的消费者来说他可以转移到任何其他的企业那里,其中也包括转移到它的合并伙伴那里。表中显示的结果和上述部分剩余需求函数的结果非常一致,因此不再赘述。

表 15-8:合并的收益

剩余需求弹性	η_i^r	T 统计量
西北航空	−0.2363	−5.194
共和航空	−0.0307	−0.461
部分剩余需求弹性	η_i^{rp}	F 统计量
西北航空	−.02217	18.7811
共和航空(西北航空在市场中时)	−0.2152	14.3930
(西北航空不再市场中时)	−3.0686	12.8443
η_i^r	剩余需求的自价格弹性的倒数	
η_i^{rp}	部分剩余需求的自价格和交叉价格弹性的倒数的和	

合并以市场势力的影响分析如表 15-8 所示。

对西北航空来说,合并仅仅轻微地降低了反剩余需求曲线的弹性(−0.2363 到−0.2217)。令人惊讶的是,合并轻微地降低了西北航空的市场势力。另一方面,共和航空原本没有控制价格的力量,但是合并后它获得了实质性的市场势力。此外,考虑西北航空和共和航空都服务于一个市场、西北航空在共和航空市场中不提供重叠的服务这两种情况,发现在后一种情况下,合并使共和航空的市场势力提高较多(-3.0686),在前一种情况下则较少(-0.2152)。这说明,两个公司的互补性是共和航空在合并后获得市场势力的决定因素。

第十六章　临界损失方法

第一节　首次案例【哥伦比亚州地区法院联邦贸易委员会诉西方石油公司等案】

哥伦比亚州地区法院
联邦贸易委员会诉西方石油公司等
(FEDERAL TRADE COMMISSION, v.
OCCIDENTAL PETROLEUM CORPORATION,
ET AL.)
CIVIL ACTION NO. 86—900
UNITED STATES DISTRICT COURT FOR
THE DISTRICT OF COLUMBIA
〔1986〕U. S. Dist. LEXIS 26138; 1986—1 Trade Cas.
(CCH) P67,071
April 29, 1986, Decided

一、案情简介

被告西方石油公司(Occidental Petroleum Corporation)通过

它的子公司西方化学公司下属的3家工厂生产和销售所有种类的聚氯乙烯树脂;天纳克公司通过它的子公司天纳克化工厂的下属工厂生产和销售所有种类的聚氯乙烯树脂。两家公司在1985年12月9日签订协议,西方石油公司拟收购天纳克公司的两个工厂,并向联邦贸易委员会提交了通知。

1986年4月2日,联邦贸易委员会开始准备发布临时禁令。1986年4月11日,联邦贸易委员会提起了对西方石油公司和天纳克公司的诉讼。

二、相关市场的界定及其争议焦点

相关区域市场界定的不同观点:(1)相关区域市场是整个美国;(2)相关区域市场不仅包括美国市场,还包括外国的市场和供应。

相关产品市场被界定为悬浮液聚氯乙烯树脂[由聚集和悬浮液聚氯乙烯树脂与悬浮液聚氯乙烯均聚(合)物树脂组成]和乳化聚氯乙烯树脂分别构成的两个市场。

三、审判过程中相关市场界定的各方争辩

(一)相关产品市场

【联邦贸易委员会观点】

联邦贸易委员会认为本案有3个单独的产品市场:聚集和悬浮液聚氯乙烯树脂、悬浮液聚氯乙烯均聚(合)物树脂、乳化聚氯乙烯树脂。由于悬浮液聚氯乙烯均聚(合)物树脂与聚集和悬浮液聚氯乙烯树脂的生产设备条件相同,所以,现在没有能力生产悬浮液聚氯乙烯均聚(合)物树脂(或聚集和悬浮液聚氯乙烯树脂)的聚集和悬浮液聚氯乙烯树脂[或悬浮液聚氯乙烯均聚(合)物树脂]的工

厂,只要用较小的成本在较短时间内进行调整就可以生产悬浮液聚氯乙烯均聚(合)物树脂(或聚集和悬浮液聚氯乙烯树脂),其中一种产品价格的上升将会使生产者转而生产另一种产品,因此这两种产品存在生产替代效应,它们不能构成单独的相关市场。另外,在需求方面,三者也存在模糊三者界限的替代性,但是这种替代性不能充分证明相关市场是包括这三种产品的宽泛市场。因此,在分析并购对市场竞争的影响时,对相关产品市场更确切的界定应该是界定为两个相关产品市场:悬浮液聚氯乙烯树脂[由聚集和悬浮液聚氯乙烯树脂与悬浮液聚氯乙烯均聚(合)物树脂组成]和乳化聚氯乙烯树脂分别构成的市场。

【法院观点】

法院认为,对相关产品市场的界定有两种方法:一种方法是供给替代和交叉价格弹性方法;另一种方法是判断一种产品的生产企业能否用已有设备生产另一种产品,如果两种商品能生产替代,这两种商品就属于同一个相关产品市场。因此,法院认同联邦贸易委员会对相关产品市场的界定。

但是法院认为,除了不同种类的聚氯乙烯树脂之间存在替代性之外,聚氯乙烯树脂和其他塑料树脂之间也存在一定程度的替代性,聚氯乙烯终端产品和其他材料的终端产品之间也存在替代性[1],因为这些替代性的存在使得相关产品市场界定的边界不是硬性的,生产企业不具备合并以提高价格或减少产量的能力。

(二)相关区域市场

【联邦贸易委员会的观点】

联邦贸易委员会认为,相关区域市场是整个美国。当国内生

---

[1] 见 FTC v. Great Lakes Chemical Corp., 528 F. Supp. 84, 88—89 (N. D. Ill. 1981).

产企业微幅但显著且非暂时地提价时,外国生产企业如果有足够的生产能力以提供美国消费者可以接受的价格,就会占据国内生产企业因提高价格而丧失的市场份额。当这种提价因为外国生产企业占据其市场份额而变得无利可图时,相关区域市场应比美国范围更大。

【法院的观点】

相关区域市场的界定与地理结构上供应商与消费者的关系有关。相关区域市场不仅应被定义为美国市场,还可能包括外国的市场和供应。相关区域市场可能是或不是全球的,但必须包括一些外国市场。法庭认为联邦贸易委员会对此证明不足。

法院界定相关区域市场时采用的价格上涨幅度是5%,其计算出悬浮液聚氯乙烯树脂的临界损失为15%,乳化聚氯乙烯树脂的临界损失为10%。

1981年以来,美国对相关产品的进口数量增加了5倍,这些进口产品来自30多个国家,主要来源是加拿大、墨西哥、罗马尼亚、巴西、以色列、西德和意大利。对进口产品限制会影响到国内生产企业是世界和行业内都公认的事实,进口可能已经对国内价格的下降施加着显著的压力,目前的统计数字可能低估了进口产品的影响,因为它们只是代表了在现有竞争条件下进入国内市场的国外聚氯乙烯产品数量,它们并没有反映当国内生产企业试图将价格提升至竞争价格之上时外国公司增加对美国供应量的能力。通过对美国近年来相关产品进口数量和美国周围地区市场潜在供应量的考察,法院最后认为:在相关产品价格上涨5%的情况下,参与合并的两个企业在相关产品市场上所可能遭受的实际损失都将超过临界损失,而且国外供应商有足够能力向美国提供这么多的产品。因此,联邦贸易委员会所界定的区域市场过于狭窄,相关区域市场不仅包括美国市场,还包括外国的市场和供应。

四、判决结果

法院认为相关区域市场应当即包括美国市场、又包括外国的市场和供应,因此法院认为联邦贸易委员会界定的相关区域市场范围过窄而且证据不足,法庭权衡了公平性的问题后得出不能颁布初步禁令的结论。

第二节 经典案例【美国诉梅西健康服务机构和芬利三州健康集团案】

衣阿华州北部地区法院
美国诉梅西健康服务机构和芬利三州健康集团
(UNITED STATES OF AMERICA, vs.
MERCY HEALTH SERVICES and FINLEY
TRI-STATES HEALTH GROUP, INC.)
UNITED STATES DISTRICT COURT FOR THE
NORTHERN DISTRICT OF IOWA,
EASTERN-DUBUQUE DIVISION
902 F. Supp. 968; 1995 U.S. Dist. LEXIS 16565;
1995—2 Trade Cas. (CCH) P71,162
October 27,1995,Decided

一、案情简介

被告梅西健康服务机构(Mercy Health Services)和芬利三州健康集团(Finley Tri-states Health Group, Inc.)这两家公司在衣阿华州迪比克郡拥有该地仅有的两家综合急性护理医院——梅西健康中心(Mercy)和芬利医院(Finley)。1994年这两家医院就合并以形成合伙关系达成了协议,成立迪比克地区健康服务机构(DRHS)。

1994年6月10日,美国政府认为合并违反了《克莱顿法》和《谢尔曼法》,欲通过发布禁令阻止合并。法院没有支持原告的禁令要求,进入诉讼程序。法院认为原告没有充分证明其认定的相关区域市场的观点,也没有充分证明合并会对竞争带来不利影响,因此判决原告败诉。

二、相关市场的界定及其争议焦点

相关产品市场被界定为综合急性护理医院服务市场。

相关区域市场界定的不同观点:(1)相关区域市场包括衣阿华州的迪比克郡和一个由迪比克县进入伊利诺伊州和威斯康星州的东部边缘延伸以15英里为半径的半圆地域,这个地理范围包括梅西医院、芬利医院和加利那-斯特劳斯医院;(2)相关区域市场应该更大,包括梅西医院、芬利医院、七家最近的乡村医院和地处锡达拉皮兹市、滑铁卢、衣阿华城、达文波特和麦迪孙地区的地区性医院。

三、审判过程中相关市场界定的各方争辩

各方在相关区域市场界定问题上的争论的焦点是迪比克地区健康服务机构是否能:(1)有效提高医疗机构价格的 5%;(2)有效除去现有医疗机构的折扣,从而判断论原告对于相关区域市场的界定是否是正确的。

【原告的观点】

相关区域市场包括衣阿华州的迪比克郡和一个由迪比克县进入伊利诺伊州和威斯康星州的东部边缘延伸以 15 英里为半径的半圆地域。这个区域范围包括梅西医院、芬利医院和加利那-斯特劳斯医院。目前这个相关区域市场中有 88% 的患者在这三家医院接受治疗,其中只有 2% 去加利那-斯特劳斯医院,剩余的都去梅西医院和芬利医院,这三家医院的患者几乎有 76% 来自于这个区域市场。这个相关区域市场界定的基础是:(1)迪比克郡消费者的主要意见;(2)医生有决策权的地方,即医生愿意工作的地方;(3)内科医生的观点;(4)患者流量数据。

政府发现一个非常明显的现象是,医疗协会(HMO)和遗产计划都觉得他们的医疗保健计划必须包括为使计划要到迪比克雇主适销对路的迪比克医院之一。政府以此证明迪比克医院没有市场供给替代。政府发现,梅西医院和芬利医院有很多在职内科医生是重叠的,但是这种重叠在附近的乡村医院与梅西医院和芬利医院之间很少,梅西医院有 76% 的医生也在芬利医院就职,芬利医院的医生有 90% 也在梅西医院就职。

原告因此得出结论:(1)现在在梅西和芬利医院就诊的患者因为医生不在乡村医院和医生不认可乡村医院设施的缘故不能换到

乡村医院就诊；(2)梅西医院和芬利医院对于愿意在其中工作的医生来说是可替代的。作为对比，迪比克地区的医生不愿意去乡村医院工作，因为乡村医院与梅西医院和芬利医院是不可比，也不可替代的。

政府也认为，迪比克地区的医生不愿意在乡村医院工作的原因是他们认为乡村医院不能提供大多数患者需要的全方位的服务和乡村医院没有足够的医生和设备做住院手术。政府接着关注市场中患者的流进量和流出量，用产品流检验方法（Elzinga-Hogarty Measure）检验的结果显示相关区域市场是非常有限的。

政府认为地区医院不在这个相关区域市场中是因为患者不会为了住院治疗而选择超过一定距离的医院，在两个地区医院之间做选择的根据是价格因素，所以地区医院只为了争取边缘地区的患者而竞争。政府得出结论说，因为乡村医院根本不是迪比克地区健康服务机构的有竞争力的替代性医院，地区医院也仅在梅西和芬利医院服务的边缘地区是有竞争力的替代，所以迪比克地区健康服务机构没有能力提价，不能通过吸引患者来抵抗迪比克地区健康服务机构的提价。

【被告的观点】

被告认为相关区域市场包括梅西医院、芬利医院、七家最近的乡村医院和地处锡达拉皮兹市、滑铁卢、衣阿华城、达文波特和麦迪孙地区的地区性医院，梅西医院、芬利医院在这个区域市场的市场份额大概有10%。原告对于相关区域市场的界定依据是不正确的假设，而且没有依据现在的市场趋势。

被告认为原告的相关区域市场的界定范围太窄，因为如果将价格提高5%，会流失部分患者，进而不能实现利润增长。为了证明这个结论,被告用医生与患者间的高度信任和忠诚感,派出医院只在医院服务边远地区有作用,这个市场有显著的进入壁垒这三个理由来反驳原告的观点。

被告还认为,如果迪比克地区健康服务机构将价格提升5%,其将损失大约8%的客户,这远远超过其所能承受的损失限度,提价行为并不能给他们带来更多的利润。

【法庭观点】

1. 对相关区域市场的分析

法庭认为因为政府的观点很强调过去的医疗条件,而且没有考虑到患者对价格的反应,而使假设变得没有意义。政府没有采取动态的反垄断分析方法,而是在现有竞争市场里静态地看这个问题。

政府的一些假设和结论是没有足够证据的。一个假设是医生和患者之间的忠实度是很强的,这使已经有迪比克地区医生治疗的迪比克地区的患者不能选择非迪比克地区医院。这个假设有很多问题。首先,证据显示,很多患者并没有固定的医生;其次,没有证据显示,患者与医生之间的忠实度强到可以阻止患者因为经济原因换医生;第三,原告关于派出诊所对医疗模式(Hospitalization Patterns)几乎没有作用的观点也是有问题的。

2. 5%价格提升

原告认为没有竞争者可以抵抗迪比克地区健康服务机构的5%价格提升,因此,合并会产生不利于竞争的影响。1984年兼并指南提出了5%检测方法——建议如果一个合并后的实体(Entity)可以保持一年的5%的价格提升,这个合并就会被视为违反了反垄断法。原告根据以下的假设得出结论,5%的价格提升是有效的：

(1)患者对医生有很强的忠实性；

(2)派出诊所只对两所地区医院的边缘地区有影响；

(3)迪比克地区25公里范围内的人只去迪比克地区的医院。

双方都同意5%的价格增长是无益的,迪比克地区健康服务机构会缩水总量的8%。政府却认为,这不会发生,因为:1)至少,迪比克地区25公里范围内有4%的患者会换到非迪比克地区医院;2)至少,迪比克地区医院患者有13%住在25公里范围之外,其中3.2%会换到非迪比克医院。原告也分析了不会换医院的患者情况。

法庭认为,政府的结论不正确,这是因为做了错误的假设。加上政府因为错误假设遗漏的数据,价格增长就是无益的。

3.消除受操控的医疗折扣

法庭认为,政府的结论不正确,因为做了错误的假设。

4.作为相关区域市场的迪比克

法庭对原告的替代性假设也做了否定性评价。

四、判决结果

在本案中相关产品市场被界定为综合急性护理医院服务市场,而对于相关区域市场的界定,法院最后采纳了被告的观点,认为相关区域市场应该被界定为包括梅西医院、芬利医院、七家最近的乡村医院和地处锡达拉皮兹市、滑铁卢、衣阿华城、达文波特和麦迪孙地区的地区性医院在内的一个更大的区域,法院认为由于认为政府没有证明其对相关区域市场的假定,也不能证明合并会对市场竞争有不利作用,因此驳回了政府要求禁止合并的诉求。

第三节　经典案例【内东部海湾医院合并案】

内东部海湾医院合并案例
加利福尼亚州东区地方法院
加利福尼亚州诉萨特医疗系统等
(STATE OF CALIFORNIA v. SUTTER HEALTH SYSTEM, ALTA BATES MEDICAL CENTER, and SUMMIT MEDICAL CENTER)
No. C99—03803 MMC
130 F. Supp. 2d 1109; 2001 U. S. Dist. LEXIS 4673;
2001—1 Trade Cas. (CCH) P73,255
January 29,2001,Decided

一、案情简介

被告阿尔塔贝茨医疗中心(Alta Bates Medical Center)和萨米特医疗中心(Summit Medical Center)是内东部海湾地区(Inner East Bay)两家最大的急性护理医院。内东部海湾是一个城市地区,连接着旧金山与美国西北部、奥克兰－伯克利山脉与美国东部、人口稀疏的海达德南部与北弗里蒙特。考虑到恺萨的奥克兰分部即将关闭,萨特医疗系统(Sutter Health System)和萨米特医疗中心会导致位于内东部海湾地区的医院损失将近50%的病人。

1997年，位于伯克利隶属于萨特医疗系统的阿尔塔贝茨医疗中心欲与位于奥克兰的萨米特医疗中心(Summit Medical Center)合并。

1999年，加利福尼亚州政府对该项合并提起了诉讼。2001年地方法院作出了有利于被告的判决。

二、相关市场的界定及其争议焦点

相关区域市场被界定为内东部海湾地区；相关产品市场被界定为急性护理服务市场。

本案的争议焦点主要是如何运用临界损失方法界定相关区域市场的问题。

三、审判过程中相关市场界定的各方争辩

【原告观点】

根据内东部海湾地区独特的地理条件和市场参与等特点，原告方的专家最初把该地区归为一个区域市场。原告方的专家随后展示了一系列研究结果以证明内东部海湾地区是一个相关区域市场的假设。

原告方专家运用临界损失分析，计算出在被提议的内东部海湾市场中，为了抵抗各种假定的价格上涨，比如5%、10%、15%，医院必须损失的病人的数量与百分比。临界损失计算中的边际利润是以萨特的文档而得到的，萨特和萨米特的边际利润在41.4%到54.4%之间。根据这些边际利润，在一个10%的涨价变得无利可图之前，医院不得不损失15.5%到19.4%的病人。约翰·缪尔(John Muir)是被原告从相关区域市场中排除的靠近合并医院的一家医院。约翰·缪尔从拉斐特(Lagayette)、奥瑞达(Orinda)、

莫拉加（Moraga）吸引了大量病人，然而，阿尔塔贝茨和萨米特仅3％的病人来自这个地区。

原告方的专家得出结论说，就算这个地区所有的病人都转向约翰·缪尔，10％的涨价带来的实际病人损失并不足以阻止价格上涨。原告方专家同时还指出，高的边际利润自身就是一个市场势力的标志，意味着这个市场中的医院面临着相对缺乏弹性的需求，而且病人不愿意转向市场以外的医院。

【地区法院观点】

地方法院的裁定有利于被告。在地方法院的裁定中，基于两个理由驳回了原告的临界损失分析。

1. 地方法院发现临界损失分析中的涨价应该是5％而不是原告方专家使用的10％。

2. 基于病人流量数据，地方法院得出结论说，有足够的病人会转向内东部海湾地区以外的医院来阻止5％的价格上涨。尤其是对于5％的价格上涨，原告计算的临界损失为4％到10.5％。法院注意到，病人流量数据显示居住在内东部海湾地区的病人之中大约有15％的病人会去内东部海湾地区以外的医院，从位于内东部海湾地区医院出院的病人中大约有15％的病人居住在内东部海湾地区之外。如果可控制的护理组织和独立实践联盟能够控制1/3—2/3的目前正从市场外或市场内到被提议的医院去的病人，使他们去市场外的医院，那么损失的病人就足够阻止5％的价格上涨。

四、判决结果

在本案中相关产品市场被界定为急性护理服务市场，而地方法院基于临界损失分析认为相关区域市场应当是一个比内东部海湾地区更大的区域,因此驳回了原告对合并实施初步禁令的请求。

第十七章　临界弹性方法

第一节　首次案例【联邦贸易委员会诉瑞典火柴公司等案】

美国哥伦比亚州地区法院

联邦贸易委员会诉瑞典火柴公司等

(FEDERAL TRADE COMMISSION v. SWEDISH MATCH, ET AL.)

CIVIL NO. 00—1501

131 F. Supp. 2d 151; 2000 U.S. Dist. LEXIS 19168;

2000—2 Trade Cas. (CCH) P73,122

December 14,2000,Decided

一、案情简介

瑞典火柴公司(Swedish Match)主要生产和销售散装烟叶和湿鼻烟,它是美国最大的松散烟叶生产者。国家烟草公司(National Tobacco Company)主要生产和销售散装嚼烟叶,它是美国第三大散装嚼烟叶生产者。2000年2月10日,瑞典火柴公司和国家烟草公司达成财产购买协议,按照该协议瑞典火柴公司会收购国家烟草公司的散装烟草商标和相应的财产。根据1976年的《哈特-斯科特-罗迪诺反垄断修正法案》和《美国法典》第十五部第18A条,瑞典火柴公司和国家烟草公司在合并前通知了联邦贸易委员会。

2000年6月23日,联邦贸易委员会提起诉讼,欲寻求对该收购案发布初步禁令。

2000年12月14日,法院支持了原告诉讼请求,对收购实施了禁令。

二、相关市场的界定及其争议焦点

相关区域市场被界定为美国。

相关产品市场界定的不同观点:1)相关产品市场应界定为无烟烟草市场,其中包括湿鼻烟以及散装烟叶。2)散装烟叶构成一个独立的相关产品市场,其中不包括湿鼻烟。

三、审判过程中相关市场界定的各方争辩

本案件对相关产品市场的界定存在争议。

【原告观点】

相关产品市场应该被界定得的更广,是整个无烟烟草市场,包括湿鼻烟市场和散装烟叶市场。

散装烟叶和湿鼻烟可以合理替代,因为它们是同类产品,主要

使用目的是相同的,任何有差异的主张仅仅是表面的。这两种形式的无烟烟草和尼古丁都是通过口腔使用的,其产量都令消费者满意。消费者消费一袋湿烟鼻和一袋散装烟叶的速度大体相同。散装烟叶和湿鼻烟都在同样的场所销售。散装烟叶和湿鼻烟通常共享相同的客户。

和辛普森博士的经济学分析相反,被告方的专家证人经济学家肯尼斯(Kenneth Train)博士的经济学分析结果是散装烟叶的实际需求弹性是2.17,临界弹性是1.75,实际需求弹性大于临界弹性,因此5%的价格提升是无利可图的。

【被告观点】

散装烟叶构成一个独立的相关产品市场,其中不包括湿鼻烟市场。

委员会认为散装烟叶和湿鼻烟不具有供给替代性,因为这两种产品在包装、价格、消费群体、质地和烟草植物组成等各方面有显著的区别。

原告方的专家证人是经济学家约翰·辛普森(John Simpson)博士,他应用假定垄断者检验(Hypothetical Monopolist Test)后认为,散装烟叶的消费者消费量的减少不足以使5%的价格提升无利可图。使用大家都能接受的55%—65%的利润率,辛普森博士计算出来的5%价格增长下的临界损失大约是7%—8%,再结合勒纳指数(Lerner Index),可以得出65%利润率的情况下对瑞典火柴公司需求弹性的绝对值大约是1.67。该水平下,5%的价格增长所导致的销量下降大约8%。辛普森博士由此推断,该产业的弹性小于临界弹性，因此，假定垄断者5%的价格增加是有利可图的。

【法院观点】

法院支持原告观点，通过供给替代性证明散装烟叶和湿烟鼻具有替代性，所以相关产品市场是无烟烟草市场，包括湿烟鼻市场和散装烟叶市场。

该案例中的临界弹性分析都不具有说服力。辛普森博士的分析具有局限性，他只大体地描述了价格增加的效应，并推断产业需求弹性小于临界弹性。这种推断是主观的，没有依据客观的方法，也无法检验，不具有统计学意义。同时他对勒纳指数的使用也是值得商榷的。联邦贸易委员会自己的专家博士阿申费尔特（Dr. Orley Ashenfelter）在听证会上作证说，如果价格和数量的数据可得，事实上确实可得，他通常会用计量经济学，而不是勒纳指数来估计需求弹性。肯尼斯博士的报告更难令人信服，他发布了多份不同的报告，分别使用不同的计量模型得出不同的弹性估计值。另外他还承认有几份结果中需求弹性小于临界弹性，但是这几份报告他没有发布。因此，法院最终没有认定被告专家证人的证据是可信的。

四、判决结果

在本案中法院将相关市场界定为是无烟烟草市场，包括湿烟鼻市场和散装烟叶市场，在这个基础上最终法院认可了联邦贸易委员会提出的证据，认定该收购案违反了《克莱顿法》第七条，可能会削弱市场竞争,因此法院对并购发布了初步禁令。

第二节　经典案例【无线电台合并案（Radio Station Mergers）】

无线电台合并案（Radio Station Mergers）[①]

一、案情简介

1996年《电信法案》(the Telecommunications Act)通过之后，美国司法部干预了很多起涉及无线电台的合并。1998年主要的案例包括：

Capstar与司法部达成和解，被允许以21亿美元接管SFX无线电台。Capstar在70个市场拥有并经营242家无线电台，且1997年它的收益超过3.2亿美元。和解的条款规定Capstar可以收购SFX，条件是它剥离在5个不同城市的11个无线电台。

CBS则被允许以16亿美元购买了美国无线电系统(ABS)。CBS是最大的无线电台经营商，在17个城市拥有76个无线电台。ARS在18个大城市里拥有85个无线电台。和解的条款要求CBS出售3座城市的7个无线电台。

[①] 该案例主要来自JR Church，Roger Ware：Industrial Organization：Strategic Approach,Ch19"The Theory of the Market"，McGraw-Hill/Irwin 2000。这个案例是基于Eklund,Ford,以及jackson(1999)。亦可参见美国司法部出版社出版："司法部要求Jacor出售8个无线电台作为全国通讯公司收购的一部分，"1998年8月10日；"司法部要求Capstar出售11个无线电台作为SFX收购的一部分，"1998年3月31日；"司法部要求CBS出售7个无线电台作为美国无线电系统收购的一部分，"1998年3月31日。

Jacor 也被允许以 6.2 亿美元购买了全国通讯(Nationwide Communications)。Jacor 拥有和经营着 197 家无线电台,且 1997 年其收益接近 6 亿美元。全国通讯则在 11 座城市拥有或经营 17 个无线电台,且 1997 年收益超过 1 亿美元。

二、相关市场的界定及其争议焦点

司法部为了保持地方无线电广告的竞争而要求剥离。这些收购将使收购方企业市场份额从 42% 上升到 74%,司法部称,将导致更高的广告价格。

在 1991 年之前,联邦通信委员会(FCC)有一些限制:一家企业在全国只能拥有 12 家 AM 和 12 家 FM 无线电台,在每个地区只能拥有 1 种相同的服务(AM 或 FM)。

到 20 世纪 90 年代早期,当 FCC 开始放松拥有量限制(ownership restrictions)的时候,《通信法案》取消了对 AM 和 FM 在全国范围的拥有量限制。剩下的对地方拥有量的限制取决于市场的大小。例如,在那些拥有超过 44 家无线电台的大市场上,一家企业能够拥有、经营和控制 8 家无线电台,但一种服务不超过 5 家。另一方面,在那些小于 14 家的小市场上,一家企业能够拥有、经营和控制至多 5 家无线电台,但一种服务不超过 3 家,并且不超过无线电台总数的 50%。

无线电台的合并明显地受到司法部的关注,对广告的担忧也在增加。地方无线电广告应该成为一个相关市场,这符合司法部的执法意向。但是,给定已经可得的替代品——例如新闻和电视,对地方无线电广告的控制是否导致企业拥有市场势力的逻辑并不明确。

三、审判过程中相关市场界定的各方争辩

为了调查地方无线电广告是否是一个反垄断市场,埃克隆(Ekelund)、福德(Ford)和杰克逊(Jackson,1999)估计了无线电台的需求弹性。他们虽然没有关于产出的数据——无线电广告的分钟数,却有无线电广告支出或者总收益(TR)的数据。他们假定一个地方市场上的总收益取决于无线电台广告的价格(P^r),电视广告的价格(P^t),报纸广告的价格(P^n),以及总零售额(Y)。一个无线电广告的价格是每点收听率的价格,即一个收听率点意味着1%的潜在听众正在收听。人口统计意义上的目标市场是18岁以上的人口。相似地,P^t是电视收视率的费用。报纸广告的价格等于报纸总发行量与总居民户数之比乘以一个平均大小的广告的成本。埃克隆、福德和杰克逊根据1995年110个美国最大的无线电市场的数据进行了实证研究。这个代表性的数据组不针对任何单个的城市,用于对美国无线电广告平均的市场的测算。测算方程为:

$$\ln(TR_i) = \beta_0 + \beta_1 \ln(P_i^r) + \beta_2 \ln(P_i^t) + \beta_3 \ln(Y_i) + \varepsilon_i$$

其中i代表本地市场,不是需求弹性而是误差项。因为收益而非产出是因变量,需求的自价格弹性是β_1。考虑电视广告和报纸广告的无线电的交叉价格弹性分别是β_2和β_3。

他们使用数据组来测算回归方程中的β,自价格需求弹性被测算为2.101,交叉价格弹性是0.297(对于电视)以及0.587(对于报纸)。所有测算出的系数都显著地不为零,而且四个自变量的方差(右手边的变量)解释了TR中77%的方差($R^2 = 0.77$)。

为判定美国一般无线电广告市场是否是反垄断市场,要求关于

"价格—成本边际"的信息。埃克隆、福特和杰克逊使用了两个近似量。平均的运营收入边际是 18.7%。平均现金流边际是 31.3%。基于估算的需求弹性,从式中可以看出,一个假定垄断者会发现提高价格有利可图。估算的弹性的倒数是 0.48,超过了两个边际的估计(勒纳指数)。根据 $\varepsilon(p^0) = p^0/(a-p^0)$ 的计算,临界弹性为 2.89 或 4.43,超过了 0.48。

四、判决结果

临界弹性超过了估计的需求弹性,地方无线电广告市场是反垄断市场。对于一个 5% 的提价,临界需求弹性要么是 2.89,要么是 4.43,取决于所用的是高的或低的边际成本估计。一个利润最大化的垄断者在一般美国地方无线电广告市场上会提高价格超过 5% 的幅度。

第十八章　产品流检验方法

第一节　早期案例【帕斯特啤酒案】

威斯康辛州东区地方法院
美国诉帕斯特啤酒公司
(UNITED STATES v. PABST BREWING CO. ET AL)
384 U.S. 546, 86 S. Ct. 1665, 16 L. Ed. 2d 765,
1966 U.S. LEXIS 2947, 1966 Trade Cas.
(CCH) P71790 (1966)
April 27, 1966, Argued
June 13, 1966, Decided

一、案情简介

1958年,美国第十大啤酒商帕斯特啤酒公司(Pabst)兼并了美国第十八大啤酒商布莱兹啤酒公司(Blatz),并凭着4.49%的市场份额成为美国第五大啤酒商。

美国政府在威斯康辛州东区的地方法院提起诉讼,指控帕斯特啤酒公司兼并布莱兹啤酒公司会有损美国和很多地域包括威斯康辛、伊利诺斯州、密歇根州的啤酒市场的竞争,或者可能在市场中形成垄断,违反了《克莱顿法》。地区法院驳回了政府的起诉,因为:(1)没有证据显示威斯康辛州或者威斯康辛、伊利诺斯州、密歇根州这三个州是一个相关区域市场;(2)政府没有证明合并会有损美国大陆的啤酒市场竞争,或者会形成垄断。

上诉法院改判了此案,发回重审。1969年,地区法院重审了此案,判决原告胜诉。

二、相关市场的界定及其争议焦点

相关区域市场被界定为美国大陆或威斯康辛州和威斯康辛、伊利诺斯州、密歇根州这3个州构成的区域;相关产品市场被界定为啤酒市场,包括啤酒的生产、分配和销售。

本案的争议焦点主要是相关市场界定,尤其是产品流方法的运用问题。

三、审判过程中相关市场界定的各方争辩

【地方法院观点】

政府应该像判定犯罪必须证明犯罪事实一样严谨地界定相关区域市场。事实上,政府没有提供充分的证据能够证明威斯康辛州或者威斯康辛、伊利诺斯州、密歇根州这3个州是一个相关区域市场。因此,政府不能认定合并会有损美国大陆的啤酒市场竞争,或者会形成垄断。

【上诉法院观点】

上诉法院认为,政府不能充分证明相关区域市场的准确范围并不能够成为起诉被驳回的理由,只要政府能证明该合并有

可能使美国或美国一部分的市场上的竞争被削弱或可能形成垄断即可。

上诉法院认定了以下事实：

在全美范围内，帕斯特啤酒公司在1958年合并后成为美国第五大啤酒商，其市场份额为4.49％；合并之后的第三年的1961年，其市场份额增至5.83％，变成美国第三大啤酒商。

在威斯康辛州，合并之前，帕斯特啤酒公司本是当地最大的啤酒商，布莱兹啤酒公司排名第四。合并使得帕斯特啤酒公司拥有23.95％的市场份额，仍是威斯康辛州最大的啤酒商。1961年，帕斯特啤酒公司的市场份额增至27.41％。

合并发生在一个有着稳定集中趋势的市场。首先，啤酒生产企业和销售商的数量越来越少，在全美范围内，啤酒厂的数量在1934年和1961年分别是714家和229家，销售啤酒的竞争者则在1957年和1961年分别是206家和162家。而在威斯康辛州，啤酒销售商从1955年的77家，减至1961年的54家。

其次，随着竞争者数目的减少，主导的啤酒商的市场份额就会增加。1957年到1961年之间，全国前十大啤酒商总的市场份额由45.06％增至52.60％；在威斯康辛州，前四大啤酒商的市场份额则从47.74％增至58.62％。1957年，在威斯康辛、伊利诺斯州、密歇根州这3个州的区域，布莱兹啤酒公司和帕斯特啤酒公司分别排名第六、第七，市场份额分别为5.84％和5.48％。如同全国的趋势一般，这3个州的啤酒市场也有集中化的趋势：1957年到1961年，主要啤酒销售商的数目从104家跌至86家，前八大销售商的市场份额由58.93％增至67.65％。

因此，证据显示了一个很明显的啤酒商数目下降趋势和主导啤酒商市场份额增加趋势,如果不阻止,这种趋势会导致啤酒品牌越来越少,市场集中程度越来越高。

帕斯特啤酒公司和布莱兹啤酒公司的合并导致 40 个州的两个非常大的啤酒商合力竞争。1957 年,这两家公司总共占据了威斯康辛州 23.95% 的市场份额,威斯康辛、伊利诺斯州、密歇根州这 3 个州 11.32% 的市场份额,整个美国 4.49% 的市场份额,这些证据已经能够充分证明该合并违反了法律。

考虑到被告主张政府没有准确界定相关区域市场就不能证明被告垄断势力存在的抗辩理由,法院认为政府没有必须准确界定相关区域市场的举证责任,即使政府没有对此举证,也不能说明合并没有导致垄断。同时市场的集中化趋势与合并一定是相关的。法院认为,一个产业里的集中化趋势,不管是什么导致的,合并是决定不利竞争或者与不利竞争非常相关的一个因素。

法院最终判决,改判并发回重审。

【重审法庭观点】

法院又补充了帕斯特啤酒公司和布莱兹啤酒公司在 1957 年和 1961 年在全国和威斯康辛州出售的啤酒桶数如下表:

	PABST		BLATZ	
	全国	威斯康辛州	全国	威斯康辛州
1957	2,548,452	340,378	1,239,334	388,678
1958	2,254,001	333,244	1,717,489	403,437
1959	2,060,775	374,764	2,133,546	416,322
1960	1,952,130	429,402	2,426,440	424,327
1961	2,667,346	475,490	2,524,716	429,772

从表中可以发现,对于帕斯特啤酒案中威斯康辛州的啤酒进口量较低。

四、判决结果

在本案中法院认定威斯康辛州具有全美最高的人均啤酒消费量和相对较低的啤酒进口量,因此法院认为威斯康辛州的啤酒产业从地理空间的角度看相对独立,因此将其界定为一个单独的相关区域市场。

第二节 经典案例【美国诉洛克富特荣誉公司案】

伊利诺斯州北区地方法院
美国诉洛克富特荣誉公司案
(UNITED STATES v. ROCKFORD MEMORIAL CORP., 717 F. SUPP. 1251)
717 F. Supp. 1251,1989 U.S. Dist. LEXIS 4292
1989—1 Trade Cas. (CCH) P68,462
February 23,1989,Decided

一、案情简介

1987年,洛克富特公司[Rockford Memorial Corporation (RMC)]与瑞典—美国公司[Swedish-American Corporation (SAC)]决定成立一家新公司,这两家公司的附属医疗机构洛克富特医院和瑞典—美国医院也于1988年1月被合并到这家新公司中来,但是1988年6月美国公平交易局就以兼并加强了这两家公司的经济力量为由,根据《谢尔曼法》第七条的规定对这两家公司之间的兼并提起了反垄断法诉讼。

二、相关市场的界定及其争议焦点

相关产品市场应当被界定为:(1)住院性医疗服务;(2)住院性医疗服务与非住院性医疗服务;(3)医院提供的非住院医疗服务与医院外的主体提供的非住院性医疗服务。

相关区域市场应当被界定为:(1)温纳贝戈和奥格尔北部;(2)括温纳贝戈、布恩、斯蒂芬森、奥格尔、麦克亨利、迪卡尔布和沃尔沃思等位于伊利诺伊州和威斯康星州两个州之内的10个村庄。

本案的争议焦点主要是相关市场界定,尤其是产品流方法的运用问题。

三、审判过程中相关市场界定的各方争辩

(一)相关产品市场

【原告、被告观点】

政府认为本案的相关产品市场应当界定为住院医疗服务。但是被告认为相关产品市场应当界定为住院医疗服务和非医疗服务,尤其是随着计算机断层扫描(CT)、磁共振成像(核磁共振)、非侵入性外科手术诊断技术以及和激光检查、治疗和手术的广泛应用,当前非住院服务成为医疗市场上的主要服务类型。

【美国联邦贸易委员会观点】

美国联邦贸易委员会认为该相关市场是由多种不同种类的医疗服务构成的,这些医疗服务构成了相关产品的产品束,住院病人通常同时接受成为产品束的医疗产品。但是医院提供给非住院病

人的医疗服务具有特殊性,因为非住院病人通常不会像住院病人那样将医院作为最终的消费对象,因而医院提供的非住院服务与医院之外的主体提供的非住院服务之间具有竞争性。因此相关产品市场还应当包括非医院主体提供的非住院医疗服务。

【法院观点】

尽管法院认为住院医疗服务和非住院医疗服务之间具有很强的可转换性,但是仍旧不承认非住院医疗服务应当被纳入相关产品市场。科学技术的发展将住院医疗转换为非住院医疗服务还需要大量的时间。

(二)相关区域市场

【原告观点】

政府所界定的相关区域市场是消费者可以获取被告所供给的产品的区域。主要包括温纳贝戈和奥格尔北部,因而是一个非常狭小的地理区域,仅达到了被告所主张的相关地理区域的25%。

【被告观点】

被告认为这两家医院的相关区域市场应当包括温纳贝戈、布恩、斯蒂芬森、奥格尔、麦克亨利、迪卡尔布和沃尔沃思等位于伊利诺伊州和威斯康星州两个州之内的10个村庄。同时被告为了反驳原告对相关地理区域的界定,还提出利用"Elzinga-Hogarty"测试来检测相关区域市场。在本案中,"E—H"检验主要是通过检验病人的流量来完成的。

"E—H"检验法分为两个独立的过程,"LOFI"和"LIFO"。在本案中,LOFI主要是指医院附近区域内的病人到该区域外就诊的静态数据;该数据可以用来确定医院附近区域外的病人到医院就诊的潜在数量;如果病人从医院附近区域之外前来就诊,那么就可以通过病人的数量来测定医院对该地区所具有的市场势力。LOFI 考察的是病人从相关区域外流入医院附近的比例,而 LIFO 则考察病人从该区域流出的比例。该统计分析可以用来确定该区域外的医院对该区域内的医院行使市场势力的强弱。

根据该分析可知,相关区域市场应当是一个"只有很少的患者会到该区域外的医院就医,以及仅有很少的患者会从其他区域进入该区域就医的一个地理区域"。被告认为这里"很少"应当划定为 10%。换言之,接受 LOFI 和 LIFO 测定的患者应当超过该地区患者总数的 90%。

为了进行"E—H"检验,被告设计了这样的测试步骤:

第一步:LOFI 测试过程

(a)确定两家进行合并的医院的服务区域,例如医院 90% 的医疗服务所处的区域。

(b)确定进行合并的医院所处的区域内的所有医院提供的相关服务所涉及的区域。

第二步:LIFO 测试过程

以相关区域内患者的数量来确定该区域内提供了 90% 的医疗服务的医院的相关区域市场范围。

按照上述方法,被告根据患者的门诊数据得出该区域市场内患者的流出量是 91%,流入量是 80.5%;根据患者的消费数据可以得出该地域内患者的流出量是 90%,流入量是 74.4%。因此,可以证明该相关区域市场内存在着充分的竞争。

【法院观点】

尽管法院承认"E—H"方法应用的一般效力,但是对被告的应用并不认可。法院认为被告并未完全按照测试步骤进行测试,相反很可能以最终希望得到的测试结果为导向,对作为测试基础的数据进行了调整。

四、判决结果

在本案中法院认定洛克富特公司与瑞典—美国公司合并后将会在相关市场上占据70%的市场份额,从而会导致相关市场上的医疗垄断,并因而阻碍竞争。

第三节 经典案例【特拉华公司案】

美国特拉华州地区法院
特拉华健康医疗有限公司诉 MCD 控股公司等
(DELAWARE HEALTH CARE, INC. v.
MCD HOLDING COMPANY)
957 F. Supp. 535; 1997 U.S. Dist. LEXIS 2135;
1998—1 Trade Cas. (CCH) P72,079
January 6,1997,Argued
February 20,1997,Decided

一、案情简介

原告特拉华健康医疗有限公司(Delaware Health Care, Inc. (DHC))是一个家庭医疗保健的供给者,为病人上门提供注射服务和其他医疗保健服务。家庭医疗保健的提供通常依靠转诊介绍和合同,这种转诊介绍来自医院、医师、保险公司、健康维持组织、其他病人等。家庭注射医疗被认为是利润最大的健康保健服务。

被告是 MCD 基金会（MCD Foundation）的子公司，包括：MCD 控股公司、特拉华探访医护联盟［Visiting Nurse Association of Delaware（VNA）］、特拉华注射服务机构［Infusion Services of Delaware（ISD）］、克里斯蒂安娜医院（Christiana Hospital）和维尔明顿医院（Wilmington Hospital）。其中，克里斯蒂安娜和维尔明顿这两家医院组成 MCD，当事人都承认这是特拉华最大的医疗系统；被告特拉华注射服务机构提供家庭注射医疗产品；被告特拉华探访医护联盟提供家庭护理服务，为特拉华注射服务机构的医疗产品提供帮助。由于 MCD、特拉华注射服务机构和特拉华探访医护联盟都属于 MCD 基金会，所以 MCD 的患者被转诊到特拉华注射服务机构和特拉华探访医护联盟。

1994 年，原告在特拉华注射服务机构成立之前提起诉讼，控告被告不合理地向患者推荐特拉华注射服务机构，在现实中，即使患者要求其他的注射服务提供者，但还是被送到特拉华注射服务机构。除了患者转诊之外，原告还控告 MCD 只允许特拉华注射服务机构进入患者病房，这种行为使特拉华注射服务机构能够提供更好的服务，导致更多的转诊介绍。因此，原告控告被告意图垄断和垄断家庭医疗保健行业，违反了《谢尔曼法》第二条。

最后，法院批准了被告的简易审判的动议。原告对合同侵权的诉讼请求被驳回。

二、相关市场的界定及其争议焦点

关于相关区域市场范围界定的不同观点：(1)"上游市场"和"下游市场"的相关区域市场都是特拉华州的新城堡村；(2)"上游市场"和"下游市场"的相关区域市场范围大于新城堡村范围。

上游市场的相关产品市场被界定为医院治疗服务市场；下游市场的相关产品市场被界定为上门注射及其他医疗保健服务市场。

三、审判过程中相关市场界定的各方争辩

反垄断法中的非法杠杆作用(Illegal Leveraging)包括在一个市场("上游市场")使用垄断力量而在另一个相关市场("下游市场")获得或可能获得垄断力量。因此，本案中要分别界定"上游市场"和"下游市场"这两个相关市场的范围。

(一)关于"上游市场"的相关区域市场界定

【原告的观点】

原告认为相关上游区域市场是特拉华州的新城堡村。在原告界定的区域市场中，MCD 的潜在顾客若要选择其他医院，只能转向另一家圣路易斯医院(St. Francis Hospital)。

为了证明该相关区域市场界定是正确的，原告方的专家证人梭罗(Solow)博士运用了产品流[Elzinga-Hogarty(E—H)]检验方法分析了其界定的相关区域市场中的流入流出情况。

梭罗博士发现，在 1992 年，90.5% 的使用住院服务的新城堡村居民，使用在农村的服务。这符合 LIFO 调查。更进一步，专家发现，在 1992 年，使用位于新城堡村的医院的人中有 85% 是农村居民。这符合 LOFI 调查。因此，梭罗博士认为被提议的新城堡村住院病人医院服务市场"明显通过弱 LIFO 检验和弱 LOFI 检验，刚刚通过强 LIFO 检验。"

【被告的观点】

被告认为原告没有充分证明其界定的相关区域市场是正确的。相关区域市场应该是以 MCD 为中心，半径为 15 到 20 米的

一个区域——这个区域包括一些在新城堡村之外的地区。这样一个市场的界定是很清楚的。因为"一个界定得太小的相关区域市场范围容易造成市场势力形成垄断的假象,而事实上这种市场势力并不存在",因此"区域市场必须足够大,以至于消费者无法在这个市场之外获得足够多的替代品"。在被告界定的市场中,包含6—13家相互竞争的医院,MCD最多拥有43%的市场份额。根据第三巡回法院的观点,如果市场份额少于55%,而且没有其他合理证据,则不足以判定被告拥有垄断力量。

为了证明原告的市场界定是不正确的,被告争论说原告的专家梭罗博士只是依据以前的病人迁移数据而界定出相关区域市场,并没有考虑病人的未来去向。

被告特别指出,在界定相关市场时,梭罗博士单一依靠产品流检验方法,而没有依据美国司法部在《兼并指南》中提出的"标准方法"。产品流检验方法包括分析客户流在被提出的市场中的流入和流出情况。首先,衡量在被提出的区域市场中那些购买物品或服务的顾客比率(LIFO);其次,检验本地生产的该产品在本地的消费比重(LOFI)。两者必须同时考虑。

从本质上看,这些计算被用于检验一个被提出的区域市场,其结果可以作为合理界定市场的证据。当大比例的消费者从市场内(LIFO)购买产品或服务,其中有大多数是本地居民(LOFI),在这种情况下就可以界定区域市场。90%的LOFI和LIFO检验——90%的消费者在市场内购买产品和服务,90%的产品和服务在市场内生产——能很充分地证明所提及的市场的界定是否正确。

被告争论说,E—H检验并不足以成为界定市场的工具。他们注意到有人批判 E-H 检验在界定区域市场方面一无是处。[1] 因而,被告指出,根据反垄断法论述,Solow 博士单一地依靠 E—H 检验而界定出的区域市场"可能错误地估计了市场的范围"。

另一方面,《兼并指南》强调在一个被提议的市场中,面对涨价消费者会作出如何反应。在《兼并指南》之下,相关市场被定义为一个假定垄断者能够有利可图地涨价的地区。

梭罗博士指出他的检验和《兼并指南》是一致的,被告争论说这个检验缺乏对未来的必要预见。

被告指出,有证据证明原告依靠病人迁移的历史数据来做 E—H 检验,没有检验消费者面对垄断力量会转向哪里,这不足以作出界定。[2] 然而,原告声称,他们已经对病人对 MCD 提价的反应作出了预见:"消费者可能什么反应都没有。"这是因为原告专家认为价格不是医疗服务的消费者选择医院的驱动力。

更进一步,原告已经证明医生的证词是他们很少建议病人去新城堡村以外的医院。这是因为不同地区之间的许可证是不一样的。在新城堡村,这意味着 MCD 和圣路易斯医院有特权。

这个基本事实证实了市场势力——"强迫一个购买者做一些他不会在一个完全竞争市场中做的事情的力量"。这里,许可证和特殊待遇界定了实际的市场。

---

[1] 见 Dennis A. Yao, The Analysis of Hospital Mergers and Joint Ventures: What May Change? 1995 Utah L. Rev. 381, 386 (1995) (A—661); see also United States v. Rockford Memorial Corp., 717 F. Supp. 1251, 1271 (N. D. Ill. 1989), aff'd, 898 F. 2d 1278 (7th Cir.), cert. denied, 498 U. S. 920, 112 L. Ed. 2d 249, 111 S. Ct. 295 (1990)。

[2] 见 Home Health Specialists, Inc., 1994 U. S. Dist. LEXIS 11947, 1994 WL 463406, at3—5; accord Bathke, 64 F. 3d [22] at 345。

被告答辩说,梭罗博士的观点是对医疗保健行业进行"过时"假设的结果。医疗保健已经不再是一个地区性行业,被告陈述道,管理式医疗服务业的崛起在事实上证明了相关区域市场范围大于新城堡村。管理式医疗机构有充分的理由对价格敏感,他们并不认为运用力量对消费者选择医院施加影响是错误的。

【法院的观点】

"要界定一个市场,就是界定给消费者提供一组可相互替换资源的供给者。"相关区域市场是"潜在购买者可能理性地寻求他或她所需要的产品的区域"。区域市场并不是由卖者意图出售产品的地区所组成的,而是由消费者为了购买这样的产品而寻求的地区所组成的。一旦相关区域市场界定完成,那个市场中关于统治市场的证据就是最主要的,但并不是唯一的判定垄断势力的证据。

法院不认同被告的观点。要在新城堡村保持竞争力,管理式医疗机构必须使 MCD 同意转诊。尽管管理保健公司会以证明 MCD 提高价格的方式讨价还价;就算圣路易斯医院所有的医生都有特权,圣路易斯医院可能没有足够的病床床位(圣路易斯医院有将近 300 个床位,而 MCD 有将近 700 个)。

市场的真实情况,正如上面所陈述的,是医生的医院转诊介绍受到医院特许和特拉华许可执照的限制。管理式医疗机构必须在这个框架内运作。因为这个原因,被告的观点和原告的杠杆理论没有关系。医疗保健的消费者不同于普通的消费者,不会因为涨价而离开他们所在的当地医院。

(二)关于"下游市场"的相关区域市场界定

【原告的观点】

原告声称相关区域市场是新城堡村。为了支持原告的观点,梭罗博士指出特拉华注射服务机构 75.9% 的病人是新城堡村的居民。他说,这个数据符合弱 E—H 检验中的 LOFI 检验部分。

对于进一步的检验,梭罗博士说到:"关于相关区域市场,我们必须判断住在新城堡村的家庭注射病人是否会离开这个地方去获得家庭注射治疗,不住在新城堡村但是由位于新城堡村的注射医疗供给者所服务的病人是否会转向新城堡村之外的注射医疗服务供给者,以及不在新城堡村的家庭注射供给者是否有能力提供服务给位于新城堡村的病人。"

鉴于这些可能性,他的观点是"只有第二点是合理的可能。"梭罗博士总结到,"我自己的观点是,新城堡村唯一的家庭注射医疗供给者会抑制多数病人向其他人获得服务,这个唯一的供给者就会拥有市场势力"。

【被告的观点】

被告再一次认为原告的区域市场界定是不正确的,梭罗博士依靠 E—H 检验仅证明了特拉华注射服务机构提供的家庭注射医疗服务,而不是新城堡村——被提议的区域市场——所有的家庭注射医疗服务。特拉华注射服务机构的患者的数据无法证明新城堡村是反垄断相关区域市场,这不过是特拉华注射服务机构的服务区域的证据而已。

【法院的观点】

法院认同被告的观点。此外,尽管当事人双方都没有提出,法院认为家庭注射医疗的非典型的市场。这个市场不同寻常,因为家庭注射医疗的顾客是固定的,他们必须在他们的家里接受注射服务。他们不能转移到另外的市场去购买家庭注射医疗服务。

正如上面所注意到的,当事人没有权衡家庭注射医疗市场的特殊性对区域市场分析的影响。关于市场界定包括界定"向消费者提供替代性资源的供给者",双方也没有争议。因此,根据逻辑,本案的区域市场检验必须关注哪个供给者愿意向潜在市场的消费者提供服务。任何家庭注射医疗的患者,甚至已经在使用特拉华注射服务机构服务的人,都有自由转换服务;如果供给者愿意从特拉华州的其他农村过来,没有理由将本案的相关区域市场限制为新城堡村。

记录没有显示哪个供给者愿意服务于位于新城堡村的消费者。唯一相关建议是原告提出的 MCD 的转诊介绍程序限制了 MCD 消费者选择其他家庭注射医疗。医疗保健的消费者并不拥有完全的选择权。原告的观点是 MCD 的病人被送向特拉华注射服务机构,因此,其他供给者——特别是那些在新城堡村外的供给者——无法接近病人来供给家庭注射服务。这个论点并不是完美无缺的,它也无法支持原告关于相关区域市场的界定是新城堡村。

四、判决结果

在本案中上游市场的相关产品市场被界定为医院治疗服务市场;下游市场的相关产品市场被界定为上门注射及其他医疗保健服务。进一步在界定相关区域市场的基础上利用产品流检验的方法,"上游市场"被界定为新城堡村,而对于"下游市场"没有足够的证据相关市场可以被界定为新城堡村。在界定了相关市场的基础上,法院认为原告没有足够的理由认定被告具有垄断势力,因此驳回了原告的诉讼请求。因此最终法院判决:同意被告简易审判的提议,原告关于被告非法介入合同的诉讼请求被驳回。

第十九章　集群市场方法

第一节　首次案例【费城国家银行合并案】

美国最高法院

美国诉费城国家银行等

（UNITED STATES v. PHILADELPHIA NATIONAL BANK ET AL.）

NO. 83

374 U.S. 321；83 S. Ct. 1715；10 L. Ed. 2d 915；

1963 U.S. LEXIS 2413；

1963 Trade Cas. (CCH) P70,812

February 20—21,1963,Argued

June 17,1963,Decided

一、案情简介

1961年，费城国家银行（Philadelphia National Bank）和吉拉德谷物信托交易银行（Girard Trust Corn Exchange Bank）提出合并申请。这两家银行分别是费城城市区（包括费城和三个临近城市)的42家商业银行中的第二大和第三大银行。司法部认为该合并违背了《谢尔曼法》第一条和《克莱顿法》第七条的规定,并对其提出指控。地方法院判决司法部败诉。司法部不服,又将本案上诉至最高法院。最终,最高法院推翻了地区法院的判决,拒绝了费城国家银行和吉拉德谷物信托交易银行提出的合并申请。

二、相关市场的界定及其争议焦点

相关产品市场界定的不同观点:1)相关产品市场是由商业银行提供的9种产品和服务构成的;2)相关产品市场是由商业银行和可替代机构提供的9种产品和服务构成的;3)相关产品市场是由商业银行提供的所有产品和服务构成的。

相关区域市场界定的不同观点:1)相关区域市场是包含四个郡县的费城城市区域;2)相关区域市场是美国东北部的较大区域。

三、审判过程中相关市场界定的各方争辩

一审情况:

(一)对于相关产品市场的界定的争议

【原告观点】

运用杜邦—通用(Du Pont-General Motors)案中对界定相关市场的检验方法,原告司法部主张相关产品市场应是由商业银行提供的"商业及产业贷款"、"活期存款"等9种不同的银行产品和服务组成的。因此,司法部认为该合并违背了《谢尔曼法》第一条和《克莱顿法》第七条的规定。

【被告观点】

被告认为划分成9种不同业务的市场没有问题,但强调应该按照玻璃纸(Cellophane)检验方法来界定相关市场,即相关市场中不仅包括商业银行机构所提供的产品和服务,还应包括可提供替代服务的机构(如保险公司等)所提供的这9种产品及服务。

【一审法院观点】

地区法院认为相关产品市场应是商业银行提供的所有产品和服务。因为,正是所有各种服务和功能的结合使得商业银行与其他金融机构分离开来了,每项服务都是整体的一个必要部分,几乎每一项的存在都依赖于其他项,因此,法院认为不应再进一步细分相关产品市场。

(二)对于相关区域市场的界定的争议

【原告观点】

司法部主张将包含4个郡县的费城城市区域界定为相关区域市场,认为大致在这个区域范围内有相当数目的顾客能够很便捷地处理银行事务和获取银行服务。

【一审法院观点】

根据被告提供的证据,这几个郡县仅仅涵盖了49%—83.1%的商业银行服务,因此地方法院拒绝了这一主张。地方法院并没有给出相关区域市场的特定范围,但可推断其所指的区域市场应包括美国东北部的较大区域。

二审情况：

最高法院力图通过关注合并所带来的市场集中度来判定合并对竞争的影响,因此首先要界定相关市场。

(一)确定相关产品市场

在该案中,法院首次给出集群市场的定义,然后用此定义界定出了本案的相关产品市场。

法院认为所谓集群市场是由可明显区分的商业线（line of commerce）所组成的，商业银行所提供的产品和服务，如存款业务、经常账户、信托管理等，如此特殊以至于它们并不受到来自其他金融机构竞争的影响；同时，与其他机构提供的产品与服务相比，由于它们具有成本优势，使得其与竞争市场相隔绝；甚至当它们不具备这种成本和价格优势时，也由于消费者固定偏好使得它们在很大程度上与竞争隔绝。因此，法院认为商业银行所提供的所有这些产品和服务（不包含其他金融机构提供的相同的产品和服务）构成一个相关市场，即集群市场。

（二）确定相关区域市场

最高法院又否定了地方法院的主张，承认司法部的区域市场界定的合理性，认为费城周围的 4 个县是一个相关市场，该区域内州法律允许银行建立分支机构。尽管这个区域只是对竞争区域的粗略估计，但它确实为法院辨别出了"大多数银行客户认为可以从事银行业务的区域"。虽然对于一些大型交易的客户来说，远距离的银行仍然能与当地银行竞争，但绝大多数的中小型消费者都选择了费城四县这一地理区域内的银行。最高法院应用坦帕电气公司（Tampa Electric Co.）和纳什维尔煤炭有限公司（Nashville Coal Co.）合并案中的方法，认为由于交通成本的存在，当地产品和服务的便捷性是取得竞争优势的非常重要的因素，银行的产品和服务在当地的竞争更为直接和集中，因此，该案中的区域市场最后确定为费城周围四县的城市区域。

四、判决结果

在本案中相关产品市场被界定为商业银行所提供的所有这些

产品和服务(不包含其他金融机构提供的相同的产品和服务);而在界定相关区域市场时,由于州法律允许银行建立分支机构,因此相关区域市场被界定为费城周围的4个县。在上述界定相关市场的基础上,最高法院认为被告的市场份额为30%。而在给定的相关市场内,最大的4家银行占有68%的市场,最大的5家银行占77%。由此法院认为因为合并前该市场内最大的两家银行拥有44%的市场份额,而合并以后最大两家银行的市场份额达到了59%,所以被告30%的联合市场份额已经足够对该市场造成垄断,因此最高法院拒绝了费城国家银行和吉拉德谷物信托交易银行提出的合并申请。

第二节 经典案例【杰马克公司案】

美国第九巡回上诉法院

JBL企业集团公司等诉杰马克公司等

(JBL ENTERPRISES, INC., dba JHIRMACK OF UTAH, JEAN ROBINSON, dba JHIRMACK OF IDAHO and JHIRMACK OF BOISE, LOIS JEAN MILLION, dba JHIRMACK OF NORTH CENTRAL INDIANA, Plaintiffs-Appellants, v. JHIRMACK ENTERPRISES, INC., Defendant-Appellee; AL BOOTH and THELMA R. BEAN, individually, JHIRMACK OF WASHINGTON, D. C., INC., WALTER R. CECCHINI, JR., individually, and

JHIRMACK OF SOUTHWESTERN
PENNSYLVANIA, INC., Plaintiffs-Appellants, v.
JHIRMACK ENTERPRISES, INC., IRENE REDDING,
ALBERT L. SCHWARTZ, and GARY McCORD,
individually, INTERNATIONAL PLAYTEX, INC.,
JOEL E. SMILOW, individually, and ESMARK, INC.,
Defendants-Appellees)

Nos. 82—4102, 82—4107

UNITED STATES COURT OF APPEALS
FOR THE NINTH CIRCUIT

698 F. 2d 1011; 1983 U. S. App. LEXIS 30694;
1982—83 Trade Cas. (CCH) P65,199

December 17, 1982, Argued

February 8, 1983, Decided

一、案情简介

杰马克公司(Jhirmack)主要生产护发产品和化妆品，这些产品在全美国都有经销商。公司于1968年成立，从1972年到1979年间，杰马克公司的市场战略是使自己的产品在美容沙龙、理发店、美容学校、理发学校以及专业的造型店中都能够买到（这被称为专业美发贸易"Professional Salon Trade"或"PST"），而不是通过其他的途径，如药店、百货商店销售（这被称为非专业销售"the-counter"或"OTC"）。很多新成立的公司会选择这样限制性的经营策略，因为这样可以避免为了挤入竞争异常激烈的美容美发用品专卖商店的巨大的广告开销。为此，杰马克公司授予一些独立的经销商,包括 JBL 公司,BOOTH 公司（都是本案中的原告）独占的区域市场经营权,使他们可以倾尽权利独占地享有杰马克公司的产品的经营权,以提高销售额。这项协议中也规定,杰马克公司在同一个区域市场内不得再指定其他的经销商,并基于杰马克公司对于潜在市场的预测,给每个经销商设置了最小额的比例。

在 1976 年到 1977 年间,杰马克公司遭到了很多沙龙经营者和经销商的控诉,原因是他的产品也出现在 OTC 市场上。

专业沙龙中头发护理产品的经销商对生产企业和排他性的直销商作为共同被告提起了反垄断诉讼。

美国地区法院,加利福尼亚北区法庭做出简易判决,判决对于经销商不利,经销商提出上诉。

上诉法庭认为：(1)在经销商身上实施的限制措施不能构成纵向的价格控制。(2)地区法院的判决中对于相关产品市场的认定证据充分。(3)授予直销商的产品专营权没有违反反垄断法。

二、相关市场的界定及其争议焦点

相关区域市场被界定为美国。

相关产品市场界定的不同观点：(1)相关产品市场是美容沙龙中和专卖店中经营的各种美容美发产品市场,即 PST 市场；(2)相关产品市场包括但不限于美容沙龙中和专卖店中经营的各种美容美发产品,应界定为美容产品的销售行业,即包括 PST 市场和 OTC 市场；(3)相关产品市场包括美容沙龙和专卖店中经营的洗发水和护发素产品市场。

三、审判过程中相关市场界定的各方争辩

【原告的观点】

相关产品市场是美容沙龙中和专卖点中经营的各种美容美发产品的市场，即 PST 市场。

【地方法院的观点】

相关产品市场应界定为美容产品的销售行业，包括但不限于美容沙龙中和专卖点中经营的各种美容美发产品，即 PST 市场和 OTC 市场。

【上诉法院的观点】

上诉法院认为，相关市场应该被认定为美容产品的销售行业，包括但不限于在美容沙龙中和专卖点中经营的各种美容美发产品。

有证据表明，护发产品的制造商仅拥有美容产品市场份额的 2.3% 到 4.2%，这个比例过于微小以至于对于任何限制品牌内部竞争的措施都会对于整个护发产品市场造成很大的影响，以至于限制竞争。经销商拥有排他性的权利，他们可以分配在直销中的护发产品的份额，同时可以请制造商帮忙来实现他们的这种权利。制造商和直销商之间的协议并非违法的，因为这个协议对于竞争的最初效果是为了增加主要经销商之间的竞争活力，同时增加消费者在沙龙中直销的护发产品的购买量。

尽管市场的定义本身就不甚明确，但是地区法院的判决还是有证据支持，并应该得到确认。对于一个特殊的行为是否构成了限制竞争，应该在商业领域内部进行分析。在分析究竟哪个部分

构成竞争的时候,法院并不是随意接受原告提出的市场界定的,而是必须检验争论产业中的商业现实。

界定一个案件中的相关市场实际上有两个步骤。第一,原告提出的诉讼争议中的市场必须在地理上是分散的,然后必须确定这个区域市场中产品或者产品市场。因为各方在相关区域市场上没有分歧,那么争议的核心问题就应该是在相关分配市场(the Relevant Distributional Market)和产品市场的界定上面。

地区法院将此案中的相关市场界定为美容产品的销售市场(包括但不仅限于在美容沙龙和其他专卖点中销售的洗发香波和护发素构成的产品市场)。在这种界定方法下,杰马克公司的市场份额不到5%,但是,如果将相关产品市场界定为包括OTC市场的话,PST的经销商将会面临来自直销商的竞争,所以相关产品市场的界定应该是所有零售商经营的洗发香波和护发素。在这种市场界定下,杰马克公司的市场份额占洗发香波市场份额不到1%,大约是护发素市场份额的2%。

地区法院对于相关分配市场的界定也是基本正确的,JBL公司主要从事像批发商一样将杰马克公司生产的产品分销给具体的零售商的工作,所以JBL与其他批发商之间构成竞争关系,其他的批发商主要经营其他有相同功能的产品。

地方法院关于相关产品市场的界定应被支持,因为对于相关产品市场的界定应根据这样的原则:消费者基于同样的目的购买可以互为替代物的日用品,但是,这个原则只能在特定的市场中适用。由于分配市场是从批发商水平来分析的,由于面霜和洗发香波对于消费者来说不具有相同的用途,所以不能构成一个"集群"或者"产品线"。

批发经营的产品同个体经营的产品有显著不同,吸引消费者的基础也不同,所以用集群市场这种分析方法是非常合适的。所以在费城银行案中,[①]最高法院采用了商业银行所提供服务的整体性特征,将各种服务整合成一个集群进行分析,其基本原理就是当可以很容易地购得多种服务时,消费者不会只单独购买银行的一种服务。

在这个案件中杰马克公司的8%的销售额是洗发水和护发素,它的确生产全部的美容产品并要求PST经销商购买一定的数量。这个产业总体来说有必要拥有完整的产品线,在广告和促销中也往往将产品捆绑进行销售。虽然沙龙并不购买单个的产品,但是当某种主要产品断货时沙龙也会单个地购买某种产品。基于这种分析,法院得出结论,在PST销售的产品中,杰马克公司面临的竞争来自整个产品线上的所有产品,而不仅仅是洗发水和护发素。

四、判决结果

在本案中相关市场被界定为全部美容产品的销售行业,这当中包括了美容沙龙中和专卖点中经营的各种美容美发产品,即包括了PST市场和OTC市场。在这个基础上法院认定杰马克公司并没有违反反垄断法。

[①] United States v. Philadelphia National Bank, 374 U.S. 321, 356, 83 S. Ct. 1715, 1737, 10L. Ed. 2d 915 (1963), and United States v. Phillipsburg National Bank & Trust Co., 399 U.S. 350, 360, 90 S. Ct. 2035, 2041, 26 L. Ed. 2d 658(1970). The rationale was that consumers do not.

第二十章　子市场方法

第一节　首次案例【布朗鞋业案】

布朗鞋业公司诉合众国案
(BROWN SHOE CO. Inc v. UNITED STATES)
第 4 号
370 U. S. 294；82 S. Ct. 1502；8 L. Ed. 2d 510；
1962 U. S. LEXIS 2290；1962 Trade Cas.
(CCH) P70,366
December 6,1961,Argued
June 25,1962,Decided

一、案情简介

布朗鞋业公司(Brown Shoe Company)是全美第三大鞋业经销商,主要生产男鞋、女鞋及童鞋,同时它还拥有、经营或控股1230家零售鞋店。金尼公司(G. R. Kinney)是全美第八大鞋业经销商,也是一家大的鞋业生产企业,同时还拥有350多家零售鞋店。1955年,金尼公司和布朗鞋业公司拟定通过用股票发行的方式购买金尼公司的资产,将金尼公司并购入布朗鞋业公司。

1955年11月,美国政府在美国密苏里东部地区法院提起民事诉讼,要求地区法院禁止这两家企业合并,理由是该合并违反了1950年《克莱顿法》修正案第七条,有可能实质性地限制鞋业竞争或者在鞋子的生产、销售行业形成垄断。美国政府请求法院经简单听证程序后下达禁令,但是遭到地区法院的否决。拟合并双方获准合并,前提条件是双方各自经营,资产也分属各方,不得混同。于是1956年5月1日,合并生效。

地区法院经审查认为该项合并可能从实质上进一步限制竞争,因此地区法院禁止被告持有或拥有合并另一方的股票或资产,要求被告解除或返回上述股票或资产给合并另一方,而且判令被告立即制定一个有效执行法院判决的行动方案。被告布朗公司不服,在提交返还方案之前,向最高法院提起上诉。最高法院审理之后,判决维持原判,驳回上诉。

二、相关市场的界定及其争议焦点

相关区域市场界定的不同观点:(1)相关区域市场是整个美国;(2)相关区域市场是合并双方零售鞋店所在的每个单独的城市。

相关产品市场界定的不同观点:(1)相关产品市场是整个鞋业市场;(2)相关产品市场是整个鞋业按价格、质量或年龄、性别细分的子市场。

三、审判过程中相关市场界定的各方争辩

一审情况:

【美国政府的观点】

美国政府认为,被告之间的合并"可能实质性限制竞争或形成

垄断",因为该合并取消了在全国范围内鞋子生产及零售行业内既存或潜在的竞争,也增强了布朗公司相对其他鞋子生产企业和经销商的竞争优势。该合并所影响到的"行业"为"鞋子行业",或者说是"男鞋、女鞋及童鞋"。该合并所影响到的"市场"为"整个美国",或者说是合并双方零售鞋店所在的每个单独的城市。

【被告布朗公司的观点】

被告认为,如果正确界定"相关行业"及"相关市场",该合并不会危及竞争;在界定"相关行业"时,不但要考虑消费者的年龄和性别,还要考虑到原料的档次、制作工艺及质量、价格和顾客购买鞋子的用途上的差异。

被告虽然同意原告对"相关市场"的认定,但被告认为应考虑鞋子零售地区现实经济情况的差异,比如大城市中央商业区、"中等城市"和小社区就不一样。

布朗公司进一步提出,鞋子生产及零售行业一直保持有效竞争的格局;该合并不可能限制行业竞争,因为金尼公司在全美鞋子生产行业所占份额小于0.5%,在鞋子零售行业所占份额小于2%。

【地区法院的观点】

地区法院没有采纳双方当事人一些过于宽泛的主张。地区法院认定"男鞋、女鞋、童鞋是整个行业和公众所能理解并认同的一种分类方法"。另一方面,"把鞋子笼统划分为一个行业不公平;更进一步细分不可行,没有依据也不切实际"。

地区法院还认定:"零售行业有效竞争的概念不能固定为精确的数字计算。零售鞋业的现实情况决定'相关市场'为人口超过10000的城市及邻近地区,而非布朗公司和金尼公司各自零售鞋店(包括自营、许可经营或正在营建中)所在的具体城市及地区"。

地区法院没有采纳原告的主张,即布朗公司和金尼公司的合并会实质性限制全美鞋子批发市场内男鞋、女鞋、童鞋生产的竞争,但地区法院认为将其他生产企业从金尼公司零售鞋店所代表的市场排除出去,可能会实质性限制男鞋、女鞋、童鞋经销市场的竞争。此外,该合并有可能实质性限制男鞋、女鞋、童鞋各自零售市场内的竞争。

依据上述案情,地区法院判定:布朗公司并购金尼公司违反了《克莱顿法》修正案第七条。

二审情况:

上诉审理中,美国政府的观点维持不变,但布朗公司的抗辩理由则和一审时稍有不同。

1. 该购并的纵向影响

产品制造商和经销商之间的关系称为"纵向关系"。纵向联合将其他制造商和经销商从特定市场排除在外(如果没有纵向联合的话,该市场是开放的),所以可能会限制竞争。在衡量"特定市场内的有效竞争"时,要考虑到产品市场("相关行业")和区域市场("相关市场")。

(1) 产品市场

产品市场的外部界线由产品用途的合理可替代性或该产品及其替代品需求的交叉弹性决定。但是,在广义的产品市场里,可能存在子产品市场,其本身又构成了反垄断法意义上的产品市场。[1]界定子产品市场时可以考虑以下因素:行业或公众认同该子市场

---

[1] United States v. E. I. du Pont de Nemours & Co., 353 U. S. 586, 593—595.

为独立经济实体、产品特性及其用途、独特的生产设施、特定的顾客群、特定价格、对价格变化的敏感程度及特定卖者。依据《克莱顿法》第七条规定,为了判断特定合并是否可能会实质性限制竞争,有必要考察该合并对每个具有重要经济意义的子市场的影响。如果存在这样的可能性,则禁止该项合并。

【上诉人的观点】

1)地区法院应该采用"价格/质量"区分法。布朗公司认为其产品主要为中等价位的鞋子,而金尼公司主要销售价格稍低的鞋子,这是两个不同的市场。

2)地区法院应该采用"年龄/性别"区分法。布朗公司抗议地区法院将童鞋当成一个独立的产品市场。它举例说,"一个小男孩不会穿小女孩的黑皮鞋","成年男子也穿不了男孩的鞋子"。所以布朗公司认为应该细分"婴儿鞋"和"童鞋"、"小女孩鞋"和"女士鞋"、"男士鞋"和"男孩鞋"。

【最高法院的观点】

1)否定了"价格/质量"区分法。

如果同意布朗公司的说法,无异于说中等价位的鞋子和价格便宜的鞋子间没有竞争关系。本院认为地区法院的结论正确。举例来说,按照布朗公司的说法,售价为 8.99 美元的男鞋和售价高于 9 美元的男鞋不属于同一个产品市场。这种说法不合乎实际。

但这不是说事实上存在的"价格/质量"差异无关紧要,在衡量特定合并可能引起的后果时,"价格/质量"可能很重要,只是界定相关市场时要包括合并双方互相竞争的产品,还要注意既存的竞争关系。所以本院认为本案按照"价格/质量"细分产品市场不切实际。

2)否定了"年龄/性别"区分法。

即使小男孩鞋确实独具特性可以单独构成一个产品市场,本院认为地区法院也不必非要采用更细致的"年龄/性别"区分法。这无助于衡量该合并的后果。布朗公司生产的童鞋占全美童鞋总量的 5.8%,男鞋和男士鞋为 6.5%,女士鞋和女孩鞋为 6%,童鞋和婴儿鞋为 4.9%,比例大致相当。同样,金尼公司销售的童鞋占全美的 2%,男孩鞋占 3.1%,女士鞋占 1.9%,女孩鞋占 1.5%,比例也大致相当。采用布朗公司主张的细分法和地区法院采用的方法,从效果来看没有什么差异。布朗公司几乎生产每一种非橡胶的男鞋,金尼公司也销售几乎每一种非橡胶的男鞋。因此,无论是整体考虑来看还是分开来看,该合并的影响都一样。因此,本院支持地区法院的结论,即依据"年龄/性别"细分鞋子市场"不切实际",也"毫无道理"。

(2)区域市场

双方当事人和法院均认可,在考察该合并纵向的影响上,相关区域市场为整个美国。

2. 该并购的横向影响

生产产品、销售产品或提供服务的行业内,同行企业间的联合被称为"横向联合"。根据反垄断法律,横向联合的合法性取决于下列因素:联合各方的规模及数目、是否在联合各方中分配市场份额、是否订立价格同盟、是吸收还是排斥其他竞争对手。《克莱顿法》修正案第七条的意图很明显:横向联合的合法性取决于其对具有重要经济意义的市场内既存竞争的影响。

同样,审查横向联合对竞争的影响必需的一步是正确界定相关市场。布朗公司收购金尼公司具有横向联合的特征,因为它们都生产鞋子,也都经销鞋子。地区法院认为:二者生产设施的联合,从经济价值来说不大,没有达到《克莱顿法》的标准。美国政府对此没有异议。所以最高法院对此不做审理。地区法院认为:二者零售鞋店的联合可能实质性限制竞争。布朗公司对此提出异议。

(1)产品市场

最高法院认定地区法院正确地将相关行业定义为男鞋、女鞋、童鞋,在分析该合并的横向影响时也同样适用这一界定方法。

(2)区域市场

双方当事人对地区法院认定全美为相关区域市场(以分析该合并涉及生产设施的部分的横向及纵向影响)没有异议。但对于涉及零售部分,双方当事人有分歧。

【地区法院的观点】

地区法院认为,要在每个人口超过10000人的城市及布朗公司和金尼公司各自拥有或控股的零售鞋店所在地审查该合并的影响。

【上诉人的观点】

上诉人认为,地区法院对零售鞋业区域市场的认定不正确,它认为在某些市场应该限于大城市的中央商业区,某些市场不应仅限于城市区域,应该包括更小的市场。任何无法区分上述有效竞争市场的标准都是不适当的。

【最高法院的观点】

最高法院认为,地区法院的认定是正确的。城郊地区的鞋店和城市中心地区的鞋店存在有效竞争关系,虽然一个城市内小社区之间也有商业交流,但零售鞋业最激烈、最关键的竞争存在于上述城市及相关地区内的鞋店之间。

因此,本院支持地区法院对相关区域市场的认定。人口超过

10000人的城市及布朗公司和金尼公司各自拥有或控股的零售鞋店所在地的这一市场既大得包括了城市中心及城郊的鞋店（它们是主要竞争者），又小得排除了那些对竞争影响不大的鞋店。

四、判决结果

在本案中相关区域市场被界定为整个美国范围内，而相关产品市场则被界定为是整个鞋业按价格、质量、年龄、性别细分的子市场。法院在界定了相关市场的基础上，进一步对该合并可能造成的影响进行了争辩。最后最高法院认定该项合并可能从实质上进一步限制竞争形成垄断，因此最终判决禁止双方合并。

第二节 经典案例【美国政府诉美国铝公司等案】

美国最高法院

美国政府诉美国铝公司等

（UNITED STATES v. ALUMINUM CO. OF AMERICA ET AL.）

377 U.S. 271；84 S. Ct. 1283；12 L. Ed. 2d 314；

1964 U.S. LEXIS 2165；1964

Trade Cas.（CCH）P71,116

NO. 204

April 23,1964,Argued

June 1,1964,Decided

一、案情简介

罗马电缆公司(Rome Cable Corporation)主要制造绝缘铜产品(insulated copper products),在1958年生产该行业0.3%的裸铝导线(bare aluminum conductor),4.7%的绝缘铝导线(insulated aluminum conductor)和1.3%的铝导线(aluminum conductor)。美国铝公司(Aluminum Company of America)主要生产铝线和铝电缆(铝导线),不生产铜导产品,在1958年生产该行业32.5%的裸铝导线,11.6%的绝缘铝导线,27.8%的铝导线。这些产品几乎在整个传导电网中使用,空架线主要使用裸铝线和绝缘铝导线,地下线主要使用绝缘铜导线。铝电线和铝电缆(铝导线)是裸铝导线和电缆(裸铝导线)、绝缘或覆盖绝缘电线(绝缘铝导线)的合成物,而铜导线和铜电缆是其唯一的替代品。1959年美国铝公司并购了罗马电缆公司的资产。

1963年,原告美国政府起诉被告美国铝公司等,认为美国铝公司1959年并购罗马电缆公司的资产,违反了《克莱顿法》第七条。一审法院经审理后,驳回原告起诉。原告不服地方法院作出的有利于被告的判决,提起上诉,上诉至美国最高法院。最高法院认为这在实质上抑制了竞争,违反了《克莱顿法》第七条。本案发回地方法院重审。

二、相关市场的界定及其争议焦点

相关区域市场被界定为美国。

相关产品市场界定的不同观点:(1)铝导线与铜导线属于同一个相关产品市场;(2)铝导线和铜导线不属于同一个相关产品市

场，铝导线市场是单独的相关产品市场。

三、审判过程中相关市场界定的各方争辩

【原告观点】

原告主张铝导线与铜导线属于同一个相关市场。

【被告观点】

被告主张铝导线是一个独立的相关市场。

【地方法院观点】

地方法院认为，普通铝导线应该构成一个独立的相关市场，绝缘铝导线不是一个独立的相关产品市场，因为绝缘铝导线和绝缘铜导线之间存在竞争，因此绝缘铝导线和绝缘铜导线构成一个相关市场。

【最高法院观点】

铝导线构成一个子市场。绝缘铝产品和绝缘铜产品之间的竞争程度足以把它们划分为两个独立的子市场。

把绝缘铝导线范围和铜导线范围划分为独立的子市场是合适的，因为这两者的作用和价格差异比较大，最重要的是交易情况差异比较大。两者的作用差异是铜导线确实和铝导线相互竞争，它们各自有不同的用途——铝导线一般用在高架电线上，而铜导线一般用做地下导线；两者的价格差异是利用高成本的金属，绝缘铜导线没有价格优势。多数绝缘铝导线的价格仅仅是铜导线的50%到65%。正如地方法院发现的，铝和铜导线在价格上有很大差异，尽管这两种产品的消费者通常是相同的。在安装高架电线时对铝导线和铜导线的选择并不取决于产品的质量，两者作用相同的关键因素是价格。

然而,我们现在不考虑价格,而是引用布朗鞋业一案,在该案中,法院将鞋子划分为男鞋、女鞋和童鞋市场。但是被告认为这个划分过于宽泛,应该进一步细分,比如售价在8.99美元以下的男鞋应该单独划为一个子市场。最高法院拒绝用价格,特别是只有这样细微差别的价格,作为划分市场的依据。鞋子的购买者有他的预算、穿着风格和对质量及价格的要求。但在本案中,绝缘铝导线在价格方面如此特别,在划分相关产品市场时,如果忽视价格因素是不合适的。普通及绝缘铝导线可以看成是一个独立的相关产品市场,因为它们和铜导线在使用和价格上很不同。

因此,最高法院认为铝导线和铜导线应该属于不同的相关产品市场,铝导线(普通和绝缘)是一个子市场。

四、判决结果

在本案中相关区域市场被认定在整个美国的范围内,而对于相关产品市场来说铝导线(包括普通和绝缘)应当被认定为一个子市场。在认定了相关市场的基础上,最高法院认定,合并违反了《克莱顿法》第七条,因此判决应该进行拆分。

第二十一章　次级市场方法

第一节　首次案例【美国诉伯利恒钢铁公司和杨斯顿铁和管道公司案】

美国纽约州南部地区法院
美国诉伯利恒钢铁公司和杨斯顿铁和管道公司
(UNITED STATES OF AMERICA v. BETHLEHEM STEEL CORPORATION AND THE YOUNGSTOWN SHEET AND TUBE COMPANY)
民事诉讼第 115—328 号 CIVIL ACTION NO. 115—328
168 F. Supp. 576；1958 U. S. Dist. LEXIS 3112；
1958 Trade Cas.（CCH）P69,189
November 20,1958,Decided

一、案情简介

伯利恒钢铁公司(Bethlehem Steel Corporation)和杨斯顿铁和管道公司(The Youngstown Sheet and Tube Company)分别是钢铁产业的第二大和第六大公司,各占有总市场份额的 16.3% 和

4.6％。这两家公司都销售基本的钢铁制品包括焦炭炉的附属品、生铁、工业纯铁和轨磨胚等,其中伯利恒还生产杨斯顿没有的35种成品钢材产品,杨斯顿生产和销售伯利恒没有的无缝钢管、冲压的钢铁零件。但是伯利恒通过自己购买的无缝钢管与杨斯顿抗衡。伯利恒的钢铁产业分布于伯利恒、约翰斯顿和斯蒂尔顿、宾夕法尼亚、斯帕罗点、玛丽兰、拉克阿旺那、纽约、洛杉矶和南旧金山、加利福尼亚和西雅图、华盛顿;杨斯顿的产业则分布于杨斯顿、俄亥俄州和东芝加哥、印第安那。从这些区域,两家公司把他们的产品卖往美国各地。

1958年,伯利恒钢铁公司和杨斯顿铁和管道公司达成合并协议。美国政府在纽约南部地方法院起诉,对被告钢铁公司和管道企业的兼并申请了禁令,声称这种兼并会违反《克莱顿法》第七条的规定。

法院认为这种兼并会限制竞争并且导致在钢铁行业出现垄断,因此,批准了原告申请禁令的请求,对被告的合并发布了禁令。

二、相关市场的界定及其争议焦点

相关区域市场被界定为美国。

相关产品市场界定的不同观点:(1)钢铁产业是一个相关产品市场,其中特殊的产品可以分离出来构成独立的产品市场,包括热轧板、冷轧板、热轧棒材、道钉、镀锡板、对焊钢管、电焊管及无缝钢管。(2)钢铁产业一个相关产品市场,其中特殊的产品可以分离出来构成独立的产品市场,包括钢板和钢条、棒材轧机产品、锡轧制品、管材、新的和二手的油田设备。

三、审判过程中相关市场界定的各方争辩

【原告的观点】

原告政府倾向于在认定产品时,如果某一系列产品有共同的

使用特点,那么应当认为该系列的产品属于与其他产业相区分的独立相关产品市场(a line of commerce)。政府认为钢铁成品和材料都有区分于其他产品的特性,所以可以把它们作为一个独立的相关产品市场。政府把所有的钢铁产业都算成一个相关产品市场,把具有充分特殊性质的钢铁产业又分离出来作为与其他产业相区分的另外一个相关产品市场。

政府进一步举例说,与油田设备的制造和销售相关的一系列产品就应该被视为是一个独立的产品线,包括:绞车、旋转器、滑轮、污水泵等。如前所述,政府并不否定界定整个行业可以构成一个相关产品市场,它只是强调其中包含的产品可以构成独立的相关产品市场。政府认为这种额外独立的相关产品市场包括热轧板、冷轧板、热轧棒材、道钉、镀锡板、对焊钢管、电焊管及无缝钢管。尽管这些产品都由铸块做成,其中的有些产品甚至是从能生产其他产品的工厂中生产出来的,它们都因为自身独特的物理性质、使用目的、不同的价格和市场、贸易惯例等原因能构成独立的相关产品市场。

【被告的观点】

被告认为相关产品市场是整个钢铁产业。被告并不否认有些产品有独特的物理性质和用途,但是对认定标准产生了质疑,被告认为相关产品市场的认定必须侧重于钢铁产品的生产过程和产品的替代性,并提出了"生产灵活性"(the Production Flexibility)和"可替代产品"(the Substitute Products)这两个概念,前者与钢铁生产企业的转产能力相关,后者与可替代产品的竞争相关。

为了主张更宽的产品线,被告提出了"轧机产品线"(A Mill Product Line)的概念,这种产品线由可以由同一轧机线生产的没有或者有非常少替代品的产品组成。在"轧机产品线"理论下,被告得出结论:因为没有生产灵活性,热轧棒材和道钉不能构成独立的相关产品市场;由于具备生产灵活性,热轧板和冷轧板属于同一个相关产品市场;由于存在替代性,对焊管、无缝管和电焊管属于同一个相关产品市场。

被告的结论是以下产品构成独立的相关产品市场:钢板和钢条、棒材轧机产品、锡轧制品、管材、新的和二手的油田设备。

由此可以看出,原告和被告都同意在认定广泛的相关产品市场基础上分离出包含在广泛产品之中的特定产品的独立相关产品市场。

【法院的观点】

最后法院支持了政府的观点。法院认为,政府认定独立产品线的标准是产品特殊的属性和用途,这种认定标准是合理的,应该被接受。热轧板、冷轧板、热轧棒材、道钉、镀锡板、对焊钢管、电焊管及无缝钢管各自具有独特的物理属性和用途,被钢材生产企业和消费者认为是互相区分的产品,各自都有竞争标准(Competitive Standards)和市场,互相之间也不存在替代性,应该被认定为独立的产品线,没有必要按照被告的方法认定。

需要考虑的是钢铁产业这个生产线。由于钢铁产业的产品都有稳定的一般标准,有独特的属性,在用途上没有有效替代性,制造这些产品都需要特殊的知识、经验、巨额的投资以及经过训练的劳动力,因此,钢铁产业的产品彼此之间有一般性的区别,钢铁产业的产品作为一个整体也与其他行业相区分,钢铁产业也可以被视为一个相关产品市场。

四、判决结果

在本案中相关市场最终在界定时是以钢铁产业都算成一个相关产品市场基础上,把其中具有充分特殊性质的钢铁产业又分离出来作为与其他产业相区分的另外一个相关产品市场,这个另外的相关产品市场就构成了次级市场。在这种市场界定的基础上,最高法院最后判决这种合并行为确实有垄断的意图,根据《克莱顿法》第七条的规定发布了禁令,阻止了这两家公司的合并。

第二节 经典案例【柯达公司案】

美国联邦最高法院

柯达公司诉图像技术服务公司

(EASTMAN KODAK COMPANY, PETITIONER v. IMAGE TECHNICAL SERVICES, INC., ET AL.)

NO. 90—1029

SUPREME COURT OF THE UNITED STATES

504 U. S. 451; 112 S. Ct. 2072; 119 L. Ed. 2d 265; 1992 U. S. LEXIS 3405; 60 U. S. L. W. 4465; 1992—1 Trade Cas. (CCH) P69,839; 92 Cal. Daily Op. Service 4823; 92 Daily Journal DAR 7688; 6 Fla. L. Weekly Fed. S 331

December 10,1991,Argued

June 8,1992,Decided

一、案情简介

1987年,柯达公司(Eastman Kodak)在生产复印和微缩设备的同时,也为它生产的这些产品提供配套服务。在20世纪80年代早期,一些图像技术服务机构(ISOs, Image Technical Services Onganizouins)也开始提供这些服务(如出售零部件、维修和出售二手Kodak设备),并同柯达形成了竞争。他们的顾客包括联邦、州和地方政府、银行、保险公司、工业企业和提供特殊复印和所谓拍摄服务的企业。虽然他们的服务质量并不比柯达差,甚至在许多消费者看来还要更好一些,但收的价格常常比柯达要低许多。

尽管如此,从1985年晚期到1986年,柯达公司采取措施限制图像技术服务机构获得柯达产品的更换零部件,而只将产品出售给柯达设备的购买者,使得图像技术服务机构难于同柯达在柯达设备服务市场上展开竞争。在此之前,柯达向三类对象销售更换部件:(1)使用柯达服务的消费者;(2)不使用柯达服务的消费者,包括自行维修以及使用图像技术服务机构服务的消费者;(3)图像技术服务机构。而现在,柯达只向使用柯达服务以及自行维修的消费者出售仪器零部件。柯达同时还向柯达产品所有者以及独立供销商施压,让他们不要将零部件销售给图像技术服务机构。由于无法得到零部件,许多图像技术服务机构被迫退出经营,而他们的顾客只能转向柯达。

1987年,18家图像技术服务机构在加州北区的联邦地区法院联合向柯达提起诉讼,声称柯达把提供服务与销售零部件捆绑在一起是非法的,并认为这导致了柯达在其产品服务和零部件市场上形成了垄断,控制了近乎百分之百的零件市场和80%—95%的服务市场,违反了《谢尔曼法》第一条和第二条。通过有限调查,地方法院判决柯达公司胜诉。图像技术服务机构不服,提起上诉。联邦第九巡回上诉法院修改了地方法院的审判结果,认为产品市场的竞争不一定就能阻止零部件市场上的市场势力。最终,柯达公司的两次上诉都被上诉法院和最高法院判决败诉。

二、相关市场的界定及其争议焦点

相关区域市场被界定为美国;主要产品的相关产品市场被界定为复印机市场,后续产品的相关产品市场被界定为复印机市场的零部件市场。

本案相关产品市场界定的争议焦点是柯达在其产品市场上不存在市场势力是不是就意味着其在后续市场,如零部件更换和服务市场上(次级市场)也不存在市场势力。

三、审判过程中相关市场界定的各方争辩

【柯达公司的观点】

柯达公司认为相关产品市场只包括复印机设备市场,其在复印机市场上占有23%的市场份额,在微缩仪器市场上仅有不超过20%的市场份额,因此,在主要产品市场上是存在竞争的。而任何通过提高维修配件市场的价格而获取的利润增加都会被更少的设备需求所导致的利润减少相抵消,因为消费者会开始购买更有吸引力的设备和服务。

所以,柯达在其产品市场上不存在市场势力,意味着其在后续

市场也不存在市场势力。

【图像技术服务机构的观点】

图像技术服务机构认为柯达在产品市场和后续市场上都存在市场势力，这是因为搭售的不是柯达的仪器，而是柯达的更换零部件，而在这一市场上，柯达的市场份额几乎达到了100%，因此认为柯达利用其在零部件市场上的垄断力量，通过非法捆绑销售，控制柯达产品的服务市场。

【地方法院的观点】

地方法院接受了柯达提出的观点，认为根据经济学理论，产品市场上的竞争必然会有效地阻止在后续产品市场上市场势力的使用，因此认为柯达由于在产品市场上的竞争使得其无法在服务市场上对消费者构成损害。

【巡回法院的观点】

巡回法院认定相关产品市场包括产品市场和零部件市场，产品市场的竞争不一定就能阻止零部件市场上的市场势力，虽然理论上柯达在设备市场上的竞争可能会阻止其在零部件市场上拥有市场势力，然而市场不完善可能使得经济学理论对消费者行为的解释偏离现实，同时，地方法院没有考虑市场势力问题，而且所用记录也并非完全来自调查发现，因此巡回法院判决柯达公司败诉。

【最高法院的观点】

最高法院同意巡回法院观点——市场不完善可能使得经济学理论对消费者行为的解释偏离现实。一个经济学理论是否正确是一个经验性问题，它必须在法庭上通过对市场现实状况的调查才能确定，而不仅仅是求助于理论上的判断。法庭倾向于要求原告进行市场分析,找出具体的市场不完善的证据。执笔最高法院多数法官(Supreme Court Majority)确认书的布莱克南法官(Justice Blackrnun)确认了这个"市场不完善"的争议,图像技术服务机构确实提供了充分的证据反映了柯达在服务和零部件市场上的市场势力。

柯达所坚持的论点是建立在古典完全竞争的经济学理论上的。如果我们假设所有企业销售同质产品,所有购买者都拥有完全信息,并且当他们选择购买时会把产品、零部件、服务综合考虑,一旦企业提高了零部件或服务的价格,其产品销售量会大幅下降,并进而导致其利润的减少。只有在这种情况下,产品市场上的竞争才能有效阻止零部件和服务市场上的市场势力,企业才没有能力提高这个商品服务组合的价格。

四、判决结果

最高法院在界定了相关市场之后,做了以下认定。

针对原告的第一个控诉"柯达公司把提供服务与销售零部件捆绑在一起是非法的",在确定"存在一个搭售安排"(A tying arrangeme)之后,再审法院考虑了柯达提出的三个商业辩护理由。法庭认为,前两个理由——确保产品质量和减少存货成本都是柯达的借口,第三个理由也缺乏法律依据。

对于原告的第二个控诉"柯达公司这种捆绑策略使得其在主要产品市场和后续产品市场上形成了垄断",再审法院得出的结论是:有足够的证据表明,柯达的零部件限制政策是"反竞争的"、"排他的"、"含有垄断意图的"。

法院最终认为由于市场不完备(缺乏信息、转换成本),使得即便在初始设备市场上存在竞争,在维修市场对扩展垄断进行惩罚也是困难的,容易产生封闭问题(hold up or lock-in)。

因此,最高法院判决柯达公司败诉。

第二十二章 技术市场

第一节 早期案例【联合碳化物公司与意大利埃尼公司合并案】

Iv/M. 550—UNION CARBIDE/ENICHEM

Notification of 10 February 1995 Pursuant to Article 4 of Council Regulation No 4064/89

March 13,1995,Decided

一、案情简介

UCC(Union Carbide Corporation)是一家在全球范围内研发、生产和销售各种化学用品和塑料用品的公司,Enichem(Enichem S. p. A.)是一家研发、生产和销售化学用品的意大利公司,ENI 是 Enichem 的主要经营汽油和化学用品的子公司。Enichem 和 UCC 计划建立一家新的公司,名为 POLIMERI EUROPA Srl (POLIMERI EUROPA,简称 PE)。Enichem 会将其一家涉及 PE 生产的子公司 Brindisi Etilene Srl (BES)的资产全部移交到新的公司。在此情况下，Enichem将会移交其聚乙烯树脂技术、生产设备以及销售业务到新的公司。

二、相关市场的界定及其争议焦点

PE技术的相关产品市场应该如何进行界定？以及相关区域市场是否应该界定为全球范围？

三、审判过程中相关市场界定的欧盟委员会的观点

欧盟委员会认为对PE进行相关市场界定时，应当考虑如下几个因素：

1. 应用技术市场分析方法。美国联邦巡回上诉法院指出，如同炼油的相关市场被描述为通过确定一个假定垄断者为能使油价小幅但显著的非短期上涨以获利所必须控制的最小一组精炼厂一样，"那些技术和产品的假定垄断者可能对之行使市场势力的最小一组技术和产品"是反垄断中相关技术市场的定义。在进行相关产品市场界定时，关键问题是确定是否存在涉及知识产权特定产品的替代品，其实质是要考虑替代品在消费者购买决策中的作用，这实际上就扩大了相关市场的范围，也在一定程度上减少了参与兼并的企业因拥有知识产权而获得垄断力的可能性。在技术市场中，监管机构和法院仅需要考察涉案方是否是实际的竞争者，例如，它们是否对竞争的化学工艺技术进行许可。在计算许可人在相关技术市场占有的市场份额时，监管机构和法院会考察许可人和被许可人的产品生产量而不会仅仅考察许可人在技术许可市场所获得的专利收入。

2. 对涉案产品应当提供产品细分标准。

3. 本案中子市场分析方法较为普遍。根据产品的不同性质与用途,生产设备与供给者、消费群体以及其对价格变动敏感度的不同在外围市场中界定出较窄的子市场。

4. 法院考虑了交叉弹性检验在本案中的应用,如果证明某个市场中的一个更小范围的市场包含了显著限制目标企业市场势力的所有产品,那么这个更小的市场实际上就是一个相关市场。

5. 法院考虑了合理可替代分析在确定本案的相关产品市场时,即产品用途的合理可替代性,涉案产品以及替代品之间的需求交叉弹性。在确定合理可替代性之后,法院需要考察需求交叉弹性。即当产品 A 的价格上涨时,会使得消费者转向购买产品 B,这表明产品 A 和 B 之间存在需求交叉弹性,并且处于同一产品市场。而且在界定相关产品市场时必须要遵循最小市场原则。

6. 1995 年《知识产权许可反垄断指南》指出,技术市场的界定应采用与传统产品市场相同的分析法,以假定垄断企业可将价格以高于竞争水平的微幅但显著且非暂时的提升,仍能维持获利的相关技术及产品。在化工行业中,在涉及技术市场问题时,往往会涉及知识产权法的问题,而且同时还会考虑相应的潜在技术因素问题。

四、判决结果

大部分 PE 生产企业研发自己的 PE 生产技术后用于进行授权许可。授权许可被视为具有特殊性的商业活动,委员会认为 PE 技术市场区别于 PE 的生产和销售市场。因而最终可以成为独立的市场。因此,做出允许本案中 UCC 和 Enichem 两公司设立新公司的合并决议。

第二节　经典案例【Globespanvirata 诉德州仪器公司案】

美国新泽西州地区法院

Globespanvirata 诉德州仪器公司

(GLOBESPANVIRATA,

INC. v. TEXAS INSTRUMENT, INC., ET AL.)

Civ. No. 03—2854 (GEB) UNITED STATES DISTRICT COURT FOR THE DISTRICT OF NEW JERSEY

2006 U. S. Dist. LEXIS 8860；

2006—1 Trade Cas. (CCH) P75,229

March 3,2006,Decided

一、案情简介

原告 Globespanvirata 公司是一家主要提供集成电路、应用软件,为数字用户线(DSL)的应用进行系统设计的公司。2003 年 6 月 12 日,原告向新泽西州地区法院提起诉讼称,被告德州仪器公司(Texas Instrument)拥有多项相关的"非对称数字用户线"(ASDL)技术专利,这些专利中有很多是制造符合国家和国际 ADSL 标准的产品所必需的,而只有那些符合标准的 ADSL 产品才有可能成功地销售。因此,原告认为被告违反了《谢尔曼法》案第二条的规定,在多个与 ASDL 技术相关的市场中构成垄断。

二、相关市场的界定及其争议焦点

法院认可了原告关于相关技术市场划分的主张,即将相关市场划分为:ADSL 非标准技术市场、ASDL 技术市场、ASDL 系统市场。被告对此亦无争议。但原告在其主张的基础上都没有提出充分的证据证明被告形成垄断。

三、审判过程中相关市场界定的各方争辩

原告将 ADSL 非标准技术市场定义为:不需要遵守 ASDL 标准,但是具有提高相关系统的效率、价值、吸引力或者可操作性等功能的 ASDL 系统组成的市场。法院认同原告对这一市场的定义,但是法院认为原告并没有说明被告在这一技术市场中占有的份额,而这是判定被告是否具有垄断力量最关键的因素。同时,法院认为被告也没有说明在 ADSL 非标准技术市场中参与竞争的公司的规模与力量,市场中的价格趋势,被许可人用其他技术代替 ASDL 非标准技术的能力,被许可人对这一技术的需求程度等,而这些都是认定垄断的相关因素。因而不能认为被告在 ADSL 非标准技术市场中具有垄断力量或者很有可能获得这一垄断力量。

原告还将 ASDL 技术这一整体看作一个技术市场,既包括 ASDL 技术,又包括 ADSL 非标准技术。法院也不否认这一市场的界定,但基于与上一市场几乎同样的理由,即原告没有说明被告在这一技术市场中占有的份额,没有描述市场中竞争者的特征、客户的需求以及价格变化,法院认为被告在 ASDL 技术市场中没有形成垄断或可能形成垄断。需要注意的是,原告虽然声称被告的行为为潜在竞争者设置了障碍,但法院认为这种障碍只是一种可

能的结果,并不能作为认定垄断的证据。

第三个市场 ASDL 系统市场实际是一个产品市场。原告认为,获得被告的 ASDL 技术是进入这一市场的先决条件,而被告通过控制生产 ASDL 系统的一项关键技术,排除了可能的竞争者,或者提高了竞争者的生产费用。但是法院认为,原告的这一主张是建立在之前关于 ASDL 技术市场垄断的主张的基础上的,原告并没有为这一主张提供专门的证据。因而法院无法确定被告控制 ASDL 系统市场的程度。同时,原告无法证明被告排除竞争者的程度或者在市场中提高了多少价格,因而,法院认为被告在 AS-DL 系统市场中没有形成垄断,也没有形成垄断的可能性。

四、判决结果

2006 年 3 月 3 日,新泽西州地区法院最终判定,ASDL 技术所属的相关技术市场为 ADSL 非标准技术市场、ASDL 技术市场,相关产品市场为 ASDL 系统市场。在这三个市场中,原告均没有证明被告拥有垄断性的市场份额,也没有给出关于竞争者和消费者特征以及市场价格行为等的其他资料,法院最终认定被告德州仪器公司在与 ADSL 技术相关的市场上没有形成垄断。

第三节　经典案例【微软公司案】

UNITED STATES OF AMERICA v.
MICROSOF CORPORATION
Civil Action No. 98—1232(CKK)

UNITED STATES DISTRICT COURT FOR THE DISTRICT OF COLUMBIA

2003 U. S. Dist. LEXIS 1480;

54 Fed. R. Serv. 3d (Callaghan) 589;

2003—1 Trade Cas. (CCH) P73,926

January 11,2003,Decided

一、案情简介

美国微软公司成立于1975年,是全美乃至全世界最大的电脑软件供应商。1980至1993年间微软为IBM个人电脑设计操作系统和进行"视窗"(Windows)操作系统开发时,被IBM和其他软件商指控利用其再软件市场的优势地位进行不公平竞争。1994年7月,美国司法部在哥伦比亚地区联邦法院正式对微软提起反托拉斯诉讼,称微软与原始设备制造商(OEM)签订排他性和反竞争性的许可协议,阻止OEM适用微软竞争对手的操作系统。后在法院调解下司法部与微软达成和解协议,签署一项同意令,规定微软在向个人电脑制造商授权Windows 95操作系统时使用许可时不能附加其他条件。

1997年12月,哥伦比亚地区联邦法院法官杰克逊(Thomas Penfield Jackson)驳回了司法部所称"微软要求电脑制造商使用Windows 95操作系统时必须使用IE浏览器的做法违反同意令"的诉由,但确认微软的行为是"捆绑销售"。

1998年5月18日,司法部联合美国20个州的检察官员对微软提起反垄断之诉,指控其违反了《谢尔曼法》第一条和第二条,有包括签署排他性协议与利用 Windows 95 和 98 操作系统捆绑销售 IE 浏览器等在内的六项滥用市场支配地位的行为。一审法院杰克逊法官于 2000 年 6 月 7 日判决微软 Windows 操作系统和 Office 应用软件(包括 IE 在内)实行分离经营。

微软向哥伦比亚地区联邦上诉法院提起上诉,上诉法院驳回杰克逊法官的判决,但不否为微软存在垄断行为。2001 年 11 月,司法部和微软达成和解,司法部撤销对其捆绑销售的指控,不再主张对其实施分立的处罚;微软同意公开 Windows 软件部分技术数据,电脑制造商可自由选择电脑视窗界面,允许竞争对手在 Windows 上编写程序代码等。

二、相关市场的界定及其争议焦点

司法部主张微软开发的"视窗"操作系统和网络浏览软件属于技术市场中的"现有产品"(present product)。美国政府认为微软在操作系统市场上构成垄断地位,并通过该优势在浏览器市场上也形成了垄断。一审法院认为该案存在两个相关市场:一个是任何与英特尔兼容的个人电脑操作系统市场,另一个是网络浏览等功能性软件市场。在这两个相关市场上,微软的操作系统和浏览软件都是现有产品中的典型产品,微软在两个相关技术市场上都占有垄断地位。而微软则认为,网页浏览器软件(IE 产品)是 Windows 95 或 98 操作系统运行必需的功能性软件,二者的结合运用使系统运行更加完美,不能轻易加以卸载。

三、审判过程中相关市场界定的各方争辩

自 1998 年 10 月至 2003 年 10 月,历经近五年时间的调查审理。

一审法院认为,微软通过将 IE 浏览器和 windows 操作系统捆绑进行销售使其在两个市场上分别占有了垄断地位,且捆绑销售行为是违法了"本身违法原则"(itself illegal principle);并依据其与制造商之间的排他性协议违反《谢尔曼法》第一条禁止纵向限制的规定,可替代产品(技术)的转化成本高、不容易得到等理由,做出一审判决,令微软在两个市场上分离经营。

上诉法院认定,微软"捆绑"销售 IE 浏览器是免费的,且避免消费者分别购买浏览软件而浪费的契约成本和组装的麻烦,不仅没有"破坏价格",也没有"损害消费者的利益",所以不能断然判断其违法,而且没有违反"本身违法原则"。但微软与 OEM 签订排他性和反竞争性的许可协议,阻止 OEM 适用微软竞争对手的操作系统,与一些软件制造商达成秘密协议要求其在产品中安装 IE 浏览器,为了打击网景公司(当时微软最大的竞争对手)还与网络服务商签署排他性协议,在协议中限制个人电脑制造商修改和自定义启动程序和屏幕,强制销售其 IE 产品等一些列行为为其他软件制造商进入市场制造了障碍,限制了其他已经在该市场中的其他软件商的竞争,确实存在不合理因素。因此,做出折中的判决,驳回一审法院的判决。

四、判决结果

2001 年 6 月,上诉法院法官科林(Colleen Kolla—Kotelly)驳回原审法院杰克逊法官令微软在两个相关市场上分离经营的判决,但承认微软公司存在不合理的垄断行为。2001 年 11 月 1 日,微软与司法部达成和解协议,2003 年 10 月微软同意支付 2 亿美元作为各州联盟诉讼的费用,该案于 2003 年 11 月告终。

微软虽然此次逃脱了被分立的际遇,但其垄断地位不可否认,它不仅在其本国的技术市场上占有垄断地位,而且影响扩及到其他国家和地区的相关市场,如随后欧盟于 2004 年 3 月又认定微软构成反垄断法行为,对其作出 6.13 亿美元罚款的裁判。

第二十三章 创新市场

第一节 首次案例【通用汽车出售阿里森运输车案】

特拉华州地区法院
美国诉通用汽车公司
(UNITED STATES v. GENERAL
MOTORS CORP., ET AL.)
(D. Del. filed November 16, 1993) DOJ Case 4027,
6 Trade Reg. Rep. (CCH) P45,093
CIVIL ACTION NO. 93—530
December 16,1993,Decided

一、案情简介

1993年,通用汽车公司(Gencnall Motors Corp)准备将它的阿里森运输车部门出售给德国的采埃孚股份公司(ZF Friedrichshafen AG)公司。这两家公司是世界上客运车和大型卡车自动传动装置(automatic transmissions)的主要生产者,产量占全球市场的85%。在一些区域市场上,两家公司并没有在产品市场上相互竞争。联邦贸易委员会禁止了此项资产出售行为。

美国司法部于当年12月在联邦特拉华州地区法庭提出指控和初步禁令后,两家公司最后放弃了这次交易。

二、相关市场的界定及其争议焦点

本案的争议焦点主要是相关区域市场的界定,尤其是创新市场方法的运用问题。

三、审判过程中相关市场界定的各方争辩

【联邦贸易委员会观点】

联邦贸易委员会认为,此项出售将限制美国境内客运车和重型垃圾运输车市场的竞争;该项资产出售行为将对全球范围内的中、大型商用和军用运输车的设计和制造方面的技术开发产生负面的影响。

即使 ZF 在这种装置的市场上既不是现在的也不是未来的美国销售者,美国消费者也会因为创新市场竞争的减弱而受到损害。该案中的创新市场被定义为全球范围内客运车和大型卡车自动传送装置的系列技术。联邦贸易委员会关注合并对未来创新的影响,认为阿里森与 ZF 合并会造成美国客运车和大型卡车自动传送装置市场上一个高水平的市场集中度,这种过度的市场集中会对该行业的创新带来不利影响,而这种影响远远甚于这两家公司发生在美国境内的十分有限的产品市场竞争。

【法院观点】

尽管这项交易会导致汽车和卡车交通市场的技术运用水平的

高度集中,但法院并没有局限于这两家公司目前比较窄的产品市场。相反的,法院认为合并会降低世界范围内设计和制造中高等负重能力的商业或军事交通运输工具的创新市场的竞争水平。因为 ZF 公司在合并后不会继续积极从事研发。

四、判决结果

在本案进行过程中联邦贸易委员会将相关市场界定为一个全球范围内客运车和大型卡车自动传送装置的系列技术,并认为此项资产交易对运输车创新市场的影响要远远甚于这两家公司发生在美国境内的十分有限的现在产品市场的竞争,而法院也认同合并会降低创新的竞争水平。在诉讼过程中,两家公司放弃了这次交易。

第二节 经典案例【美国诉哈里伯顿公司和德莱塞工业公司案】

美国哥伦比亚州地区法院
美国诉哈里伯顿公司和德莱塞工业公司
(UNITED STATES OF AMERICA vs. HALLIBURTON COMPANY AND DRESSER INDUSTRIES, INC.)
CIVIL ACTION NO. 98—2340
1999 U.S. Dist. LEXIS 22900;2000—1 Trade Cas.
(CCH) P72,788
April 1,1999,Decided

一、案情简介

哈里伯顿公司(Halliburton Company)和德莱塞工业公司(Dresser Industries, Inc.)都是提供开发和生产石油和天然气的服务和产品的全球供应商。哈里伯顿公司和德拉塞工业公司分别在华兹堡市、达克萨斯州和休斯顿、得克萨斯州制造随钻测井工具,并在全球销售和服务中心提供全球随钻测井服务。

1999年,哈里伯顿公司和德莱塞工业公司准备合并。司法部根据《克莱顿法》第七条向法院起诉,因为这次合并会使为开发和生产石油和天然气的钻井项目提供随钻测井服务的仅有的4家竞争者中的两家合并,减少该行业的竞争可能会提高价格,降低服务质量,并放缓随钻测井相关的创新。因此原告请求法院判决被告停止履行合并协议或计划合并。

1999年4月1日,美国哥伦比亚州地区法院批准了双方的和解,被告放弃了这次合并。

二、相关市场的界定及其争议焦点

相关区域市场被界定为美国;相关产品市场被界定为针对岸上钻井项目的随钻测井服务市场。

本案的争议焦点主要是相关市场界定,尤其是创新市场概念的运用问题。

三、审判过程中相关市场界定的各方争辩

(1)相关产品市场的界定

【原告的观点】

美国几乎所有的石油和天然气的发现和收集都是靠钻井,不

管是在陆上还是在海上,深度范围是几百英尺到几英里。这些井都是用厚管壁的一节一节组装起来的钻井管钻出来的。石油和天然气公司依靠油田服务公司提供的产品和服务,使他们能够更有效率地钻探石油和天然气。越来越多的石油和天然气公司不钻垂直井或定向井,特别是在近海钻井时。这种钻井技术能够避免在一个站点上设置多个钻井平台或者移动钻机,从而减少钻井成本。但是为了有方向地钻井,必须能够在钻井过程中确定准确的方向来移动钻头。随钻测量工具因为能不断测定数据,来调整钻头的深度,所以能够让钻头运作达到上面的要求。除了随钻测量工具之外,石油和天然气公司还使用随钻测井工具,特别是钻不垂直的近海井的时候。尽管钻探正在进行中,这些工具传感器发回的数据,形成钻探评估,以切削钻头。因为随钻测量工具和随钻测井工具是兼容的,客户如果想要在一个特定的钻探项目上使用这两种类型的工具,通常从同一个公司来获得这两种工具。

随钻测井工具依据不同的信息,这四种信息分别为:1) γ 射线,2) 电阻率,3) 中子密度,4) 声波。这些随钻测井工具能够作出地层评价,这对正在进行中钻探尤为重要,因为运营商可以节省一点时间和对前途的地层钻降低成本以更好地指导。所以随钻测井服务的一个微幅但显著且非暂时的提价不会导致显著数量的陆上钻井的消费者使用其他替代性的底层评估方法,如有线测井。所以,依据《克莱顿法》第七条的定义,针对岸上钻井项目的随钻测井服务是一个独立的相关产品市场。

(2) 相关区域市场的界定

【原告的观点】

美国的消费者需要本区域享有良好声誉的本地随钻测井服务

公司提供的服务。因为全世界的地理和环境的条件因区域而不同，一个地区的随钻测井服务的提供者不会在另一个地区被考虑。随钻测井服务的提供者必须在当地有工具，而且必须在当地有服务点以防工具出现故障。

根据《克莱顿法》第七条，美国构成一个相关区域市场。

四、判决结果

在本案中相关区域市场被界定为整个美国，而相关产品市场被界定为针对岸上钻井项目的随钻测井服务市场，法院也认为合并会对竞争造成损害，在本案进行过程中，最后双方当事人选择和解，被告放弃了这次并购。法院同意了当事人的和解。

第二十四章 非横向兼并中相关市场界定的案例

第一节 首次案例【伊利诺伊州上诉法院美国诉英国杜邦公司等案】

伊利诺伊州上诉法院
美国诉英国杜邦公司等
[UNITED STATES v. E. I. DU PONT
DE NEMOURS & CO., 353 U. S. 586 (1957)]
CIVIL ACTION NO. 57—03
APPEAL FROM THE UNITED
STATES DISTRICT COURT
FOR THE NORTHERN DISTRICT OF ILLINOIS
February 20—21,1961,Argued
May 22,1961,Decided

一、案情简介

被告英国杜邦公司(E. I. Du Pont De Nemours & Co.)于

1917到1919年间收购了通用电气公司23％的股权,自1947年开始通用公司在杜邦公司购买的产品的价值已经达到后者此类产品总产值的71％,而通用公司从杜邦公司购买的汽车纺织品在1948年达到370万美元,成为该公司最大的汽车纺织品客户。由于通用电气公司于1955年已经跻身于美国工业企业的第一名,并占据汽车市场过半数的市场份额。因此法院认为杜邦公司在上述产品的相关市场上也有相当大的市场份额。美国公平交易局认为两家公司通过股权收购形成了紧密的、在汽车面漆和面料市场商业一体式的关联关系,不但占据了市场优势地位,而且可以进行共同扩张。事实上,两家公司分别处于汽车面漆和面料的上下游市场的企业,通用公司是杜邦公司最主要的客户,而杜邦公司是通用公司最主要的供应商。

但是在一审中,美国公平交易局并未指出《克莱顿法》第七条除适用股权收购(横向合并)外,还可以适用于纵向兼并,因而法庭虽然根据原告的指控对杜邦公司是否存在胁迫、控制、影响并与通用公司共谋等行为展开调查,但最终得出的结论是:(1)处于下游市场的杜邦公司并未控制位于上游市场的通用公司;(2)通用公司与杜邦公司的竞争者的交易机会并未被杜邦公司剥夺。因而并未否定两公司的兼并。到二审时,法院慎重采用了一审法院获得的证据,但是在法律依据上,二审法院认为《克莱顿法》第七条提供的主要法律依据是:任何企业都不能通过直接或间接的收购其他企业的股权来限制市场竞争或者形成垄断,这主要是指如下三种情况:第一,股权收购会减少兼并企业之间的竞争;第二,股权收购对任何市场群体或者交易环节的竞争产生限制;第三,股权收购可能在任何交易环节产生垄断。但是对本案而言,杜邦公司和通用公司之间从未有过竞争,而"对潜在竞争的损害"之判断只能适用于竞争主体之间,而不能适用于非竞争主体之间。法院认为事实上《克莱顿法》第七条从未禁止并不处于同一交易链条上的两家企业之间的股权兼并。尽管法案本身的文字是模糊的,但立法背景、行政执法历程和司法判决都支持此种观点。

二、相关市场的界定及其争议焦点

相关区域市场界定的不同观点:本案中需要界定的相关区域市场是处于行业下游的面漆和面料所构成的市场,但是一种观点认为该相关区域市场是汽车面漆和面料构成相关市场;另一种观点认为相关区域市场不仅包括汽车面漆和面料市场,而是指整个面漆和面料行业市场。

三、审判过程中相关市场界定的各方争辩

【联邦贸易委员会观点】

原告根据标准时装公司诉麦格雷恩-休斯顿公司案,[1]提出的应当以有效竞争来确定相关市场范围,即一个能够界定被告行为的相关市场,本案的相关市场应当是汽车面漆和面料市场,而非面漆和面料行业市场本身。

【法院观点】

法院认为本案的相关市场是一个独特的、能够与整个行业的

---

[1] Standard Fashion Co. v. Magrane-Houston Co., 258 U. S. 346, 258 U. S. 357.

产品市场相互独立的汽车面漆和面料市场。

【被告观点】

被告认为相关产品市场应当是整个面料和面漆行业市场，因为杜邦公司于1946年到1948年虽然占据了整个行业市场的10%，但是仅有20%的面料和面漆销售给通用公司，不足整个面漆和面料市场份额的2%。涉案的4个产品杜高、多乐士、漆皮装订和涂层面料也并非专用于或者仅仅作为汽车配件产品。杜高最初并未销售给通用公司，而是出售给制造家具和铅笔的企业。多乐士从未销售给汽车产品企业，它仅仅是取代杜高销售给冰箱生产者、洗衣机生产者、烘干机生产者以及相关附件的生产者。直到1947年，杜邦公司销售给通用公司的杜高和多乐士产品的总量也只占其向全世界范围内的汽车生产企业销售总量的3.5%。同样，漆皮装订和涂层面料也广泛应用于各种产品，如行李、家具、铁路内饰、书、婴儿车、自行车踏板和体育用品等，而非单纯作为汽车配件用品。因此被告主张这四类产品与单纯用于汽车内部的安全带等物品是不同的，后者可以界定为一个特殊的与汽车内部物品相关的市场，但是被告的这四类产品却不能进行如此局限的界定。

四、判决结果

法院在认定本案的相关市场是一个独特的、能够与整个行业的产品市场独立的汽车面漆和面料市场的基础上，通过调查杜邦公司的产品在该相关市场上所占据的市场份额，得出杜邦公司在市场上处于垄断地位的结论，并通过援引《克莱顿法》第七条的规定,认为通用公司与作为自己汽车产品主要供应商的杜邦公司的股权兼并会极大地限制相关市场的竞争,因而对该收购予以否决。

第二节 经典案例【坦帕电力公司诉纳什维尔煤炭有限公司案】

(TAMPA ELEC. CO. v. NASHVILLE COAL CO., 365 U.S. 320 (1961))

December 27,1961,Decided

一、案情简介

申诉人坦帕电力公司是一家坦帕的公共电力企业,其经营范围是佛罗里达州坦帕地区60公里内的电力销售,以及该地区30公里的电力服务。至1955年,该公司共拥有三家工厂,并就这些工厂20年内所需的所有煤炭原料的购买与一家煤炭企业签订了购买协议。坦帕电力公司所需要的煤炭量已经超过佛罗里达半岛的煤炭总销售量,但是不足该产区700家同类煤炭企业总产量的1%。在合约履行之前,煤炭价格上涨,煤炭企业以销售合同违反了反垄断法为由而拒绝履行合约,坦帕公司遂起诉该煤炭企业,要求其履行合同,法庭为了确定合同效力,通过听证等方式对合同进行了反垄断法审查,最终确定该购买合同为处于上游行业的电力公司和处于下游行业的煤炭企业之间建立了紧密的联系,并导致这两家分别处于上下游市场的企业可以对相关区域市场内的煤炭产业实行垄断,因而该购买合同确实违反了反垄断法。

二、相关市场的界定及其争议焦点

各方对本案中的相关区域市场应当界定为处于行业下游的电力原料市场并不存在疑义,但是在相关区域市场的具体界定方面有不同观点:(1)相关区域市场应当界定为被告可以进行有效竞争的市场,即由佛罗里达半岛的700家煤炭企业所组成的区域市场;(2)相关区域市场界定为包括整个佛罗里达州以及该州与乔治亚州相结合的所有煤炭企业组成的区域市场。

相关产品市场界定的不同观点:(1)相关产品市场应当被界定为煤炭市场;(2)相关产品市场应当被界定为煤炭市场和汽油市场的结合。

三、审判过程中相关市场界定的各方争辩

(一)相关区域市场

【被告的观点】

根据标准石油案界定的可进行有效竞争"产品合并"的相关市场界定方法,本案的相关市场应当被界定为整个佛罗里达州或者佛罗里达州与乔治亚州相结合的所有煤炭企业组成的区域市场,该区域市场至少包括了来自7个州以上的煤炭企业,煤炭产量已经超过3,775,000吨,而购买合同所约定的煤炭购买量不足该区域市场中煤炭总产量的1%。而佛罗里达半岛的700家煤炭企业的产品也销往宾夕法尼亚州、田纳西州和伊利诺伊州等,且其总产量也已经达到3.5亿吨以上,远远超过了坦帕电力公司与煤炭企业购买合同中所约定的销售量。

【法庭观点】

地区法院和上诉法院都将相关市场界定为 700 家煤炭企业所在的佛罗里达半岛。根据标准石油公司诉美国案（Standard Oil Co. v. United States），可知此处的相关市场是指可构成交易纵向一体化的市场，其市场范围应当是卖方供给产品而买方可选择产品的地域范围，该区域之外的市场不能被界定为相关区域市场。

（二）相关产品市场

被告认为相关产品市场应当包括作为电力公司生产原料的煤炭和汽油，因为坦帕电力公司在坦帕地区之外的所有电力工厂都是以石油作为原料的；但是法庭认为石油并未作为原料用于坦帕电力公司在佛罗里达坦帕地区的发电厂，而且对电力公司而言，要在短时间内实现原料转换并非易事，而且法院认为该为期 20 年的煤炭购买协议是对煤炭行业的纵向市场竞争有限制，但是并未对石油行业的竞争产生消极影响。

四、判决结果

法庭认为尽管仅通过该购买合同不能认定电力公司将不会购买其他煤炭企业的产品，但是该协议中的"总需求条款"实际上已经将该煤炭公司设定为独家供应商，电力公司至少在 20 年内不会再通过其他渠道购买原料，因而该协议具有独占协议的效应，而且法庭通过将佛罗里达半岛的 700 家煤炭企业所组成的煤炭产品市场界定为相关市场，认为坦帕公司和该煤炭公司所签订的合约，固定了两家公司在煤炭市场的垄断地位，因而地区法院的判决认为电力企业违反了《克莱顿法》第三条的规定，实施了垄断行为，上诉法院所做出的最终判决与该判决相同。

第二十五章 方法的综合运用

【欧盟委员会诉沃尔沃公司与
斯堪尼亚公司合并案】

(VOLVO v. SCANIA)
(Case No COMP/M. 1672 Volvo/Scania)
Council Regulation (EEC) No 4064/89

一、案情简介

沃尔沃公司(Volvo)在瑞典注册,最初活跃在制造和销售卡车、大汽车、建设设备、海上和工业用引擎行业,也包括航天组件行业。斯堪尼亚公司(Scania)是一家瑞典公司,主要涉足于制造和销售重型卡车、汽车和水下、工业用引擎行业。斯堪尼亚公司同时持有 Svenska Volkswagen AB 公司(主要进口、销售和乘用车和轻便商务飞机)50%的份额。斯堪尼亚公司还拥有瑞典乘用车商丁比尔(Din Bil)。1999年3月1日,福特公司与沃尔沃公司签订协议,收购了沃尔沃公司汽车生意。因此,卡车生意占了沃尔沃公司销售额的57%;斯堪尼亚公司的卡车生意则占1998年销售额的60%。1999年8月6日,沃尔沃和斯堪尼亚公司的投资方

AB's达成协议,收购其所持股。同时,董事局决定,沃尔沃将持有斯堪尼亚公司的所有剩余股份。

1999年9月22日,联邦贸易会收到了沃尔沃公司拟兼并斯堪尼亚公司的通知。在审查通知后,委员会得出结论,此收购行为属于监管范围,并且严重质疑这种收购是与共同市场和EEA合约的功能不相协调的。1999年12月6日,因为沃尔沃公司和斯堪尼亚公司没有在期限内提交它们在竞争市场上地位的资料,委员会依据合并规则的第十一章第五条,接受了决定。

二、相关市场的界定及其争议焦点

关于卡车的相关产品市场界定的不同观点:1)相关产品市场细分为轻型段(低于5吨)、中型段(5—16吨)、重型段(16吨以上)这三个细分产品市场;2)相关产品市场分为16吨以上卡车和16吨以下卡车两个细分产品市场。

关于卡车的相关区域市场界定的不同观点:1)相关区域市场是一整个销售地区市场;2)相关区域市场是由挪威、芬兰、爱尔兰组成。

关于公共汽车和房车的相关产品市场界定的不同观点:1)相关产品市场是整个巴士市场;2)相关产品市场被细分为城市公共汽车、城际公共汽车和旅行客车这三个子市场;3)相关产品市场被细分为公共交通运输汽车和房车这两个子市场。

关于公共汽车和房车的相关区域市场界定的不同观点:1)相关区域市场是北欧区域和英国以及爱尔兰整个区域;2)相关区域市场被细分为北欧区域和英国及爱尔兰区域的每个国家。

三、审判过程中相关市场界定的各方争辩

(i) 卡车

A. 相关产品市场

【原告的观点】

原告认为,根据委员会之前的决定[1]将相关市场按照卡车总重分为 3 个细分市场:轻型段(低于 5 吨)、中型段(5—16 吨),以及重型段(16 吨以上)。

【委员会的观点】

委员会认为,可以将 16 吨以上的卡车和 16 吨以下的卡车视为两个不同的产品市场的原因如下:

技术整合比如引擎、轮轴数目、技术成熟度使两者不同;

商业上的区别,消费者的不同;

生产企业生产一种类型的卡车,可以同时生产其他类型的卡车,也可以没有。

【沃尔沃公司的观点】

沃尔沃公司认为,16 吨以上的卡车属于同一个相关产品市场。

【市场调查结果】

从广泛的市场调查结果来看,消费者的观点很复杂。

重型段卡车的一个主要区分是"刚性卡车"和"拖拉机重型卡车"。但两者不是完全替代产品。这个问题可以是开放性的,它没有在实质上影响集中程度的评估。

除了这个基础的区别外,市场调查发现,消费者决定购买有三

---

[1] Case No IV/M. 004 Renault/Volvo.

个主要的标准：

第一个与引擎有关；

第二个是齿轮的个数；

第三个是卡车的车仓。

究竟选择哪种卡车，这取决于消费者的特定需求和运输类型。大体上，所有的重型卡车都能提供所有类型的卡车。

在特定消费者的角度，如瑞典和芬兰的消费者，他们倾向于购买更长、负重量更大的卡车。

在前述基础上，16吨以上卡车可以被认为是一个单独的相关产品市场。

B. 相关区域市场

在以前的案子来看，委员会表明"确定卡车的相关区域市场是一整个市场还是由几个不同国家的市场组成是没有必要"，这是因为这个问题对于那个案子不是很重要。

在这个市场调查中，主要关注北欧，特别是几个北欧国家，丹麦、芬兰、挪威和瑞典、爱尔兰。

【沃尔沃公司的观点】

依据雷诺诉依维柯（Renault v. Iveco）案，委员会得出的结论是旅游巴士的相关市场是EEA，主要是因为高水平的进出口。委员会还认为，购买旅游巴士的消费者对价格敏感，几乎没有对国家品牌的忠实认识。

因此，沃尔沃公司认为，旅游巴士的案例可以适用于重型卡车。他们认为，下列的因素对区域市场的界定起着决定性的作用：

（1）价格水平；

（2）制造商已经活跃于整个欧洲经济区范围内，而且欧洲经济进口在不断增加；

(3)大的、私有的、跨国界的买家的出现；

(4)双采购的出现；

(5)产品标准化；

(6)缺乏非国内生产者进入市场的障碍。

沃尔沃公司认为委员会在界定市场时不考虑价格因素。

相反，沃尔沃公司认为相关区域市场的决定性因素是供应者是否真的在市场上存在价格歧视。

【委员会对相关区域市场的评估】

委员会接受了沃尔沃公司对于价格因素的认定。之后，委员会还就价格水平在不同的成员国之间有很大的区别、消费者偏好、不同国家之间的技术需求、国家基础上完成的采购、分配和服务网络、市场份额变化等进行了说明，决定应在不同国家市场上界定区域市场。委员会在相关区域市场、各国市场等层面进行了评估。

基于市场结构、市场份额、品牌忠诚、服务网络、交易商、消费者结构、壁垒和潜在竞争者等多方面的考虑，委员会认定，该项合并在挪威、芬兰、爱尔兰会形成主导地位。

对于重型卡车市场的总的结论：

基于上述理由，我们可以认为合并会导致瑞典、挪威、芬兰和爱尔兰的重型卡车市场出现主导优势。而且有很强烈的证据表明丹麦也会出现这样的情况。但是，这个问题不需要在目前的程序中解决。

(ii)公共汽车和房车

A.相关产品市场

【委员会的观点】

委员会已经考察了公共汽车市场。在最近的决议中，委员会认为尽管在主要几个公共汽车部门的分类不是非常严格，但是还是存在三个公共汽车种类，每一种都代表了一个相关产品市场。这些种类包括城市公共汽车、城际公共汽车和旅行客车。

不同种类的运输的要求意味着公交车市场差异化产品。不同种类的汽车可以有不同的大小。需求因此也非常不同，因为公交车经营者会需要那些为他们的服务种类所特别订制的汽车。

【沃尔沃公司的观点】

沃尔沃公司将相关市场界定为整个巴士市场。特别的，沃尔沃公司认为：(1)供给方面的因素会倾向于把三个不同种类的汽车归结为属于同一个产品市场，这对于沃尔沃公司和斯堪尼亚公司的案件是合适的；(2)欧洲主要的公交车制造商都在所有门类进行生产并且在销售额方面的地位都差不多；(3)城市内和城际的公交车市场不断发展模糊了以前城市内和城际的区别。

在口头听证会上，沃尔沃公司重申了上述观点，并且认为在这三个门类之间并没有明显的区分。根据沃尔沃公司，底层城市公交车可以被用于城市之间的运输，而低层或者标准层高的城际公交车也可被用于城市内服务。对于旅行客车来说也存在类似的情况。沃尔沃公司进一步声明，在芬兰和英国，迷你巴士与大型巴士被用于同种运输服务。沃尔沃公司认为在三个种类之间存在很大的重叠。尽管这三个种类的界限可能已经不是很清晰，但是这并不能作为存在单一产品市场的决定性依据。

公交车是需求替代性很低的差异化产品。沃尔沃公司整个辩论的核心就是所有产品组成一个单一市场是不可接受的。

【委员会的观点】

委员会认为，在需求方的角度上看，低层的城市汽车与那些房车是明显没有替代性的。在这两个极端之间还存在着很多不同种类的公交车,他们根据设计和设备的不同可以适用于不同的场合。总的来说,对于技术和设备而言是随着距离的提高而不断增加的。但是,与沃尔沃公司的观点不一样的是,我们不能根据客车都向着舒适化和豪华化的方向发展这个事实推导出客车整个组成一个单一市场。精确划分一个有着差异化产品的市场的困难并不能成为我们把其视为一个市场的理由,因为我们不得不承认在这些特定产品之间缺乏明显的替代性。

在 1990 和 1991 年,委员会认定了法国的市场包括两部分——公共交通运输汽车和房车。在 1995 年,委员会接受了关于德国市场的一个决定,1998 年又接受了一个与意大利、法国和西班牙有关的决定。虽然沃尔沃公司和斯堪尼亚公司在 EEA 的各地均有活动,但是他们的市场地位在北欧明显地强一些。因此,委员会的市场调查特别关注北欧以及英国和爱尔兰。

技术特征的不同:

委员会的市场调查表明在城际和城市内公交车与旅行房车之间存在清晰的区别。这在需求方和供给方都是成立的。

供给方的数据证实了在这些不同的汽车之间存在显著的特征差异。因此,涉案方销量最好的城市公交车是低层的或低入口的相对马力较低的车型,而销量最高的旅行房车则是高层的引擎大约在 400HP 左右的车型。

从供给方看,这些技术差别不仅决定了汽车的用途,而且还导致了他们之间的价格差异。

三种主要车型的特征如下:

1. 城市汽车

城市汽车主要用于公共交通。他们通常入口很低,并且门比其他汽车要多要大。仅仅城市汽车被设计成给站立的人留出空间的模式。城市汽车的主要特征是它们非常便于频繁的上下。主要消费者的当地的政府部分,而在那些公共交通被私人化的国家,私人经营者则扮演了政府的角色。

2. 城际汽车

城际汽车主要用于在乡村和城市之间来往。与城市汽车类似的是,这些汽车通常没有豪华装备。从技术角度看,他们大部分都不是低层汽车,而通常是比城市汽车有更大的马力。因为服务的特性,方便的出入并不是必须的。购买城际汽车的人通常也是购买城市汽车的人。

3. 旅行房车

这类车主要为豪华市场服务,主要是远距离旅行。方便的出入并不是主要的考虑方面。旅行房车通常会装备人工变速箱,而其他两种则是自动的。旅行房车倾向于比城际客车更高,而且装备相对豪华。通常包括更多的行李空间、空调、厕所和电视屏幕,这些都使得其更适于长途旅行。

委员会注意到这种对于总体市场的区分通常反映了所有销售者的销售情况,这一点也被市场中的参与者所接受。

区别的买主:

需要区分的还包括买主。城际和城市汽车通常是公共或私人运营商来购买的,它们按照时间表运行。而旅行房车并不受到公共机构非常大的影响,因为它通常由私人运营而且用于休闲旅行。因此虽然提供休闲旅行的运营商之间会有激烈的竞争,但是提供城际和城市运输的那些运营商通常并不会参与进来。

市场调查表明在消费者一方还存在另一个重要的区别。在私有化之前，大部分的公司仅仅在本地比较活跃。但是，在过去10年中，城市和城际的运输逐步开放，并形成了跨国的运营商。虽然涉案方承认在过去的几年运营商不断地合并壮大，但是零散消费者的数目也在增加，因此他们的购买力制造商的市场势力相抵消了。但是，市场调查显示汽车制造商是可以区别地对调小型和大型消费者的，而且这两类消费者的购买偏好有很大的不同。因此，我们可以认为汽车制造商可以在小型和大型消费者之间进行价格歧视活动。

供给方的替代不足：

考虑到供给方的替代性，市场调查认为沃尔沃公司的说法即所有主要公交车制造商在所有三个部门都存在是正确的。但是与沃尔沃公司的说法不同的是，这些制造商的相对位置却是有显著差异的。

对于相关产品市场的结论：

正如前面所说的，在典型的城市汽车、城际汽车和旅行房车之间存在显著的区别。对于给定的一个客车购买者在任何购买条件下对于这个汽车的用途都会有一个确定的想法，不同种类客车之间的替代性必然会很低。因此很有可能合并的企业在将来会来利用这一点，如果合并可以导致其在某一类或几类汽车市场中的力量显著提高的话。由于上述原因，委员会认为分别考虑合并对于城市汽车、城际汽车和旅行房车市场的影响是合适的。

B. 相关区域市场

【沃尔沃公司的观点】

沃尔沃公司承认城市汽车、城际汽车和旅行房车的相关区域市场至少是 EEA，并且声称这个说法得到了与价格水平有关的证据的支持。此外，沃尔沃公司认为在国家之间没有进入壁垒。

沃尔沃公司在听证会上坚持价格歧视和进口的渗透应该是区域市场定义的核心而不是那些非价格的因素，例如消费者的偏好、技术要求、购买习惯和市场份额。沃尔沃公司认为公交车和房车之间的比较由于车型、设备和交易价格的不同而变得困难。

【委员会的观点】

委员会同意在不同地理区域实施价格歧视的能力是确定相关区域市场的基本因素。沃尔沃公司显然已经可以在不同成员国之间收取不同的价格。其他的因素例如消费者偏好、技术要求和购买习惯、进口渗透等仅仅在它与制造商实施价格歧视的能力相关的时候才是定义相关区域市场需要考虑的因素。委员会的调查表明这些因素支持了在北欧地区的相关区域市场应该是国家市场的发现。

涉案方特别提到了在 Renault v. Iveco 一案中委员会考虑到了进口渗透的因素而把相关区域市场定义为整个 EEA。但是，根据沃尔沃公司提交的信息，英国和芬兰的进口水平相当的低。这些证据不能支持整个 EEA 作为相关市场的说法。

由于以上原因，市场调查认为北欧区域和英国以及爱尔兰——沃尔沃公司提出的区域市场定义是不能被接受的。市场调查表明相关市场应该是每个国家。

对于相关区域市场的结论：

基于种种理由，委员会认为在评估合并对于城市和城际客车市场的影响时，把北欧国家、英国和爱尔兰视为区分的市场是合理的。

四、判决结果

在本案中联邦贸易委员会认为,相关区域市场应当被界定为北欧国家、英国和爱尔兰这三个分开的区域市场,而在相关产品市场的界定时城市汽车、城际汽车和旅行房车市场被分别界定为单独的产品市场。在界定了相关市场的基础上,在对上述国家一一进行了评估后,委员会得出结论认为提议的合并与共同市场和EEA条约是不协调的,因为即使假定所有的承诺都被遵守,它还是会在瑞典、挪威、芬兰和爱尔兰的重型卡车市场中、芬兰和英国的旅行房车市场中、瑞典、芬兰、挪威、丹麦的城际客车市场中以及瑞典、芬兰、挪威、丹麦和爱尔兰的城市客车市场中形成主导地位,根据合并规则和EEA合约,每一种都会严重破坏共同市场中的有效竞争。

因此接受了以下决议:

联邦贸易委员会通知AB沃尔沃公司于1999年9月22日向其提交合并通知,AB沃尔沃公司将获得斯堪尼亚公司AB的完全所有权,这种收购是与共同市场和EEA合约的功能不相协调的。

主要参考文献

1. 〔美〕波斯纳:《反托拉斯法》,孙秋宁译,中国政法大学出版社 2003 年版,第 153 页。
2. 曹虹:"论反垄断法中相关市场的界定",《现代管理科学》2007 年第 11 期。
3. 蔡峻峰:"试论反垄断法中相关市场的界定标准",《南京人口管理干部学院学报》2005 年第 4 期。
4. 董红霞、单向前:"企业并购规制中的市场界定问题研究",《郑州大学学报(哲学社会科学版)》2006 年第 39 卷第 3 期。
5. 董红霞:《美国欧盟横向并购指南研究》,中国经济出版社 2007 年版。
6. 范建得、庄春发:《公平交易法——独占、结合、联合》,汉兴书局有限公司 1992 年中文版。
7. 郭跃:"美国反垄断法价值取向的历史演变",《美国研究》2005 年第 1 期。
8. 黄靖元:《美国反托拉斯法专利授权案件市场界定之研究》,世新大学 2006 年硕士研究生论文。
9. 金朝武:"论相关市场的界定原则和方法",[2010—2—13],北大法律信息网。
10. 李娟:《论反垄断中相关市场的界定》,中国政法大学 2010 年硕士研究生论文。
11. 李秀兰:"需求交叉弹性对市场经济的指导",《电子科技大学学报(社科版)》2000 年第 4 期。
12. 毛晓飞:《从"公用企业"走向"占市场支配地位的经营者"——谈反垄断执法的观念转变》,2005 年竞争政策与竞争执法研讨会发言。
13. 卫新江:《欧盟、美国厂商兼并反垄断规制比较研究》,北京大学出版社 2005 年,第 66—67 页。
14. 尚明:《主要国家(地区)反垄断法律汇编》,法律出版社 2004 年版。

15. 王为农:《企业集中规制基本法理——美国、日本及欧盟的反垄断法比较研究》,法律出版社 2001 年版,第 110 页。
16. 张俊文:"反垄断法中的市场界定",《现代法学》2001 年第 6 期。
17. 张昕竹:"非横向并购中的相关市场界定",《西部金融》2008 年第 5 期。
18. Amel, F. and T. H. Hannan, 1999, "Establishing banking market definitions through estimation of residual deposit supply equations", *Journal of Banking & Finance* 23:1667—1690.
19. Amel, F. and T. H. Hannan, 2000, "Defining banking markets according to principles recommended in the Merger Guidelines", *the Antitrust Buttlin Fall*:615—639.
20. Ardeni, P. G., 1989, "Does the Law of One Price Really Hold for Commodity Prices?", *American Journal of Agriculture Economics* 71:661—669.
21. Areeda, P. E. and D. F. Turner, 1978, *Antitrust Law: An Analysis of Antitrust Principles and Their Application*, Boston: Little, Broun and Company.
22. Arthur, T. C., 1999, "Formalistic Drawing Exclusion Of Unauthorized Servicers From Single Brand Aftermarkets Under Kodak and Sylvania", *Journal of Corporation Law* 24:603—640.
23. Audy and Erutku, 2005, "Price Tests to Define Markets: An Application to Wholesale Gasoline in Canada", *Journal of Industry, Competition and Trade* 5:137—154.
24. Ayres, I., 1985, "*Rationalizing Antitrust Cluster Markets*", *The Yale Law Journal* 95:109—125.
25. Aziz, A. H., 1995—1996, "Defining Technology And Innovation Markets: The DOJ's Antitrust Guidelines For The Licensing of Intellectual Property", *Hofstra L. Rev* 24:477—485.
26. B. A. K., 1979, "The Role of Supply Substitutability in Defining the Relevant Product Market", *Virginia Law Review* 65: 129—151.
27. Baker, J. B., 2005, "Two Modern Antitrust Moments: A Comment on Fenton and Kwoka", *Antitrust Law Journal* 72: 1029.
28. Baker, J. B. and T. F. Bresnahan, 1985, "The Gains from Merger or

Collusion in Product—Differentiated Industries", *The Journal of Industrial Economics* 33:427—444.
29. Baker, D. I. and W. Blumenthal, 1983, "The 1982 Guidelines and Preexisting Law" *California Law Review* 71:311—347.
30. Baker, J. B. and T. F. Bresnahan, 1984, "Estimating the Elasticity of Demand facing a Single Firm: Evidence of Three Brewing Firms", *Research paper no. 54 Stanford Workshop on Factor Markets. Department of Economics, Stanford University, Stanford, Cal.*
31. Baker, J. B. and T. F. Bresnahan, 1988, "Estimating the Residual Demand Curve Facing a Single Firm", *International Journal of Industrial Organization*:283—300.
32. Baker, J. B., 1988, "The Antitrust Analysis of Hospital Mergers and the Transformation of the Hospital Industry", *Law and Contemporary Problems* 51:93—164.
33. Baker, J. B., 1997, "Contemporary Empirical Merger Analysis", *GEO Mason Law Rew* 5:347—358.
34. Baker, J. B., 1999, "Policy Watch: Developments in Antitrust Economics", *The Journal of Economic Perspective* 13:181—194.
35. Baker, J. B., 2000—2001, "Stepping out an Old Brown Shoe in Qualified Praise of Submarkets", , *Antitrust Law* 68:203.
36. Baumann, M. G. and P. E. Godek, 2006, "A New Look at Critical Elasticity", *Antitrust Bull* 51:325—338.
37. Bauer J. P., 2007, "Antitrust implications of aftermarkets", *Antitrust Bulletin* 52:31—52.
38. Baynes, L. M., 2005, "Race, Media Consolidation, and Online Contant the Lack of Substitutes", *University of Michigan Journal of Law Reform* 39:100—107.
39. Berry, 1967, "Corporate Bigness and Diversification in Manufacturing", *OHIOST. L. J.* 28:402—419.
40. Beutel, P. A. and M. E. McBride, 1992, "Market Power and the Northwest—Republic Airline Merger: A Residual Demand Approach", *Southern Economic Journal* 58:709—720.

41. Bishop, S. and M. Walker, 1996, "Price Correlation Analysis: Still a Useful Tool for Relevant Market Definition", Lexecon mimeo.
42. Blair and J. A. Burt, 1995, "Leveraging Monopoly Power Through Hospital Diversification", *1 Stan. J. L. Bus. & Fin* 40:287—294.
43. Borenstein, S. and J. K. MacKieMason, 1995, "Antitrust Policy in Aftermarkets", *Antitrust Law Journal*:1—17.
44. Boshoff, W. , 2007, "Stationarity Tests In Geographic Markets: An Application To South African Milk Markets", *South African Journal of Economics* 75:52—65.
45. Bower, L. , 1986, "Complementary inputs and market power", *31 Antitrust Bull* 51:51—90.
46. Brown, G. W. and Albert J. Ortego Jr. , 1979, "Relevant Geographic Market Delineation: The Interchangeability of Standards in Cases Arising under Section 2 of the Sherman Act and Section 7 of the Clayton Act", *Duke Law Journal*:1152—1184.
47. Bucklin, R. E. and V. Srinivasan, 1991, "Determining Interbrand Substitutability through Survey Measurement of Consumer Preference Structures", *Journal of Marketing Research* 28: 58—77.
48. Cameron, D. and M. Glick, 1996, "Market Share and Market Power in Merger and Monopolization Cases", *Managerial and Decision Economics* 17: 193 - 201.
49. Capps C. S. , D. Dranove, S. Greenstein and M. Satterthwaite, 2000, "The Silent Majority Fallacy of the Elzinga-Hogarty Criteria: a Critique and New Approach to Analyzing Hospital Mergers ", *working paper No. 8216, National Bureau of Economic research* :1—52.
50. Carlton , D. W. , 2001, "Competition, Monopoly, and Aftermarkets", NBER Working Paper.
51. Cartwright, P. A. , D. R. Kamerschen and M. Y. Huang, 1989, "Price correlation and Granger Causality Tests for Market Definition", *Review of Industrial Organization* 4:79—98.
52. Chang, M. J. , 2007, "Digital Copyrightability of Lexmark Toners and Cartridges Under the Digital Millennium Copyright Act", *Albany Law*

Journal of Science and Technology 17:559.

53. Chin A. R., 1997,"Misapplication of Innovation Market Analysis to Biotechnology Mergers",*Boston University Journal of Science & Technology Law* 6:1—47.
54. Coate,M. B. and J. H. Fischer,2008,"Practical guide to the hypothetical monopolist test for market definition",*Journal of competition Law and Economics* 4:1031—1063.
55. Cournot. Antoine 著,陈尚霖译:《财富理论的数学原理的研究〈*The unique insights of his major economics work, Researches into the Mathematical Principles of Wealth*(1838)〉》,商务印书馆.1999.
56. Crocioni,P.,2002,"The Hypothetical Monopolist Test:What It Can and Cannot Tell You",*European Competition Law Review* 23:354—36.
57. Daljord,O.,2009,"An Exact Arithmetic SSNIP Test For Asymmetric Products",*Journal of Competition Law and Economics* 5:563—569.
58. Daljord,O.,L. Sorgard and O. Thomassen,2008,"The SSNIP Test and Market Definition with the Aggregate Diversion Ratio:A Reply to Katz & Shapiro",*Journal of Competition Law & Economics* 4:263.
59. Davis,R. W.,2003,"Innovation Markets and Merger Enforcement:Current Practice in Perspective",*Antitrust Law Journal* 2:677—704.
60. Donald F. Turner,1956,"Antitrust Policy and the Cellophane Case",70 *Harv. L. Rev.* 281:286—297.
61. Drew,A. C.,1993,"Antitrust Law-sufficent Market Power in Derivative Aftermarket May Violate Sherman act Estiman Kodak co. v. Inmage Technical Services,Inc,"*Suffolk University Law Review* 27:135.
62. Economides,N. and S. C.,Salop,1992,"Competition and Integration among Complements, and Network Market Structure",*the journal of industrial economics* 40:105—124.
63. Elzinga, K. G. and T. F. Hogarty, 1978,"The Problem of Geographic Market Delineation Revisited:The Case of Coal",*Antitrust Bulliton* 23:45—55.
64. Engle,F. Robet and C. W. J. Granger,1987,"Co-integration and Error Correction:Representation, Estimation and Testing",*Econometrica* 55:

252—76.

65. F. William McElroy,1996,"Alternatives to the US Antitrust Agency Approach to Market Definition", *Review of Industrial Organization* 11(4): 511—532.
66. F. W. McElroy,1995, "Alternatives to the U. S. Antitrust Agency Approach,to Market Definition", *Georgetown University*(*Washington*, *D. C.*).
67. Fallon,M. ,2005,"Antitrust Implications of Casino Mergers: the Gamble of Defining a Relevant Market",*Hastings Law Journal* 57:235—254.
68. Forni, M. , 2004, "Using Stationarity Tests in Antitrust Market Definition",*American Law and Economics Review* 6:441—464.
69. Frame and W. Scott,1995,"FYI - Examining small business lending in bank antitrust analysis",*Economic Review - Federal Reserve Bank of Atlanta* 80:31—40.
70. Fritz M. , 1952, *The Economics of Sellers' Competition*, Baltimore: Johns Hopkins Press:213—214.
71. Froeb,L. M. and G. J. Werden,1990,"Market Delineation Under The Merger Guidelines: The Role Of Residual Demand Elasticities",*U. S. Department of Justice - Antitrust Division*:90—93.
72. Froeb,L. M. and G. J. Werden,1992,"The Reverse Cellophane Fallacy in Market Delineation",*REV. INDUS. ORG* 7:241.
73. Gary,W. ,1990,"Time Series Methods in Geographic Market Definition in Banking" , *paper presented at the Atlantic Economic Association Meetings*.
74. Gaudet,G. and S. W. Salant ,1992, "Mergers of producers of perfect complements competing in price ",*Economics letters* 39:359—364.
75. Genesove D. ,2004,"Comment on Forni's Using Stationarity Tests in Antitrust Market Definition", *American Law and Economics Review* 6: 476—478.
76. George, F. ,1955, "Stocking & Willard F. Mueller The Cellophane Case and the New Competition",*American Economic Review* 45: 29—63.
77. Gilbert,R. J. 2004, "Converging Doctrines? US and EU Antitrust Policy

for the Licensing of Intellectual Property", Anne K. Bingaman: Antitrust, Working Paper.
78. Glick, M. A. and D. Campbell, 2007, "Market Definition and Concentration: One Size Does not Fit All", *Antitrust Bulletin* 52(2):229—237.
79. Goss, A., 2001, "The Trade Practices Act 1974 (cth) and the Treatment of Cluster Markets in the Australian Telecommunications Industry", *Melbourne University Law Review* 25:481—494.
80. Gotts, L. K.. and H. W., Fogt, 1995, "US Technology Licensing Arrangements: Do New Enforcement Guidelines in The United States Mirror Developments in The European Community", *European Competition Law Review* 16:215—219.
81. Granger, C. W. J., "Investigating Causal Relations by Econometric Models and Cross-Spectral Methods", *Econometrica* 37:424—38.
82. Gregory J. W., 1983, "Market Delineation and the Justice Department's Merger Guidelines", Duke Law Journal: 531—533.
83. Greaney, T. L., 1997, "Night Landings on An Aircraft Carrier: Hospital Mergers and Antitrust Law", *American Journal of Law & Medicine* 23:191—220.
84. Gual, J., 2003, "Market Definition in the Telecoms Industry", *IESE Working Paper No. D/517Centre for Economic Policy Research*:1—57.
85. Haldrup, N., 2003, "Empirical analysis of price data in the delineation of the relevant geographical market in competition analysis", Working Paper.
86. Harris, R. G. and T. M. Jorde, 1993, "Market Definition in the Merger Guidelines: Implications for Antitrust Enforcement", *California Law Review* 71: 3.
87. Harris, B. and J. Simons, 1989, "Focusing Market Definition: How Much Substitution Is Necessary?", *RES. L. & ECON* 12:207.
88. Harrison, J. L., 2006, "An Instrumental Theory of Market Power and Antitrust Policy", *59 SMU L. Rev. 1673*, *SMU Law Review* 59:1673—1716.
89. Hay, G. A. and G. J. Werden, 1993, "Horizontal Mergers: Law, Policy, and Economics", *The American Economic Review* 83:173—177.

90. Higgins, R. S. and W. F,. Shughart ,1989, "InputMarket Definition under Department of Justice Merger Guidelines" ,*Review of Industrial Organization* 4:99—114.

91. Higgs,D. C. ,2004,"Lexmark International, Inc. v. Static Control Components",*Berkeley Technology Law Journal* 19:59.

92. Horowitz,I. ,1981,"Market Definition in Antitrust Analysis: A Regression—Based Approach",*Southern Economic Journal* 48: 1—16.

93. Hosken D. and C. T. Taylor,2004, "Discussion of Using Stationarity Tests in Antitrust Market Definition",*American Law and Economics Review* 6:465—475.

94. Huetiner,D. A. ,2002, "Product Market Definition in Antitrust Cases When Products are Close Substitutes or Close Complements", *The Antitrust Bulletin*17:133—142.

95. Hunter,K. B. ,1986/1987," Defining the Relevant Market in Health Care Antitrust Litigation: Hospital Mergers",*Kentucky Law Journal* 75:175.

96. Im,K. S. ,Pesaran,M. H. and Y. Shin,2003,"Testing for unit roots in heterogeneous panels",*Journal of Econometrics* 115: 53—74.

97. Ivaldi M. ,S. Lorincz,2005,"Implementing Relevant Market Tests in Antitrust Policy: Application to Computer Servers", *Review of Law and Economics*: 342—356.

98. Jacobs M. S. 1993, " Market power through impact information: the staggering implication of Eastman Kodak co. v. Image Technical Services and a Modest Proposal for Limiting Them". *Maryland Law Review* 52: 336.

99. James A. K. , 1995,"Market definition and definition products: the need for a worktable standard",*Antitrust Law Journal* 27:39—43.

100. J. N. D. , 1962, "Product Market Definition under the Sherman and Clayton Acts", *University of Pennsylvania Law Review* 110: 861—878.

101. Joe S. B. , 1952,*Pricing, Distribution, and Employment*: *Economics of an Enterprise System*,,New York, H. Holt and Co.

102. Johansen,S. ,1991,"Estimation and Hypothesis Testing of Cointegration

Vectors in Gaussian Vector Autoregressive", *Econometrica* 59: 1551—1580.
103. Johnson, F. I. , 1989, "Market Definition under the Merger Guidelines: Critical Demand Elasticities", *Research in Law and Economics* 12: 235.
104. Jorde, H. and Harris, R. G. 1983, "Market Definition in the Merger Guidelines: Implications for Antitrust Enforcement", *77 California Law Review*: 471—472.
105. Jones, B. J. , 1964, "The Brown Shoe Case and the New Antimerger Policy: Comment", *The American Economic Review* 54: 407—412.
106. Joseph, M. W. and T. W. Mountz, 1983, "The justice department merger guidelines: impact on horizontal mergers between commercial banks", *Kentucky Law Journal* 72: 505—548.
107. Joseph P, H. F. and V. K. Goyal, 2006, "On the Patterns and Wealth Effects of Vertical Mergers", *Journal of Business* 79: 421—448.
108. Kamerschen, D. R. , and J. Kohler, 1997, "Residual Demand Analysis of the Ready to-Eat Breakfast Cereal Market", *Antitrust Bulletin* 38(4): 908.
109. Kamerschen, D. R. and J. Kohler , 1993, "Residual Demand Analysis of the Ready-to-eat Breakfast Cereal Market", *the Antitrust Bulletin Winter*: 903—942.
110. Kaplow, L. , 1987, "Antitrust, Law & Economics, and the Courts, Law and Contemporary Problems", *Economists on the Bench* 50: 181—216.
111. Kaserman, D. L. and H. Zeisel, 1996, "Market Defition: Implementing the Depertment of Justice Merger Guidelins", *the Antitrust Buttlin Fall*: 665—690.
112. Katz, M. and C. Shapiro, 2003, "Critical Loss: Let's Tell the Whole Story", *Antitrust Bulletin*: 49—56.
113. Katz, M. L. and Shelanski, H. A. , 2006, "Mergers and Innovation", *74 Antitrust L. J. 1*, *American Bar Association Antitrust Law Journal*: 1—86.
114. Kauper, T. E. , 1996, *The Problem of Market Definition Under EC Competition Law*, in B. Hawk (ed.), International Antitrust Law and

Policy, London: Sweet and Maxwell.
115. Kaysen, C. and D. F. Turner, 1959, *Antitrust Policy: An Economic and Legal Analysis*, Cambridge: Harvard University Press.
116. Kim, C. and H., Shin, 2002, "EndogenousFormation of Coalitions with Composite Goods", *International journal of industrial organization* 20: 1491—1511.
117. Korah, V., 1990, *An Introductory Guide to EEC Competition Law and Practice*, 4th edition, Oxford: ESC publishing.
118. Kumar, S., 1995, "Parts and Service Included: An Information-centered Approach to Kodak and the Problem of Aftermarket Monopolies", *University of Chicago Law Review* 62:1521—1548.
119. Landman, L. B., 1998, "Competitiveness, Innocation Policy, and the Innovation Market Myth: A Reply to Tom and Newberg on Innovation Markets as the Centerpiece of New Thinking on Innovation", *St. John's Journal of Legal Commentary* 13:223—294.
120. Langenfeld J. and Wenqing Li, 2001, "Critical loss analysis in evaluating mergers", *46 Antitrust Bull*:299—338.
121. Levin, A., C. Lin and C. J. Chu, 2002, "Unit root tests in panel data: asymptotic and finite-sample properties", *Journal of Econometrics* 108: 1—24.
122. May, J. 1996, "Redirecting the Future: Law and the Future and the Seed of Change in Modern Antitrust Law", *Mississippi College Law Review* 17:44—46.
123. Makar, S. D., 1994, "The Essential Facility Doctrine and The Health Care Industry", *Florida State University Law Review* 21:913—933.
124. Mann and T. M. Lewyn, 1961, "The Relevant Market under Section 7 of the Clayton Act: Two New Cases. Two Stephen Source", *Virginia Law Review* 47(6):1014—1032.
125. Mason, E. S., 1939, "Price and Production Policies of Large-Scale Enterprises", *American Economic Review* 29:61—74.
126. Manne, G. A. and E. M. Williamson, 2005, "Hot Docs VS. Cold Economics: The Use and Misuse of Business Documents in Antitrust", *Ari-*

zona Law Review 2005:609—655.
127. Marshall, A. , 1920, *Principles of Economics*, 8th ed. London: Macmillan and Co. Ltd.
128. Martin, D. D. , 1963, "The Brown Shoe Case and the New Antimerger Policy", *The American Economic Review* 53:340—358.
129. Massey, P. , 2000, "Market Definition and Market Power in Competition Analysis: Some Practical Issues", *The Economic and Social Review* 31: 309—328.
130. Mathis, A. Stephen, Harris, G. Duane G. , Boehlje, Michael, 1978, "An Approach to the Delineation of Rural Banking Markets", *American Journal of Agricultural Economics* 60:601—608.
131. McCarthy, T. , 1997, "Refining Product Market Definition in the Antitrust Analysis of Bank Mergers", *Duke Law Journal* 46:865—902.
132. Milne, G. R. , 1992, "A Marketing Approach for Measuring Product Market Differentiation and Conceintration in Antitrust Cases", *Journal of Public Policy & Marketing* 11:90—100.
133. Mncube L. , J. Khumalo, R. Mokolo and Y. Njisane, 2008, "Use of price correlation and stationarity analysis in market definition - lessons from a recent merger", *Working paper*.
134. Morris, J. R. and G. R Mosteller, 1991, "Defining Markets for Merger Analysis", *Antitrust Bulletin* 36:599—640.
135. Morrisey, M. A. et al. , 1988, "Defining Geographic Markets for Hospital Mergers", *Law & Centemp. Probs* 51: 165—194.
136. Muller, D. C. , 1996, "Antimerger policy in the United States: history and lesson", *Empirica* 23: 235.
137. Nesvold, H. P. , 1996, "Communication Breakdown: Developing an Antitrust Model for Multimedia Mergers and Acquisitions", *Fordham Intellectual Property, Media and Entertainment Law Journal Spring* :781.
138. Newberg, J. A. , 2000, "Antitrust for the Economy of Ideas: The Logic of Technology Markets", 14 Harv. J. L. & Tech. 83—89.
139. Ng, S. and P. Perron, 2001, "Lag Length Selection and the Construction of Unit Root Tests with Good Size and Power", *Econometrica* 69(6):

1519—1554.
140. Nickerson, J. A., 1996, "Strategic Objectives Supported by Licensing", *Technology*: 63—71.
141. Noel D. U. and E. J. Rifkin, 1985, "Geographic Markets, Causality and Railroad Deregulation", *The Review of Economics and Statistics* 67: 422—428.
142. Noel D. U., J. Howell and E. J. Rifkin, 1985, "On Defining Geographic Markets", *Applied Economics* 17:959—77.
143. O'Brien, D. P. and A. L. Wickelgren, 2003, "A Critical Analysis of Critical Loss Analysis", *Antitrust Law Journal* 71:1—31.
144. O'Brien, D. P. and A. L. Wickelgren, 2004, "The State of Critical Loss Analysis: Reply to Scheffman and Simons", *Antitrust Source*:1—6.
145. Papandreou, A. G., 1949, "Market Structure and Monopoly Power", *The American Economic Review* 39: 883—897.
146. Pekarek, E. and M. Huth, 2008, "Bank Merger Reform Takes an Extended Philadelphia National Bank Holiday", *Fordham Journal of Corporate and Financial Law* 13:595—704.
147. Perron, P. and S. Ng, 1996, "Useful Modifications to Some Unit Root Tests with Dependent Errors and Their Local Asymptotic Properties", *Review of Economic Studies* 63: 435—463.
148. Pitofsky, R., 1990, "New Definitions of Relevant Market and the Assault on Antitrust", *Columbia Law Review* 90:1805—1864.
149. Porter, M. E., 2001, "Competition and Antitrust: Toward a Productivity-Based Approach to Evaluating Mergers and Joint Ventures", *Antitrust Bull* 46:919—958.
150. P. R. Willis., 2002, "When is a market not a market? Secondary markets in the it and telecommunications sectors", *Computer and Telecommunications Law Review*:170—173.
151. RE Shrieves, 1978, "Geographic Market Areas and Market Structure in the Bituminous Coal Industry", *The Antitrust Bulletin* 23:589—625.
152. Reimer, J. J., 2004, "Market Conduct in the U. S. Ready-to-Eat Cereal Industry", *Journal of Agricultural & Food Industrial Organization*

2: Article 9.
153. Richard, M. J. , 1982, "Legislative Issues and Judical Developments: Special Problems in Section 2 Sheman Act Cases Involving Government Procurement: Market Definition, Measure Market Power, and the Power, and the Government as Monopolist," *Antitrust Law Journal* 51: 689.
154. Robert H. Bork, 1993, *The Antitrust Paradox: A Policy at War with Itself*, The Free Press.
155. Rosenberg, E. A. and M. Clements, 2000, "Evolving Marketing Structure, Conduct, and Policy in Local Telecommunications", The national Regulatory Research Institute.
156. Rotter, J. M. and J. S. Stambaugh, 2008, "What's Left of The Twenty-first Amendment?", *Cardozo Public Law, Policy and Ethics Journal*: 601—650.
157. Rubinfeld, D. L. , 2000, "Market definition with differentiated products: The past/Nabisco cereal merger." *Antitrust L.*]. : 163—172.
158. S. Kumar, 1995, "Parts and Service Include: an Information Centered Approach to Kodak and the Problem of Aftermarket Monopolies", *University of Chicago Law Review*: 1521.
159. Salop, 2000, "The First Principles Approach to Antitrust, Kodak, and Antitrust at the Millennium", *Antitrust L. J.* 68 : 18.
160. Scheffman, D. T. and P. T. Spiller, 1987, "Geographic Market Definition under the U. S. Department of Justice Merger Guidelines", *Journal of Law and Economics* 30: 123—147.
161. Scheffman, D. , Coate, M. and Silvia, L. , 2003, "20 Years of Merger Guidelines Enforcement at the FTC: An Economic Perspective", *Antitrust Law Journal* 71: 277—282.
162. Shapiro, C. and D. J. Teece, 1994, "Systems Competition and Aftermarkets: an Economic Analysis of Kodak", *Antitrust Bulletin* 39: 135—162.
163. Shapiro, C. , 1995, "Aftermarkets and Consumer Welfare: Making sense of Kodak", *Antitrust Law Journal* 1995: 483—512.
164. Shapiro, C. , 1996, "Mergers with Differentiated Products", *Antitrust* 23: 29—30.

165. Shiff, D., H. Ergas and M. Landrigan, 1998, "Telecommunications Issues in Market Definition", *Competition and Consumer Law Journal* 6: 32, 38.
166. Slade, M. E., 1986, "Exogeneity Tests of Market Boundaries Applied to Petroleum Products", *Journal of Industrial Economics* 34: 291—303.
167. Smith, B. W. and M. W. Ryan, 1997, "E-Banking Challenges Traditional Approaches to Antitrust Analysis", *Banking Policy Report* 16.
168. Solow, R. M., 1957, "Technical Change and the Aggregate Production Function," *The Review of Economics and Statistics* 39: 312—320.
169. Stackelberg, H. V., 1934, *Marktform und Gleichgewicht (Market and Equilibrium)*, Vienna and Berlin: Julius Springer Vera.
170. Stenborg, M., 2004, "Biases in the Market Definition Procedure", *the joint research program of BRIE*.
171. Stigler, G. J. and R. A. Sherwin, 1985, "The Extent of the Market", *Journal of law and economics* 28: 555—585.
172. Stigler, G. J., 1942, *The Theory of Competitive Price*, New York: Macmillan.
173. Turner, D. F., 1982 "Observations on the New Merger Guidelines And the 1968 Merger Guidelines", *51 Antitrust L. J.*: 307—316.
174. Tucker, D. S. and B. Sayyed., 2006, "The Merger Guidelines Commentary: Practical Guidance and Missed Opportunities" *Duke Law Journal*: 1—13.
175. Veljanovski, C., 2000, "Banking Mergers: Transaction Costs And Market Definition", *European Competition Law Review* 21: 195—198.
176. Vita, M. G., J. Langenfeld, P. Pautler and L. Miller, 1991, "Economic Analysis in Health Care", *Health Law and Policy* 1991: 73—116.
177. Walls, W. D., 1994, "A Cointegration Rank Test of Market Linkages with an Application to the U. S. Natural Gas Industry", *Review of Industrial Organization* 9: 181—191.
178. Wendell R. S., 1956, "Product Differentiation and Market Segmentation as Alternative Marketing Strategies", *The Journal of Marketing* 21 (1): 3—8.

179. Werden, G. J. , 1983, "Market Delineation and the Justice Department's Merger Guidelines", *Duke Law Journal* 1983:514—579.
180. Werden, G. J. and L. M. Froeb, 1993, "The Effects of Mergers in Differentiated products Industries: Logit Demand and Structural Merger Policy", *Papers* 93—4, *U. S. Department of Justice - Antitrust Division*.
181. Werden, G. J. and L. M. Froeb, 1993, "The Inherent Shortcomings of Price Tests for Antirust Market Delineation", *Review of Industrial Organization* 8: 329—353.
182. Werden, G. J. , 1992, "Four Suggestions on Market Delineation", *the Antitrust Bulletin/Spring* :108—112.
183. Werden, G. J. , 1993, "Tenth Anniversary Retrospective", *Antitrust Bull* 38:537—539.
184. Werden, G. J. , 1997—1998, "Demand Elasticity In Antitrust Analysis", *Antitrust Law Journal* 66:363—414.
185. Werden, J. R. and Church, Roger Ware, 1997—1998, "Industrial Organization: Strategic Approach:The Theory of the Market", *McGraw-Hill/Irwin* :2000.
186. Werden, G. J. , 1998, "Demand Elasticites in Antitrust Analysis", *Antitrust Law Journal* 1998.
187. Werden, G. J. , 2002, "Beyond Critical Loss: Tailoring Applications of the Hypothetical Monopolist Paradigm", *EAG Working Paper* 02—9.
188. Werden, G. J. , 2003, "The 1982 Merger Guidelines and the Ascent of the Hypothetical Monopolist Paradigm", *Antitrust Law Review* 71: 253—269.
189. Werden, G. J. , 1992, "The history of antitrust market delineation", *Marquette Law Review* 76:123—216.
190. Warell, Linda. , 2004, " Defining geographic coal markets using price data and shiments data", *Energy Policy* 33 : 2216—2230.
191. Werner, R. O. , 1983, "Legal Developments in Marketing", *The Journal of Marketing* 47:126—135.
192. White, L. J. , 1987, "Antitrust and Merger Policy: A Review and Cri-

tique", *Economic Perspectives* 1:13—22.
193. Willig, R. D., S. C. Salop and F. M. Scherer, 1991, "Merger Analysis, Industrial Organization Theory, and Merger Guidelines, Brookings Papers on Economic Activity", *Microeconomics* :281—332.
194. Willis, P. R., 2002, "When Is a Market not a Market Secondary Markets in the It and Telecommunications Sectors", *Computer and Telecommunications Law Review* 8:170—172.
195. Wills, H., 2002, "Market Definition: How Stationarity Tests Can Improve Accuracy", *European Competition Law Review* 23. :123—145.
196. Woan S., 2008, "Antitrust In Wonderland: Regulating Markets of Innovation, Temple Journal of Science, Technology & Environmental Law Temple Journal of Science", *Technology & Environmental Law* 53: 53—78.

案 例 表
(Table of Case)

Action Publications, Inc. v. Panax Corp. (1984), F. Supp., 1984 WL 2268 (W. D. Mich.), 1986—1 Trade Cases P 67,029. 1984年媒体行业的行动出版公司/人参公司案

Aerospatiale/Alenia/De Havilland Case IV/M 053[1991]O. J. L334/42；[1992]4 CMLRM2.1991. 1991年法国宇航公司/阿莱尼亚航空公司/德哈维兰飞机公司案

Allen-Myland, Inc. v. IBM Corporation, 33 F. 3d 194, 209 (3rd Cir. 1994). 1994年艾伦-玛兰德和IBM公司案

America Online, Inc. v. Great Deals. Net. (1999), 49 F. Supp. 2d 851, 1999—1 Trade Cases P 72,534. 1999年美国在线/马丁授权案

Apani Southwest, Inc. v. Coca-Cola Enterprises, Inc. (2002), 300 F. 3d 620, 2002—2 Trade Cases P 73,769. 2002年阿帕尼纯净水案

Babcock & Wilcox Co. v. United Technologies Corp., 435 F. Supp. 1249, 1276—77(N. D. Ohio 1977). 1997年Babcock/Wilcox案

Ball Memorial HospitalInc. v. Mutual Hospital Ins., 784 F. 2d 1325, 1336, (7th Cir, 1986). 1986年球克利夫兰荣军医院和互助医院

British Petroleum Co. p. l. c. et al., FTC Docket No. C—3868, 127 F. T. C. 515 (1999). 1999年BP收购ARCO案

Brown Shoe Co. v. United States, 370 U. S. 294(1962). 1962年布朗鞋业公司诉合众国案

Calnetics Co. v. Volkswagen of America, 532 F. 2d 674 (9th Cir. 1972). 1972年卡尼特斯公司诉美国大众公司案

Carter Hawley Hale Stores, Inc. v. Limited, Inc(1984), 587 F. Supp.

246，1984—1 Trade Cases P 66,046. 1984 年卡特霍利黑尔公司案

Ciba-Geigy Corp. v. Sandoz Ltd., Civic Action No. 92—4491(MLP); 1993 U. S. Dist. Lexis 21044. 1993 年汽巴-嘉基和山德士兼并案

Continental Can Company, Inc. v. Commission of the European Communities Case 6/72. [1973]ECR215. [1973]CMLR 414. 1973 年大陆罐头案

Discon,Inc. v. NYNEX Corp. (2000), 86 F. Supp. 2d 154, 2000—1 Trade Cases P 72,892. 2000 年纽约物资企业公司/纽约电话公司案

Eastman Kodak Co v. U. S. (1994), 853 F. Supp. 1454, 1994—1 Trade Cases P 70,598. 1994 年柯达公司案

Eastman Kodak Co. v. Image tech. SVCS. 504 U. S. 451 (1992). 1992 年伊士曼柯达和图片技术服务公司案

Echlin Manufacturing Co. 105 F. T. C. 410 (1985). 1985 年埃克林制造业公司案

FTC v. Arch Coal, Inc. (2004), 329 F. Supp. 2d 109, 2004—2 Trade Cases P 74,513. 2004 年 Arch 煤炭公司案

FTC v. CCC Holdings, Inc.(2009), F. Supp. 2d, 2009 WL 723031 (D. D. C.), 2009—1 Trade Cases P 76,544. 2009 年 CCC 信息服务公司案

Federal Trade Commission, Plaintiff v. Occidental Petroleum Corporation, ETAL., Defendant; 1986 U. S. Dist LEXIS 26138;1986—1 Trade Cas. (CCH)P67,071;1986. 1986 年聚氯乙烯(PVC)与西方石油公司的兼并案

FTC v. Staples, Inc., 970 F. Supp. 1066 (D. D. C. 1997). 1997 年斯丹普奥兼并案

FTC v. Swedish Match, Civ. No. 00—1501 (TFH), Dec 14, 2000. 2000 年联邦贸易委员会诉瑞典火柴盒公司兼并案无线电台兼并案

FTC v. Tenet Health Care Corp., 186 F. 3d 1045, 1999 U. S. App. LEXIS 16849, 1999—2 Trade Cas. (CCH) P72,578. 1999 年泰内特健康护理医院

FTC v. University Health, Inc. 938 F. 2d 1206,1218(11th Cir. 1991) 1991 年联邦贸易委员会诉大学医疗服务公司案

Globespanvirata, Inc., Plaintiff, v. Texas Instrument, Inc., Not Reported in F. Supp. 2d, 2006 WL 543155 (D. N. J.), 2006—1 Trade Cases P

75,229. 2006年 Globespanvirata/Texas案

Harold's Stores, Inc. v. Dillard Department Stores, Inc. CIV—93—1212—R (W. D. Okla. 1993). On appeal, 82 F. 3d 1533 (10th Cir. 1996). 1996年哈罗德诉巴菲特案

Hartford-Empire Co. v. United States, 324 U. S. 570 1945. 1945年哈特福德-帝

Hoffman-La Roche V. Commission, Case 85/76, Hoffmann-La Roche v. Commission[1979]E. C. R. 461; 3 CMLR 211. 1979年霍夫曼-拉罗氏公司诉欧盟委员会案

Hynix Semiconductor Inc. v. Rambus Inc. Defendont; 2008 U. S. Dist. LEXIS 79178; September 5, 2008. 2008年 Hynix/ Rambus 案

KaBplan v. Burroughs Corp. (1980), 611 F. 2d 286, 1980—1 Trade Cases P 63,028. 1980年伯勒斯公司案

L. G. Balfour Co. v. FTC, 442 F. 2d 1 (7th Cir. 1971). 1971年 L. G 鲍尔弗公司诉联邦贸易委员会案

Monfort of Colorado, Inc. v. Cargill, Inc. (1983), 591 F. Supp. 683, 1985—1 Trade Cases P 66,575. 1983年农业行业的蒙福特公司案

Monsanto v. Dekalb Genetics, 59 Fed. Reg. 60,807 (FTC. 1995). 1995年孟山都农/迪卡尔布案

Nestle v. Perrier, Case IV/M 190[1992]O. J. L356/1; [1993]4 CMLR M17. 1992年瑞士雀巢公司收购法国沛绿雅矿泉水公司案

New York v. Kraft Gen. Foods, 926 F. Supp. 321, 1995 U. S. Dist. LEXIS 2145, 1995—1 (CCH) P70, 911. 1995年美国诉卡夫商品公司案

PillarPoint Partners, Summit Partner, Inc. v. VISX Partner, Inc., Plaibtiffs, Defendants-Appelants; 1998U. S. App. LEXIS 10583; April 9, 1998. 1998年 Summit /VISX. 案

Queen City Pizza v. Domino's Pizza, 124 F. 3d 430, 1997 U. S. App. LEXIS 22666, 1997—2 Trade Cas. (CCH) P71,909. 1997年 Queen City 诉 Domino 案

Rexam v. American National Can Case COMP/M. 1939, 12001, OJC 325/11. 1939年 Rexam/American National Can 案

Reynolds Metals Co. v. FTC 309 F. 2d 223 (D. C. Cir. 1962). 1962年罗

纳德钢铁公司诉公平交易局案

Roche Holding Ltd., 113 FTC. 1086 (consent order final, 1990). 1990 年罗氏·霍尔丁对基因泰克的并购案

RSR Corp. v. F. T. C. (1979), 602 F. 2d 1317, 1979—1 Trade Cases P 62,450, 1979—2 Trade Cases P 62,774. 1979 年 RSR 案

Science Products Co. v. Chevron Chemical Co. 384 F. Supp. 793 (N. D. Ill. 1974). 1974 年科学产品公司诉雪佛龙化工有限公司案

SCM Corp. v. Xerox Corp., 645 F. 2d 1195 (2d Cir. 1981). 1981 年 SCM/Xerox 案

Sensormatic Elec. Corp., 119 FTC. 520 (1995); see also Analysis to Aid Public Comment, 60 Fed. Reg. 5428 (Jan. 27, 1995). 1995 年先讯美资和克隆格案

Southern Business Communications, Inc. v. Matsushita Elec. Corp. (1992), 806 F. Supp. 950, 1992—2 Trade Cases P 70,051. 1992 年西南商业通信公司诉讼美国松下电子公司案

Southwest Mississippi Bank v. Federal Deposit Ins. Corp. (1981), 499 F. Supp. 1, 1981—1 Trade Cases P 63,910. 1981 年 SMB 案

Telex Corp. v. IBM Corp., 367 F. Supp. 258 (N. D. Okla. 1973), rev'd, 510 F. 2d 894 (10th Cir. 1975), cert. dismissed, 423 U. S. 809. 1975 美国电报公司诉 IBM 公司案

Times-picayune v. United States, 345 U. S. 594 (1953). 1953 年时代公司案

TV Signal Co. of Aberdeen v. American Tel. & Tel. Co. (1979), 465 F. Supp. 1084, 1979—1 Trade Cases P 62,707. 1979 年电视电缆公司收购西北贝尔公司案

Twin City Sportservice, Inc. v. Charles O. Finley & Co., Inc. 365 F. Supp. 235, 1972 U. S. Dist. LEXIS 12306, (CCH) P74,150. 1972 年双城运动服务公司诉查尔斯·澳芬利公司案

U. S. v. First Nat. Bank & Trust Co. of Lexington (1964), 376 U. S. 665, 84 S. Ct. 1033, 12 L. Ed. 2d 1. 1964 年美国第一纳特银行兼并列克星敦信托公司案.

U. S. v. First Nat. State Bancorporation (1980), 499 F. Supp. 793,

1980—2 Trade Cases P 63,445. 1980 年新泽西第一国民银行

U. S. v. Idaho First Nat. Bank(1970), Not Reported in F. Supp. ,1970 WL 511 CD. Idaho,1970 Trade Cases,pp. 73,201. 1970 美国爱达荷州第一银行案

U. S. v. Philadelphia Nat. Bank(1963), 374 U. S. 321, 83 S. Ct. 1715, 10 L. Ed. 2d 915. 1963 年美国费城国家银行案

U. S. v. Provident Nat. Bank(1968), 280 F. Supp. 1. 1968 年纳特主银行案

U. S. v. United Shoe Machinery Co. 247 U. S. 32, (1918). 1918 年联合鞋案

U. S. v. Phillipsburg National Bank Co. et al386 U. S. 684 (1967). 1967 年菲利普斯堡银行案

United Brands Continental BV. v. Commission of the European Communities,1978 Case 27/26[1978]ECR 207. [1978], CMLR 429. 1978 年联合商标案

United States v Columbia Steel Co Supreme Court of the United Stat es 334 U S 862; 68 S Ct 1 525; 92 L Ed 1781. 1948 哥伦比亚钢铁公司并购案

United States v. Aluminum Co. of America, 377 U. S. 271(1964). 1964 年美国铝业公司案

United States v. Automobile Mfrs. Ass'n, 307 F. Supp. 617 (C. D. Cal. 1969). 1969 加州地方法院在审理一件汽车案

United States v. Baker Hughers, Inc. 908 F. 2d 981,992 CDC (Cir 1990). 美国和贝克休斯公司案

United States v. Bethlehem Steel Corp 168 F. Supp. 576 (S. D. N. Y. 1958). 1958 年伯利恒钢铁案

United States v. Continental Can Co. , 378 U. S. 441(1964). 1964 年美国诉大陆铁罐公司案

United States v. Corn Products Refining Co. , 234 F. 964 (S. D. N. Y. 1916). 1916 美国玉米深加工案

United States v. E. I. du Pont de Nemours & Co. , 351 U. S. 377 (1956). 1956 年美国杜邦公司玻璃纸案

United States v. General Motors Corp. , Civ. No. 93—950 (D. Del.

filed Now. 16，1993). 1993 年美国诉通用汽车案

United States v. Grinnell Corp. ,384 U. S. 563(1966). 1966 年美国格林耐尔公司

United States v. Pabst Brewing Co. ET AL. ;384 U. S. 546;86 S. Ct 1665;16L. Ed. 2D 765;1966 U. S. LEXIS 2947;April 27,1966;June 13,1966. 1966 年的帕布斯特啤酒公司案

Utah Pie Co. v. Continental Baking Co. et al. 386 U. S. 685，(1967). 1967 年康乃迪克州银行案

Volvo v. Scania, Case No COMP/M. 1672 Council Regulation(EEC) NO. 4064/89. 1999 年沃尔沃/斯堪尼亚兼并案

Walker Process Equipment，Inc. v. Food Machinery & Chemical Corp. ，392 U. S. 172,177(1965). 1965 年沃克装备和食品机械以及化学公司案

Yamaha Intern. Corp. of Am. v. ABC Intl Traders, Inc. , 502 U. S. 1097；112 S. Ct. 1177, 117 L. Ed. 2d 422, 1992 U. S. LEXIS 875. 1992 年雅马哈和 ABC 公司案

Yoder Bros. , Inc. v. California-florida Plant Corp. et al No. 76—766. . 429 U. S. 1094；97 S. Ct. 1108；51 L. Ed. 2d 540；1977 U. S. LEXIS 2140；200 U. S. P. Q. (BNA) 128 February 22，1977. 1977 年约德兄弟公司诉加利福尼亚-佛罗里达州工厂案

法 规 一 览

美国

1. The Sherman Act 1890
   1890年《谢尔曼法》
2. The Clayton Act 1914
   1914年《克莱顿法》
3. The Federal Trade Commission Act 1914
   1914年《联邦贸易委员会法》
4. 1968 Merger Guidelines
   1968年《兼并指南》
5. 1982 Merger Guidelines
   1982年《兼并指南》
6. 1984 Merger Guidelines
   1984年《兼并指南》
7. 1992 Merger Guidelines
   1992年《横向兼并指南》
8. 1995 Antitrust Guidelines for The Licensing of Intellectual Property Issued by The U.S. Department of Justice and Federal Trade Commission APRIL 6,1995
   1995年《知识产权反垄断指南》
9. 1997 Merger Guidelines
   1997年《兼并指南》
10. 2006 Commentary on The Horizontal Meger Guidelines

2006年《横向兼并指南评论》

11. 2010 Horizontal Merger Guidelines

2010年《〈横向兼并指南〉修订建议稿》

欧盟

1. Article 81 and 82 of EC Treaty

《欧共体竞争法 81 条和 82 条》

2. Council Regulation (EEC) No 4064/89 of 21 December 1989 on the control of concentrations between undertakings

1989年《欧共体理事会关于企业兼并集中控制第 EEC—4064—1989 号条例》

3. Commission Notice on the definition of relevant market for the purposes of Community competition law (97/C 372/03)

1997年《欧盟委员会关于相关市场界定的通告》

4. Commission Notice Guidelines on Vertical Restraints(2000/C 291/01)

2000年《关于纵向限制的指南通告》

5. Commission Notice Guidelines on the applicability of Article 81 of the EC Treaty to horizontal cooperation agreements(2001/C 3/02)

2001年颁布的《关于对横向合作协议适用欧共体条约第 81 条的指南》

6. Council Regulation (EC) No 139/2004 of 20 January 2004 on the control of concentrations between undertakings (the EC Merger Regulation)

2004年《关于企业兼并控制的第 139/2004 号条例》

7. Commission Regulation (EC) No 802/2004 of 7 April 2004 Implementing Council Regulation (EC) No 139/2004 On The Control Of Concentrations Between Undertakinsg

2004年《关于企业兼并控制的第 802/2004 号条例》

日本

1. Guidelines to Application of The Antimonopoly Act Concerning Review of Business Combination Revised as of January 1, 2010

2010年《禁止垄断法》
2. Prevent Such as Gifts and the Misuse of Notation
1962年的《防止不当赠品类及不当表示法》
3. UNJUST TRADING LAW
1993年颁布,最后一次修订是2005年《不正当竞争防止》
4. Guidelines Concerning the Interpretation of "Specific Business Fields" as Defined in the Priovisions of "Monopolistic Situations", November 29, 1977General Secretariat, Fair Trade Commission
1977年《关于垄断状态的相关市场中所涉及的概念》
5. Transaction Benchmarks of Mreger Review Company
1980年的《关于审查公司兼并等的事务处理基准》
6. Transaction Benchmarks of the Shares in Rreview Company
1980年的《关于审查公司拥有股份的事务处理基准》
7. Guideline About Merger Enterprise
1980《关于审查公司合并等的事物处理基准》
8. Act on Prohibition of Private Monopolization and Maintenance of Fair Trade (Act NO. 54 of April 14, 1947, Rexised 2009)
日本公平交易委员会发布的《关于排他性私人垄断行为的指南》

后　　记

在昏黄的灯光下,终于校完本书的最后一页,放下笔,我不禁深深地长出了一口气!多日忙碌内心积淀的沉重压力,及身体上所有的疼痛、不适瞬间都已无影无踪,身心清爽!

望着窗外,静静的燕园,哲学猫还在沉睡,不远处李政道的别墅掩盖在绿树丛中,朦朦胧胧,那是曾经给予我太多鼓舞和力量的地方!那首陪伴着我度过了几百个日日夜夜的"掌声响起"回荡在耳边,眼前不禁浮现出新年晚会自己充满深情的演唱,及台下备受感染的一张张熟悉的脸,此时,我的心情再次充满感慨!

近几年来,自己仿佛走过了崎岖漫长的山路,又仿佛穿越了漫无人烟的沙漠,伴随着各种酸甜苦辣,"经过了多少失败,经过了多少等待,一遍遍地告诉自己要忍耐!"要坚持!就这样,在这个静静的小屋,在孤独、紧张而又充实中,无怨无悔地度过了一个又一个春秋冬夏,坚守着自己的学术理想,期待着掌声的响起!

"掌声响起来,我心更明白,你的爱将与我同在!"伴随着悠扬的歌声,我的眼前浮现出一张张亲切的面孔,那是支持我走到今天、多年来一直给予我力量、温暖、关怀、帮助的师长、亲人及朋友们,此时,我的内心溢满温暖和感激,对于他们我有太多的感谢!

首先,要感谢的是刘伟教授!作为我在北大攻读博士学位期间的导师,以及引导我真正走上学术研究的引路人,十多年来,他一直在用他的人品、思想、学识及对现实经济问题的关注深深地影响着我,使我形成了严谨的治学态度和对学术研究的执着;他一直以来的培养、鼓励和教诲,使我能拥有一颗平常心态从事学术研究,并能淡然地面对失败;他在繁忙的科研与行政工作之余还抽空为本书作序,这也使我感受到了莫大的支持和鼓励!

其次,要感谢的是张昕竹研究员!作为带领我进入"规制经济学"这一研究领域的启蒙老师,多年来在学术研究方面他给予了我很多无私的指导和帮助,使我能够克服困难,一步步地坚持走到今天。尤其是2006年他指导我完成了商务部"我国反垄断执法中相关市场划定标准问题研究"课题的研究工作,这使我得以从那时就开始持续地关注相关市场界定这一问题,从而才有了本部专著的诞生!

而对于我一直无暇关照而心存愧疚的家人们,我也有太多的感激!感激父母的养育培养!作为中国传统知识分子的代表,49年建国就走出大学校门的他们,把一生都奉献给了新中国的教育事业,他们的朴实、善良、正直、认真、严谨和一生对待事业的高度责任感及不倦追求,深深地影响着我,融入了我的灵魂,成为了我一生恪守的信念!感激我的先生王辉教授,正是他多年来的理解、包容及担当才使我能够一直全身心地投入我的科研工作。感激曾经作为学生会主席、十佳大学生的儿子,他的优秀给予我莫大的安慰,减轻了我由于常年忙于工作而对他忽略的愧疚,同时他的理解也给予了我极大的支持和力量!

最后,还要特别感谢的是多年来一直曾在背后默默支持过我、帮助过我的朋友们!他们曾给予我太多的温暖和关怀,太多的战胜困难的勇气和力量!我也还很感激我的学生们,在本书断断续续长达四年半的写作过程中,他们帮我完成了本书部分资料的收集与书稿最后的部分校对工作,他们的辛苦付出让我感动!

这里,还要特别特别感谢的是商务印书馆的常绍民主任!正是他的热心支持与鼎力相助才使本书能够得以顺利出版。

谢谢所有曾经支持我、帮助过我的人们!

李虹

凌晨于北京大学燕南园